U0956128

新手学股票投资

快速入门与实操技巧

刘振清 / 编著

中国宇航出版社
·北京·

版权所有　侵权必究

图书在版编目（CIP）数据

新手学股票投资快速入门与实操技巧 / 刘振清编著
. -- 北京 : 中国宇航出版社, 2022.4
ISBN 978-7-5159-2053-5

Ⅰ. ①新… Ⅱ. ①刘… Ⅲ. ①股票投资－基本知识
Ⅳ. ①F830.91

中国版本图书馆CIP数据核字(2022)第044500号

策划编辑 卢　珊
责任编辑 吴媛媛　　封面设计 李　松

出版发行 中国宇航出版社
社　址 北京市阜成路8号　　邮　编 100830
(010)68768548
网　址 www.caphbook.com
经　销 新华书店
发行部 (010)68767386　　(010)68371900
(010)68767382　　(010)88100613(传真)
零售店 读者服务部
(010)68371105
承　印 北京中科印刷有限公司
版　次 2022年4月第1版　　2022年4月第1次印刷
规　格 710×1000　　开　本 1/16
印　张 19.25　　字　数 270千字
书　号 ISBN 978-7-5159-2053-5
定　价 59.00元

本书如有印装质量问题，可与发行部联系调换

构建完整的股票交易知识体系
（代序）

彼得·林奇（Peter Lynch）曾经说过：“不进行研究的投资，就像打扑克从不看牌一样，必然失败！”炒股就是最典型的投资活动。而现实却是，别说是细致的研究了，就连基本的股票交易知识还没有完全掌握就去炒股的投资者比比皆是。从这一点也可以看出，我国股市中多数投资者都处于亏损是有原因的。

从长远来看，一名投资者要想在股市中生存下来，必要的股票交易知识是不可或缺的。本书正是基于这一目标而设计的。本书试图从三个维度帮助投资者构建属于自己的股票交易知识体系。

1. 基本理念知识体系

基本理念知识体系涵盖了各类股票交易基础知识、股票投资领域的经典理论以及股价走势影响因素分析等内容。通过这部分知识，力求使读者对整个股票投资有全景式的了解。读者能够基本了解股票，能够独立完成股票交易，并且基本了解股票价格的波动，是这部分知识体系设计的初衷。

2. 交易实操知识体系

交易实操知识体系涵盖了投资者日常投资所需的各类技术分析工具，从盘面分析、K 线分析、量价分析、技术指标到炒股软件应用等，都进行了详细的讲解。

这部分内容是股票交易知识体系中，覆盖面最广、最为丰富的部分。

3. 交易技法知识体系

交易技法知识体系涵盖了选股、短线交易以及具体的股票交易计划等内容。这部分知识侧重于各类实战交易技术，能够满足投资者基本的投资交易需求。

本书在内容架构上，力求让投资者对整个股票交易知识体系有所了解，但在一些具体板块或领域，投资者若想精益求精，还需进一步学习、训练。本书只能起到一个抛砖引玉的作用。

股市中永远存在风险，本书所介绍的股票交易知识、方法、技术也不能避免股市中的风险，投资者一定要根据自身情况，控制好风险，再求获利。

总之，投资者要想真正了解股市，掌握股票交易知识和技法，需要经历漫长的成长过程，经历多次牛熊转换的洗礼。本书提供的各类股票交易知识和技法，希望能为投资者的交易之路提供一些帮助和支持。

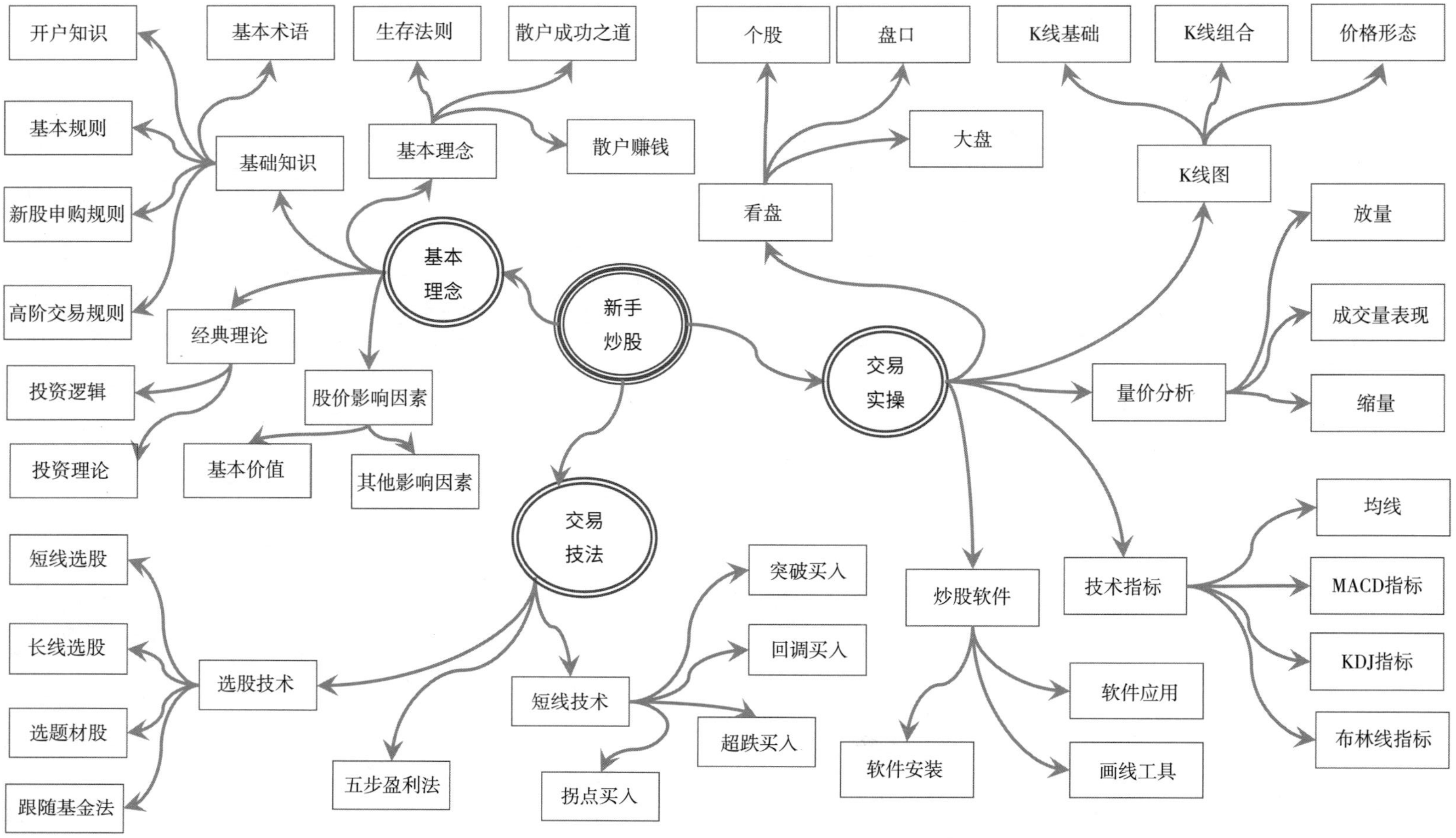
新手炒股
基本理念
基础知识
开户知识
基本术语
基本规则
新股申购规则
高阶交易规则
基本理念
生存法则
散户成功之道
散户赚钱
经典理论
投资逻辑
投资理论
股价影响因素
基本价值
其他影响因素
交易实操
看盘
个股
盘口
大盘
K线图
K线基础
K线组合
价格形态
量价分析
放量
成交量表现
缩量
技术指标
均线
MACD指标
KDJ指标
布林线指标
炒股软件
软件安装
软件应用
画线工具
交易技法
选股技术
短线选股
长线选股
选题材股
跟随基金法
五步盈利法
短线技术
突破买入
回调买入
超跌买入
拐点买入

目 录 / Contents

上篇

股票交易基础理论、理念与知识 001

第一章 揭秘：散户该如何在股市中生存？ 002

第一节 为何小散炒股赚钱很难？ 003

一、七亏二平一赚 003

二、机械地追涨杀跌 003

三、过于频繁地交易 004

四、钟情于小道消息 005

五、青睐低价股 005

第二节 散户是如何在股市中挣钱的？ 006

一、几十年持有万科 A 的刘元生 006

二、坐拥长春高新百倍涨幅的牛散 007

三、波段操作马钢股份的老太太 008

四、熊市捡宝的“抄底王” 010

第三节 散户的生存法则 011

一、资金第一 011

二、独立思考 013

三、掌握技术分析工具 014

四、严守交易纪律 015

第二章 空杯心态：从头开始学股票基础知识 017

第一节 股票交易基本术语 017

一、大盘、上证指数、深证成指、创业板指数、科创 50 指数 017

二、上交所、深交所、北交所 019

三、牛市、熊市、猴市 020

四、主板、中小板、创业板、科创板、三板、新三板、精选层 021
五、 A股、B股、H股 023
六、大盘股、中盘股、小盘股 023
七、蓝筹股、黑马股、白马股、垃圾股、ST股 024
八、空头、多头、空翻多、多翻空 025
九、利好、利空、诱多、诱空 026
十、建仓、补仓、清仓、满仓、空仓、斩仓 027
十一、套牢、解套、割肉、浮盈、浮亏 027
十二、分红、除息、送股、填权、除权 028
十三、概念股、题材股、板块 029
十四、庄家、主力、游资 030
十五、核准制、注册制 030
第二节　如何开户与做交易? 032
一、股票开户的基本流程 032
二、网络开户 035
三、手机开户 036
第三节　股票交易的基本规则、制度 038
一、交易时间、数量以及价格 038
二、集合竞价规则 039
三、涨跌停幅度限制规则 040
四、“T+1”交易制度 041
第四节　新股申购基本规则 042
一、新股申购步骤 042
二、新股申购数量规则 044
三、新股上市涨跌幅规则 045
第五节　高阶交易规则：融资融券、科创板、北交所、港股通 046
一、融资融券 047
二、科创板交易规则 050
三、北交所交易规则 052
四、沪港通、深港通 053

五、港股通交易规则 055

第三章　大咖说：股票，到底该怎么炒？ 057

第一节　股票投资的典型逻辑 057

一、股市投机说 057

二、价值投资说 058

三、趋势交易说 060

四、政策与消息说 061

第二节　股票投资的典型理论 062

一、格雷厄姆与价值投资 062

二、费雪与成长股 063

三、巴菲特与伯克希尔公司 065

四、查尔斯·道与道氏理论 066

五、威科夫理论的产生与发展 067

六、艾略特与波浪理论 068

七、江恩理论的产生与发展 069

第四章　股票价格走势的影响因素 071

第一节　股票基本价值分析 071

一、每股收益 072

二、市盈率 073

三、市净率 075

四、市盈率相对盈利增长率 076

五、净资产收益率 076

第二节　股票价格的其他影响因素 077

一、宏观经济与板块轮动 077

二、货币政策：存款准备金率、基准利率 080

三、通货膨胀对股市的影响 083

四、生产价格指数对股市的影响 084

五、采购经理指数对股市的影响 085

中篇 股票交易实操：技术、指标与工具 087

第五章 看懂盘面：分时图与盘面、盘口 088

第一节 大盘分时怎么看？ 088

一、上证指数线与领先指数线 089

二、红柱线与绿柱线 090

三、上涨与下跌家数 091

四、委买与委卖数据 092

第二节 个股分时怎么看？ 093

一、股价线与均价线基本分析要点 094

二、内盘、外盘看买卖双方力量对比 096

三、利用均价线看走势强弱 098

四、利用分时走势对比看走势强弱 099

第三节 盘口怎么看？ 101

一、买盘、卖盘与委比 101

二、盘口挂单基本分析方法 102

三、盘口异常 1：来自卖盘的大单 103

四、盘口异常 2：来自买盘的大单 104

五、盘口异常 3：没有承接盘 105

六、盘口异常 4：盘中的大买单和大卖单 105

第六章 看懂 K 线图 107

第一节 K 线基本形态 107

一、K 线的构成及含义 107

二、阳线与阴线 109

三、K 线的分类以及交易含义 110

第二节 经典 K 线组合形态 113

一、旭日东升 113

二、乌云盖顶 115
三、早晨之星 117
四、黄昏之星 119
五、红三兵 122
六、黑三卒 123
七、多方炮 125
八、空方炮 127
第三节 K 线底部与顶部整理形态 130
一、W 底及买点 130
二、M 顶及卖点 133
三、头肩底及买点 136
四、头肩顶及卖点 139
五、上升三角形及买点 141
六、下降三角形及卖点 144
七、上升楔形及卖点 147
八、下降楔形及买点 150
九、矩形整理及买卖点 153

第七章 量价分析 156

第一节 成交量的表现：成交数量与成交金额 156
一、成交数量 156
二、成交金额 159
第二节 成交量常见形态：缩量 160
一、上升趋势中的缩量 160
二、下降趋势中的缩量 162
第三节 成交量常见形态：放量 164
一、上升趋势中的放量 165
二、下降趋势中的放量 167

第八章　认识技术指标 170
第一节　均线指标 171
一、葛兰碧均线操作八法则 172
二、股价对均线的突破 174
三、均线的作用：支撑与阻力 176
四、均线的交叉：金叉与死叉 179
五、均线的排列：多头排列与空头排列 182
第二节　MACD 指标 185
一、MACD 指标对 0 轴的突破 186
二、MACD 指标金叉形态 189
三、MACD 指标死叉形态 190
四、MACD 指标的底背离 191
五、MACD 指标的顶背离 193
第三节　KDJ 指标 194
一、KDJ 指标超买形态 195
二、KDJ 指标超卖形态 197
三、KDJ 指标的黄金交叉形态 198
四、KDJ 指标的死亡交叉形态 199
第四节　布林线指标 201
一、布林通道喇叭口放大 202
二、布林通道喇叭口收缩 204
三、股价 K 线向上穿越中轨线 207
四、股价 K 线遇下轨线支撑反弹 208
五、股价 K 线脚踩上轨线上行 210
第九章　玩转股票交易软件 212
第一节　股票交易软件的安装与使用 212
一、交易终端的下载与安装 213
二、股票交易软件的下载与安装 216

第二节 利用炒股软件寻找投资机会 221
一、热点财经资讯解读 221
二、【F10】键信息一览 223
三、【牛叉诊股】看股票潜力 224
第三节 用好画线工具，找准买卖点 226
一、画线工具，研判股价走势的利器 226
二、上升趋势线与下降趋势线 228
三、水平黄金分割线与垂直黄金分割线 232
四、上升江恩角度线与下降江恩角度线 235
五、等周期线绘制及实战技巧 239
下篇
股票交易技法：选股、短线与盈利计划 241
第十章 新手选股实战术 242
第一节 短线选股的策略与技巧 242
一、短线重趋势 243
二、短线重题材概念 244
三、资金流向 245
四、盘子小，大龙头 247
第二节 长线投资的选股策略 249
一、当前价值与价格对比 250
二、基于成长型的价值评估 251
第三节 题材股追涨技巧 252
一、宏观政策利好 252
二、重组因素 258
三、突发性事件 260
第四节 跟随基金选股法 262
一、选择基金扎堆的股票 262

二、追随明星基金产品的持仓 263
三、跟随基金选股的不利因素 264

第十一章　新手学短线交易实战技术 266

第一节　突破买入法 266
一、突破重要阻力位 267
二、突破盘整区域 268
三、突破前高，涨停过顶 271
第二节　回调买入法 272
一、回挡不破 10 日均线 273
二、缺口支撑买入法 274
三、回落高点再起航 276
第三节　超跌反弹买入法 277
一、急速暴跌，必反弹 278
二、乖离率大，超跌回归 279
第四节　加速拐点买入法 281
一、慢牛提速 281
二、低位盘整启动时 283

第十二章　股市盈利就这几步 285

第一步　该如何做交易：选定投资策略 286
第二步　投入资金：做好资金风险管控 288
第三步　不打无把握之仗：投资准备与调研 289
第四步　制订交易计划，买入股票 291
第五步　吉时已到，出货兑现 292

上 篇

股票交易基础理论、理念与知识

基本理念知识体系中涵盖了各类股票交易基础知识、股票投资领域的经典理论以及股价走势影响因素分析等内容。

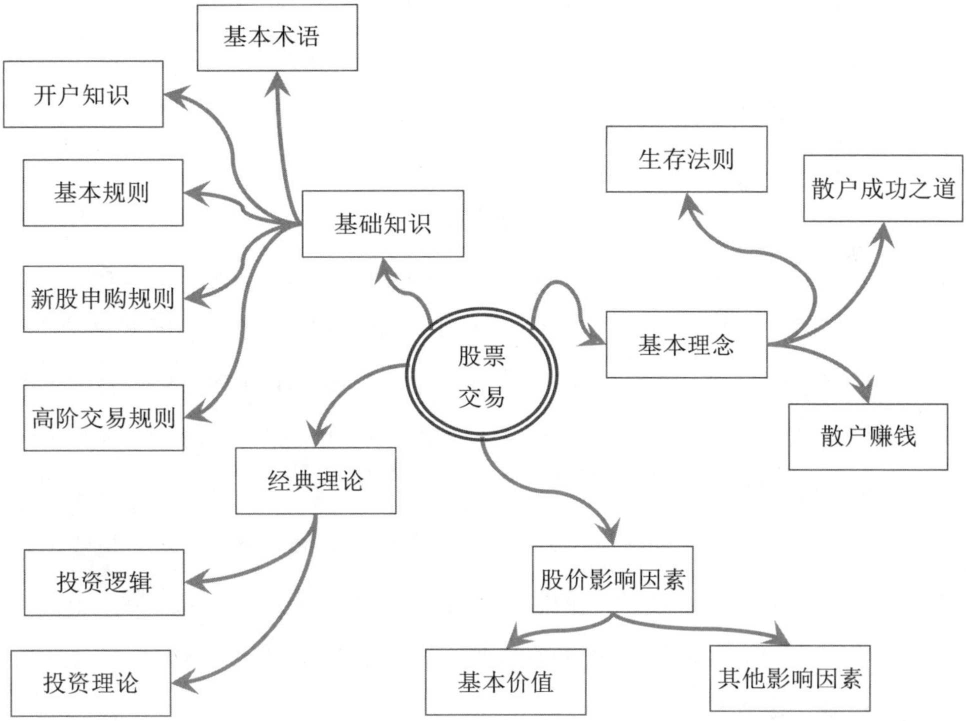

第一章

揭秘：散户该如何在股市中生存？

世上本没有什么股神，只是有些人在股市中生存的久一点儿，也就成了“神”。其实，大家看看股神的战绩与股市中不断演绎的“暴富”神话，就会发现这一点。即使是股神巴菲特，其最近几年的历史年化回报率也就在 20% 左右，股市暴跌的 2008 年，他同样也有将近 10 个点的亏损。

回到 A 股市场，几乎每年或者每个季度都会有超级大牛股诞生，一年之内数倍、十几倍涨幅的股票也不稀奇。也就是说，假如你一年命中一只大牛股（对于可以称之为股神的人物来说，似乎应该不是很难），那么，你的收益肯定要远远高于巴菲特。然而，现实往往非常残酷。昨天还是股神，明天可能就会因为某只股票让自己的收益归零，甚至资产归零。这也就出现了 A 股市场特有的一个现象，每波牛市都会产生大量的股神，在熊市中，这些股神又几乎被“团灭”。历史总是这样重复。

那些在 A 股市场能够呼风唤雨的“股神”尚且如此，普通散户更是要在进入股市初期面对一个非常现实的问题：如何在股市中生存？只有先在股市中生存下来，才有机会慢慢地提升自己的盈利水平，通过逐渐向上“进阶”，并逐渐上升至“股神”级别。

第一节 为何小散炒股赚钱很难？

股市被称作经济的晴雨表。从我国经济的走势来看，无论是当前的运行态势，还是未来的趋势，都有坚定的看好理由。从这一点上来看，股市也没有不走好的理由。但对于散户来说，从股市中赚钱仍然十分困难。

一、七亏二平一赚

股市中一直流传着“七亏二平一赚”之说。也就是说，股市中的所有投资者，只有 10% 的人能够获利；70% 的人都是亏损的。事实上，在 A 股市场上，真正能够盈利的散户可能不足 5%。当然，这也是一个相对平均的数字，在牛市中，可能会好点儿，而在熊市中，绝大多数散户都会亏损。由此可见，散户在股市中挣钱之难。

散户实现盈利很难，但并不是不可能盈利。所有定律、规律都有例外，作为散户首先必须端正自己的心态，不要将自己理所当然地想象成会成为盈利队伍中的一分子，而要时时保持一种谦虚的心态，不断地学习、总结与提升。

二、机械地追涨杀跌

“追涨杀跌”是股市中很多投资者喜欢使用的操作策略，然而，这也是让很多散户出现大幅亏损的一个重要原因。并不是说“追涨杀跌”不对，只是散户对这一方法本身理解不足，从而造成了严重的亏损。

散户在交易过程中经常出现两个错误。

第一，追涨时被套于高位。很多股票在底部或上升途中总是表现出激烈的震荡态势，当其进入顶部区域后才会显现出明显的升势，而很多散户恰恰是此时入场追涨的。那么，这些散户就会很容易被套于高位。

第二，一旦发现股价转入跌势，立即止跌卖出。有时确实回避掉了后面的下跌，但由于入场时机没有把握好，频繁地追涨之后再杀跌，只会让自己的本金不断地被侵蚀，最终的结果只有一个，那就是本金越来越少，最后不得不退出股市。

从本质上来说，“追涨杀跌”属于短线交易范畴。策略本身并无好坏之分，只是因为很多散户缺乏稳定的投资策略和交易系统作为支撑，片面地追涨杀跌，最后只能造成“追涨就被套于高位，杀跌就让本金损失”的局面。

三、过于频繁地交易

过于频繁地交易通常基于如下两个原因。

第一，散户特别是新股民对股票市场还不是十分熟悉，因为市场环境的变化和外界信息的影响，总是采取过于频繁的交易模式。

第二，基于 A 股市场震荡格局持续时间较长，因而想要尝试通过短线或超短线交易的方式获取利润。

其实，对于新股民来说，这种频繁的交易必然会造成亏损。其原因有如下几条。

第一，频繁地交易需要对每只股票的股性、股价短期走势判断极为精确。这需要以更加纯熟的技术、经验和过硬的心理素质为基础，但这又恰恰是刚入股市的新手所不具备的。

第二，频繁地交易会让人的情绪出现剧烈的波动。新手炒股时控制情绪的能力往往非常有限，这无疑会增加决策失误的概率。

第三，成本增加。前面已经提到过，股市的利润是靠点滴积累而来的，过于频繁地交易必然会使交易成本上升。交易佣金、印花税等支出看似很小，但是累积起来就会成为吞噬利润的黑洞。

四、钟情于小道消息

很多投资者在买卖股票时，往往喜欢尽可能多地从各方面获取信息。因而，常常出现这种情况：当投资者按照技术分析买入股票后，对突如其来的各种所谓的小道消息往往信以为真，这样，有时当技术卖点还没有出现时就过早卖出了股票；有时当技术卖点出现时，还因为小道消息的原因迟迟不肯卖出股票，最后导致投资出现大面积亏损。

“传闻时买入，新闻时卖出”已经成为股市中人尽皆知的说法。很多投资者都想知道自己投资的全部信息，因而，当传闻出现时，还想了解更多信息，导致错过了最佳的买入时机。而当全部信息已经被证实后，才想起买入股票，最后，只会在高点介入，落入庄家的陷阱。

作为一名投资者，要克服打听小道消息的毛病，不要跟随所谓的“利好消息”。因为当利好消息兑现之时，往往也是利好变成利空之际。也就是说，当利好消息兑现之前，先知先觉资金已经提前介入了，这时，当利好消息一兑现，先前进入的资金就会趁机出逃，而投资者一旦进入就会被深套其中。股市中没有无缘无故的利好消息，当利好消息被传播开来之后，知道利好消息的人就不会只有投资者一人了，这时，如果这条所谓的利好消息还是真的利好消息，就会成为“天上给每个投资者掉下的馅饼”了。

五、青睐低价股

很多新股民都有这样的偏好，即特别喜欢买入低价股。原因嘛？便宜。

问题是低价股真的便宜吗？恐怕未必。股价是由市场决定的，也就是说，目前的价格是一个买卖双方都接受的比较公允的价格。一只股票的价格很低，自有其低价的原因，诸如业绩、资产以及盈利预期等。

低价股一般分为两类：一是大盘权重股，由于资产庞大，股价上涨或下跌幅度相对较小；二是亏损或绩差股，这类股票价格低的原因想必无须解释。当然，在一波大行情来临时，低价股也会出现暴涨行情。不过，在大多数情况下，低价股都是滞涨的代名词，否则也就不会低价了。

掘金低价股本身没有错，关键是要找到盈利能力强的低价股，这才是王道。

第二节 散户是如何在股市中挣钱的？

尽管散户在股市中挣钱非常困难，但不可否认，还是有很多散户从股市中挣到钱了，而且挣到的还不是小数目。不过，这些挣钱的散户明显都有自己独特的套路。本节简单介绍几个比较有代表性的散户，以供读者参考。

一、几十年持有万科 A 的刘元生

万科 A 是 A 股市场上一只非常有代表性的绩优股。自 1991 年上市后，随着企业规模与效益的不断提升，该股股价也一直呈现震荡上升态势。1991 年 1 月 29 日，万科 A 正式上市，发行价为 1 元，首日开盘价为 14.58 元。此后，该股股价一直震荡走高，到了 2018 年 1 月 24 日，该股股价一度上涨至 5 931.98 元（后复权价格），如图 1-1 所示。

从万科 A 的走势来看，投资者只要是在 2018 年 1 月 24 日前买入股票，并坚定持有，肯定都会有一个不错的回报。当然，我们并不能说 2018 年 1 月 24 日后买入股票的投资者就一定会亏损，毕竟从万科 A 的历史走势来看，每次高点之后经过一波较大回调后，都有再创新高的可能。

从另一方面来看，如果能够提早几年买入万科 A 并持有几年，肯定都会有

一个不错的收益。面对股价经历的数次大型波动，可能很多投资者都会觉得坚定持有这样一只股票并不容易。而现实的情况却是，真有一个人做到了，他就是刘元生。刘先生在万科 A 上市伊始就投入了 400 万元买入万科 A 股票，其后，经过了不断的分红、配股、加仓，最后，刘先生一度晋升为万科 A 十大流通股股东行列，持股市值超过 50 亿元。由此可见，长线持有一只绩优股无疑可以为投资者带来非常丰厚的回报。其实，对于有闲钱的散户来说，像刘元生这样选择一只绩优股并长期持有，无疑是一种非常明智的策略。

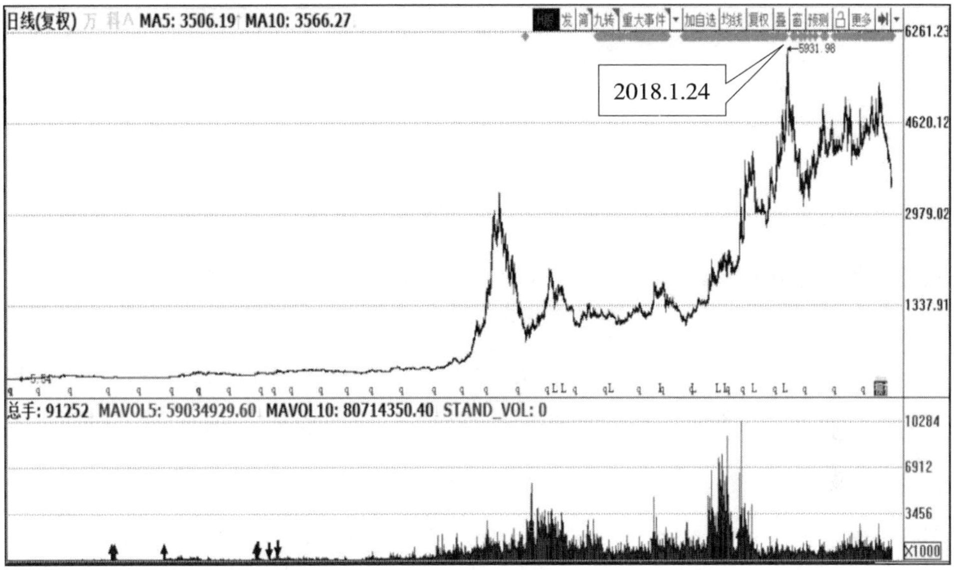

图 1-1 万科 A（000002）日 K 线走势图

二、坐拥长春高新百倍涨幅的牛散

2021 年诞生的股神中，最为清奇的当属一位大连的散户。这位投资者在 2008 年买入 5 万元的长春高新后，连账户带密码忘得一干二净。到了 2021 年，他才想起来还有一笔小投资，便来到了开户的证券营业部重置密码。当证券营业部的工作人员告诉他账户资产总额时，他大吃一惊。原来的 5 万元投资已经换来了超过 500 万元的资产。也就是说，在过去的 13 年里，长春高新的股价几乎上涨了 100 倍。下面来看一下长春高新的股价 K 线走势情况，如图 1-2 所示。

图 1-2　长春高新（000661）日 K 线走势图

从长春高新的走势来看，这位大连的投资者应该是在 2008 年 11 月 3 日前后买入的股票，并因账户密码遗忘而持有了 13 年。当然，这毕竟有运气和巧合的成分。从 2008 年到 2021 年的 13 年之间，大部分股票都有了不错的涨幅，但还有一些股票出现了下跌走势，比如中国石油。若该投资者买入的股票不是长春高新而是中国石油，那么，2021 年他账户的钱就不会是 500 万元，而是不足 3 万元了。

由此可见，长期持有一只股票是投资者投资成功的一个必要条件，却不是充分条件。选股同样很重要。

三、波段操作马钢股份的老太太

马钢股份属于钢铁板块中比较有代表性的一只。该股股价与整个钢铁板块走势非常类似，整体上处于波动幅度较小的股票。在市场上，就有这样一位老太太，曾经多次操作马钢股份，而其操作手法也非常简单，即当股价低于 3 元位置就买入股票；而当股价向上突破 5 元就卖出。我们来看一下马钢股份最近几年的走势情况，如图 1-3 所示。

图 1-3　马钢股份（600808）日 K 线走势图

马钢股份的股价自 2014 年 11 月 3 日第一次从 3 元下方返回 3 元以上位置。此后 7 年的时间里，该股股价曾 3 次触及 5 元的价位。除了 2015 年的大牛市，股价大幅高于 5 元外，其他两次都是触及 5 元价格后迅速回落。

也就是说，假如一个投资者自 2014 年开始按照 3 元买入、5 元卖出的交易策略投资马钢股份，则可以成功完成 3 次交易，每次获利 66.7%。

有人会说，7 年的时间里，每次 66.7% 的获利，也就 200% 嘛，并不算多。其实，若存在这种想法就没法在股市中生存了。因为这种算法本身就是有问题的。

首先，每次获利 66.7%，并不等同于三次总计获利 200%。因为，在股票交易过程中，所使用的都是复利计算法。也就是说，你拿 1 万元投资，获利 5 000 元后，肯定是会将这 1.5 万元全部投入的。而不是将 5 000 元拿出来，再用这 1 万元去投资。若用复利计算的话，这个每次 66.7% 的收益，3 次的合计收益就应该是 363%。即 1 万元进入，运作 3 次后，资产总额就应该是 4.63 万元。

其次，即使不使用复利计算法，仍用 200% 的收益率来衡量，也是非常不错的数据，相当于百分之十几的复合收益率了。大家想一想巴菲特的年度复合收益率也就 20% 多一点啊！况且，从历史经验来看，很少有散户能够在 7 年内实现 10% 的复合收益率。

四、熊市捡宝的“抄底王”

股市中还有这样一类散户，他们并不是总守在电脑前查看股票报价情况，而是在少数情况下才入场交易。

这类投资者的入场时间一般都在熊市来临时。也就是说，每当股市经历了一波大幅下跌之后，很多投资者都对股市绝望时，这些人才开始入场。当然，他们所选择的多为绩优股和白马股。其后，他们就会适当与股市保持距离，尽量不再看自己的持仓。当股市进入牛市后，新投资者纷纷入场时，他们再将手中的股票卖出，然后彻底当一个看客。也就是说，大部分时间内，这些投资者都没有参与交易，然而，其交易的成功率却远非一般投资者可比。大家知道，在熊市的低点，很多大牛股、绩优股都会因被错杀造成股价严重偏低。此后，当股市好转后，这些绩优股、大牛股肯定会有价值修复的走势，甚至成为牛市的排头兵。

一般来说，运用这类操作手法的投资者都属于资金较为充裕的老股民。第一，他们非常熟悉股市的波动规律，即优质的股票出现大幅下跌后，必然会反弹；第二，他们的资金非常充裕，不会在投资过程中因为临时用钱而不得不卖出手中的股票，这就使其能够将股票持有至股价回升期。因为谁也不知道熊市到底能够持续多长时间，牛市何时会到来。但从历史经验来看，绩优股的股价总会回到与内在价值相符的水平，只是时间问题。

第三节 散户的生存法则

散户要想在股市中生存下来，就必须坚守如下几条生存法则。

一、资金第一

第一是保住本金；第二是保住本金；第三是记住前两条。

——沃伦·巴菲特

股市中，机会天天都有，但你的资金不是每天都有，所以，炒股前必须准备好进入股市的资金。炒股，也并不一定非得拿出很多资金，不过，你所拿出的资金必须是能够承受风险和损失的。股票毕竟属于高风险投资品种，进入股市前，必须先判断一下自己的风险承受能力。有这样一个判断高风险投资承受能力的公式：

高风险投资所占比例 =（80− 你的年龄）×1%

按照这个公式，如果你的年龄是 30 岁，那么，你可以将自有资产的 50% 用于股票等高风险投资；如果你的年龄是 50 岁，那么，只能将自有资产的 30% 用于股票等高风险投资。对于新股民来说，用于炒股的资金最好属于短期闲置资金。特别需要说明的是，以下三种资金最好不要用。

第一，用于日常开支的资金。

有一位投资界的朋友常常这样说，你一旦将钱投入股市，就必须将其视为不属于自己的钱，仅仅是一堆数字。因此，你投入股市的钱绝对不能是日常开支需要的资金，否则，因为日常开支需要而被迫交易股票，可能严重破坏自己的交易计划，造成操作失败，而且对投资心理的影响可能会更大。

第二，对外拆借的资金。

借鸡生蛋，是很多人喜欢的挣钱方式，但是忽略了股市的巨大风险和不确定性。若你借来的鸡能生蛋固然皆大欢喜；若不生蛋，只吃米呢？恐怕你还得被迫借钱去买米吧！股票投资本身就是一件风险很大的事，若采用借钱的方法，无论是短期拆借、银行借款还是其他方式借款，势必要有一部分资金成本（利息），而且必须到期归还，这无形中加大了投资的难度，更会对你造成较大的心理压力。

第三，配资融资平台提供的资金。

目前，很多资金量超过 50 万元的投资者都会开通融资融券交易。这项业务开通之后，就可以进行适当的融资买入或融券卖出操作。当然，除了一些大盘股之外，很多中小盘股票是很难融到资金的。也就是说，按照当前的交易制度与规则，融资融券业务属于合法的配资渠道，且对融资比例有严格的限制。这也是一种防控风险的手段。

之前还有一些场外配资平台。这些平台在融资比例方面只进行了很少的限制，甚至可以为投资者实现 10 倍配资，这是什么概念呢？假如你有 10 万元本金，这些配资平台可以再借给你 90 万元，让你拿着 100 万元去交易股票。当然，配资平台是不承担亏损的。你的亏损幅度一旦达到 9% 以上，配资平台就会强制卖出股票，这样你的 10 万元本金扣除手续费后几乎荡然无存。若是不幸踩雷，恐怕还要承担连带风险。

目前，经过多轮整治，这些平台已经很少了，而且也已经被定性为非法融资。投资者从投资安全角度考虑，要远离这类配资平台。即使是合规的融资融券交易，也要在综合个人风险承受能力的基础上量力而行。

新股民本身对股市了解有限，对风险的管控能力较弱，根本没有达到驾驭配资融资的能力，最好避而远之。

二、独立思考

在别人贪婪时恐惧，在别人恐惧时贪婪。

——沃伦·巴菲特

作为投资者必须认清下面几个事实。

第一，市场上所有的投资者都面对相同的盘面、相同的信息。

第二，市场上所有的投资者都在寻求最有利于自己的交易决策，即低买高卖。

第三，市场上必然有买有卖，也必然会有亏损和盈利，这本身就是一个负和游戏（因为股票交易要缴纳佣金和印花税等税费，所以不能称为零和游戏）。

第四，价格运动具有典型的无规律性，无论何种分析技术都不能百分之百地准确预测其走势，当然，无论何种技术分析方法都拥有一大批忠实的信徒。

第五，市场上的主力或庄家对股价走势具有相当大的影响，其利润的来源无外乎其他主力、庄家和散户。

看了上面几项内容，你是否还会认为在股市中赚钱很容易呢？也许有人认为只要追随大潮、追随某位大师，盈利还是比较容易的。其实不然，每次股市巨幅下跌，被套住的往往都是一批散户；每位投资大师都可能准确预判某段行情，但也会在某些时段失误，所以某段时间内总有几位大师特别成功、特别活跃，而过一段时间另一波大师崛起，前一波大师又销声匿迹了。这不足为奇，只要是人，就会有判断失误的时候。但是作为散户，无论是跟随潮流还是某位大师，其实都无法在股市中长久生存。

股市中一直都有这样一句话：牛市就是散户的坟墓。几乎每一轮牛市都有很大一批散户被套在山顶上。相反，很多老股民则可能会通过反向思考而躲过一劫。很多老股民已经形成了一种思维，即当股市喧嚣，人人都高喊着牛市来了，新股民大踏步入场时，往往就是该撤出的时候。

当然，若回顾每一轮牛市的上涨进程就会发现，牛市的顶部区域往往是股价上升速度最快的阶段，强大的赚钱效应让散户趋之若鹜。然而，危险往往就会在此时到来。

总之，能够在股市中赚钱的投资者往往都是那些通过不断地学习、实践和总结，形成了自己独特投资风格或方法的人。当然，他们也会学习一些投资大师的经验，但不是盲从，而是从这些大师的经验中提炼、升华适合自己的技术与方法。有些老股民在总结自己的炒股经验时这样概括：当市场冷冷清清，没有人买入时，进入股市；当市场上人潮涌动时，择机退出。大家都买的股票，尽管短期可能会大涨，而一旦下跌，跌势也是很猛烈的。总之，面对同样的股票走势盘面，获取同样的信息，要想在市场中生存得久一些，就必须学会用自己的大脑思考，走出一条属于自己的路。投资大师格雷厄姆曾经这样说：要想在证券市场上取得投资成功，第一要正确思考，第二要独立思考。

三、掌握技术分析工具

很多投资者对技术分析存有偏见，原因很简单：所有人面对同一张股价走势图，使用着同样的技术分析方法，因此不可能有效。确实，有些时候，应用技术分析方法得到的预测结论会与真实走势大相径庭。然而，当我们翻看历史股价走势图时会发现，更多的时候技术分析还是非常有效的。

技术分析有点类似用兵的兵法。战斗的双方狭路相逢，都在运用自己所学的兵法，当然，兵法也就那么几种，也是众所周知的，然而，还是会有胜利一方和失败一方。为何？兵法应用的效果大不相同。谁能活学活用兵法，谁就有可能成为胜利的一方，反之，如果生搬硬套，失败的概率会很大。股市如同战场，散户所面对的都是一些对技术分析烂熟于心的主力和机构，若想套用一点儿技术分析实现盈利，肯定是难上加难。

当然，作为新股民想在很短的时间内掌握整个证券操作知识也是不现实的，不过，进入股市前，至少需要对以下几方面知识有所了解。

第一，股票交易基本常识及规则。这是完成股票交易的基础。投资者需要了解一些基本的股市用语、股票交易开户知识、股票交易基本规则、股市交易时间以及买卖限制、资金限制等规则。

第二，交易系统设计知识。这是投资者保全资金的屏障，也是很多新股民容易忽略的部分。投资者需要了解如何建立交易系统、止盈位、止损位以及加仓、选股的知识，以提升交易成功率，控制交易风险。

第三，盘面技术知识。这是短线投资者需要关注和重点学习的技术。每天的早盘、午盘与晚盘的盯盘各有侧重，预防突然变盘给自己造成损失。

第四，K 线研判技术。这是投资者最为关注的，也是最基础的技术分析工具。无论长线持股还是短线交易都离不开 K 线技术。K 线技术对研判股价运行方向有重要的指导作用。

第五，技术指标以及均线系统。这是技术分析领域重要的组成部分，投资者通过对相关技术指标的分析，可以大致预测股价方向和买卖点等内容。

第六，成交量以及其他辅助技术分析工具。这些技术分析工具的作用与技术指标大同小异。投资者通过对这些技术分析工具的研究与分析，目的在于预测股价运行的大致方向和起涨点位。

投资者在研判股价运行方向时，如果对某种技术分析工具得出的结论存有异议或不确定，也可以通过其他多种技术分析工具进行佐证。当然，如果几种技术分析工具得出的结论各不相同，那么，采取放弃交易保全本金的策略也不失为明智之举。

四、严守交易纪律

很多交易大师都这样告诫后来者：要像保护自己的生命一样坚决捍卫交易纪

律。对于投资者来说，没有纪律的随意操盘行为也许能够为自己带来一定的收益，但后患无穷。随意买卖的操盘行为如果长期持续下去，甚至养成了某种习惯，就会让自己的投资陷入十分危险的境地。

投资者可以根据自己的特点制定符合自身实际情况的交易纪律。下面给出了所有投资者都应该遵守的共同纪律。

第一，建立完整的交易系统。没有完整的交易系统，就是随意的买卖行为，这等同于“自杀”。

第二，坚持按照交易系统的指示操作，而不是根据自己的感觉或外界的某些信息随意改变操盘计划。

第三，坚持自己的投资原则。投资者应该选择自己熟悉的股票进行投资。

第四，坚守盈利法则。投资者切勿贪婪，当盈利到达一定幅度时，要考虑止盈卖出。

第五，坚守宁少做、毋滥做的原则。不要随意操作任何一只股票。

第六，永远保持一颗平常心。

第二章

空杯心态：从头开始学股票基础知识

对于新进入股市的投资者来说，学习股票交易术语、规则、制度是必须要做的。

第一节 股票交易基本术语

股票交易术语，是新股民入市后需要经常接触和使用的，本节将把常用的术语做一个简单的介绍。

一、大盘、上证指数、深证成指、创业板指数、科创 50 指数

1. 大盘

大盘，即大盘指数，主要指上证指数和深证成指两个指数。相对于深证成指，上证指数更具代表性，因而，大家通常所说的大盘多指上证指数。

2. 上证指数（000001）

上证指数，即上海证券综合指数，又称上证综指，是指对上海证券交易所上市的所有股票价格通过加权计算处理后得出的指数。上证综合指数的样本股是上海证券交易所内全部上市股票，包括 A 股和 B 股，从总体上反映了上海证券交易所上市股票价格的变动情况，该指数自 1991 年 7 月 15 日起正式发布，基日指数定为 100 点。

2020 年 6 月 19 日，上交所和中证指数公司正式发布修订上证综合指数编制方案的公告。7 月 22 日，方案修订正式实施。按照修订后的指数编制方案，上证指数将会剔除风险警示股票、延长新股计入指数时间、纳入科创板上市证券。

截至 2021 年 8 月 5 日，上证指数的成分股总数为 1 627 只。该指数中最大的 5 只权重股分别为贵州茅台、工商银行、招商银行、农业银行、中国石油。

3. 深证成指（399001）

深证成指即深证成份股指数，它是深圳证券交易所编制的一种成份股指数，是从深圳证券交易所上市的所有股票中抽取具有市场代表性的 40 家上市公司的股票作为计算对象，以流通股为权数计算得出的加权股价指数，综合反映深交所上市的 A 股、B 股股价走势。该指数以 1994 年 7 月 20 日为基日，基日指数定为 1 000 点。2015 年 5 月，深证成指的成分股总数已经由 40 家增加为 500 家。

截至 2021 年 8 月 5 日，该指数最大的 5 只权重股分别为宁德时代、五粮液、美的集团、东方财富、海康威视。

4. 创业板指数（399006）

创业板指数也是深圳证券交易所编制的一种成份股指数，是从深圳交易所上市的所有创业板股票中选取具有代表性的 100 家上市公司股票作为计算对象，以流通市值为权数计算得出的加权股价指数。

该指数于2010年6月1日发布，并以2010年5月31日为基日，基日指数定为1 000点。

截至2021年8月5日，该指数最大的5只权重股分别为宁德时代、东方财富、迈瑞医疗、阳光电源、爱尔眼科。

5. 科创50指数（000688）

上证科创板50成份指数由上海证券交易所科创板中市值大、流动性好的50只证券组成，反映最具市场代表性的一批科创企业的整体表现。

科创50指数以2019年12月31日为基准日，基点为1 000点，于2020年7月23日发布。

截至2021年8月5日，该指数最大的5只权重股分别为中芯国际、金山办公、中微公司、传音控股、容百科技。

大盘是研判股市行情的重要依据。大盘处于上升状态，那么，个股上涨的概率就会比较大；反之，则较小。同时，通过将大盘走势与个股走势进行对比，还可以观察个股走势的强弱，即一只股票的走势强于大盘，则说明该股属于强势股，也是短线投资的最佳标的。

二、上交所、深交所、北交所

随着北交所的设立，我国证券交易市场正式进入三足鼎立时代。不过，三家证券交易所的职能稍有不同。

1. 上交所

上海证券交易所成立于1990年11月26日，是全国性的证券交易场所。在上海证券交易所挂牌上市的企业中，有相当大一部分是国民经济支柱产业企业、重点企业、基础行业企业等，对国计民生影响重大，因而，反映上海证券交易所上市股票走势情况的上证综指被投资者看成股票市场整体走势的风向标。

2. 深交所

深圳证券交易所成立于 1991 年 7 月 3 日。在深圳证券交易所挂牌上市的企业中，有相当大一部分是中小企业。

3. 北交所

北京证券交易所（简称北交所）于 2021 年 9 月 3 日注册成立，是经国务院批准设立的一家公司制证券交易所，受中国证监会监督管理。

三家交易所在承接上市企业方面各有侧重，对投资者的要求也有所不同。同时，北交所实行的是公司制，而上交所和深交所是会员制。这就使得北交所可以像企业法人一样经营运作。

三、牛市、熊市、猴市

1. 牛市

牛市是指整个股票市场呈现持续上涨行情。相对应的，会呈现出成交活跃、大盘指数不断创出新高的情况。

2. 熊市

熊市与牛市正好相反，是指整个股票市场呈现下跌的行情。与此相对应，会呈现出交易比较少，大盘指数不断创出新低的情况。

3. 猴市

猴市又称震荡市，是指股票市场出现上下震荡的行情，股指走势不明朗。

没有永远的牛市，也没有永远的熊市。投资者要想在股市中生存下来，必须抛弃趁牛市大赚一把的思维，要随时控制好风险，耐心选股，按计划操盘，努力做到无论牛市还是熊市都能赚钱。

四、主板、中小板、创业板、科创板、三板、新三板、精选层

1. 主板

主板，是指一个国家最主要的股票发行、上市和交易场所。我们的主板市场通常指沪深 A 股市场。上证主板股票代码以 600、601 开头，如 600000（浦发银行）；深证主板股票代码以 000、001 开头，如 000002（万科 A）。

2. 中小板

中小板是相对于主板而言的，设在深圳证券交易所，其执行的交易规则与主板相同。中小板股票代码以 002 开头，如 002007（华兰生物）。

3. 创业板

创业板是为了扶持中小企业尤其是高成长性企业而在深圳证券交易所设立的。创业板在上市门槛、监管制度、信息披露、投资风险等方面和主板有较大的区别。因其风险较高，要求参与的投资者必须具备较高的抗风险能力。创业板股票代码以 300 开头，如 300002（神州泰岳）。目前，创业板股票已经开始与科创板接轨，并启动注册制，因而，新股民开通创业板也有一定的门槛。

4. 科创板

科创板是独立于主板之外的一个新设板块。科创板的一些交易规则和制度与主板也有所不同。科创板以服务科技创新企业为目标，实行的是注册制。这点与主板市场所执行的核准制不同，我们后面会详细介绍。相对于主板来说，在科创板上市的股票没有盈利要求，因而风险更大。新股民开通科创板也有一定的门槛。科创板股票代码以 688 开头。

5. 三板

三板全称为“代办股份转让系统”，主要是主板退市的股票在三板上进行交

易。三板市场的交易规则与主板不同，参与交易的投资者也较少。

6. 新三板

“新三板”原指中关村科技园区非上市股份有限公司进入代办股份系统进行转让试点，因为挂牌企业均为高科技企业而不同于原三板转让系统内的退市企业，故形象地称为“新三板”。2013 年年底，新三板方案突破试点国家高新区限制，扩容至所有符合新三板条件的企业。

新三板对于参与交易的投资者要求也与主板不同，目前具体要求包括如下两个方面。

第一，个人投资者必须具备两年以上炒股经验，或具有会计、金融、投资等专业背景。

第二，投资者在开通新三板前一交易日，个人证券类资产不低于 300 万元。

对于普通散户来说，主板、中小板和创业板涵盖了几千只日常可以交易的股票，已经足够了，而且创业板已经属于高风险品种了，科创板则属于更高风险的交易品种。至于三板和新三板，看看热闹可以，还是少参与为好。

7. 精选层

精选层，即新三板精选层，由从新三板市场选取的兼具“大而优”和“小而美”的企业所组成。2020 年 7 月 27 日正式开市。开市初期上市的企业由从新三板市场精选的 32 家企业组成。

投资精选层的自然人投资者，在申请权限开通前 10 个交易日，本人名下证券账户和资金账户内的资产日均不得低于 100 万元（不含该投资者通过融资融券融入的资金和证券，以下均同）。

2021 年 9 月 3 日注册成立的北交所，则是平移新三板精选层内的股票。与此同时，北交所对交易规则和投资者限制条件又进行了一定的调整。我们后面会详细介绍。

五、A股、B股、H股

1. A股

A股指在我国境内上市，由境内公司发行，境内交易者可自由交易的，以人民币计价的股票。

2. B股

B股指在我国境内上市，由境内公司发行，以外币进行交易的股票。其中，上海证券交易所的B股以美元计价，深圳证券交易所的B股以港币计价。

3. H股

H股指公司注册地在内地，但在香港交易所上市的外资股。当然，也有很多公司在A股市场和H股市场同时上市，如中国联通，上海证券交易所代码为600050，香港交易所代码为00762。

虽说现在有港股通了，投资者只要满足一定的条件就可以进行港股交易了，但毕竟限制较多，A股才是散户最该关注的。不过，有些“A+H”股确实可以多多关注一下，如果和H股相比，A股价格处于洼地，那么，其长线投资价值就凸显出来了。

六、大盘股、中盘股、小盘股

1. 大盘股

大盘股，泛指盘子较大、流通市值较高的股票。这些股票流通市值较大，其价格涨跌对大盘股指升降的影响非常大。随着股市流通资金的不断增加，对大盘股的定义也不断变化。典型的大盘股，如中国石油、中国石化。

2. 小盘股

小盘股，是与大盘股相对的概念，是指流通市值较小的股票。

3. 中盘股

中盘股，是指股本总数介于小盘股和大盘股之间的股票。

大盘股、中盘股与小盘股的概念会随着股票市场的发展不断变化。投资者也可以借助炒股软件的排名系统，按流通市值或总市值对个股进行排名，挖掘具有投资价值的低流通市值股票。通常情况下，市场资金充沛时，主力资金比较偏好大盘股；而市场资金紧张时，主力资金则比较偏好小盘股。小盘股因其盘子小，拉升所需资金量小，所以无论上涨还是下跌，速度都比较快。

七、蓝筹股、黑马股、白马股、垃圾股、ST 股

1. 蓝筹股

蓝筹股，通常指在所属行业中占据领导地位、业绩优良、红利丰厚的大公司股票。典型的蓝筹股，如银行业的招商银行、白酒类的贵州茅台。

2. 黑马股

黑马股，是指股票价值没有被市场广泛地认可或接受，之前涨幅一直不大，从某一时刻开始展开了一波爆发性上涨行情的股票。

3. 白马股

白马股，是指股票价值已经被市场广泛地认可，属于公认的业绩优良、走势良好的股票。

4. 垃圾股

垃圾股，泛指业绩极差、资产状况不佳公司的股票。这类公司的前景并不被看好，有些已经出现亏损，乃至连续亏损。

5.ST 股

ST 是“特别处理”的意思，按照规定，如果上市公司的财务状况出现异常，

其股票简称前就要戴上“ST”的帽子，俗称“戴帽”，如ST生化。

特别处理分为终止上市风险的特别处理和其他特别处理。

按照相关规定，如果一个公司连年出现亏损，那么，其股票将被加上“终止上市风险特别处理”，其股票简称前将被冠上“*ST”，又被称为“披星戴帽”。下一年度，如果公司能够实现盈利，则取消该标示，称为“摘帽”。

投资者选择何种类型的股票，除了与个人偏好有关外，还要考虑是长线持股还是短线持股。站在长线持股的立场上，能够持续稳定盈利的企业，其股价一定是向上的（当然，某些大牛市的顶点除外，股市出现大牛市时，绝不是长线布局的机会）。站在短线选股的立场上，有时垃圾股也能被炒上天。

八、空头、多头、空翻多、多翻空

1. 空头

空头，指预判未来股市会下跌的投资者。对未来持悲观态度，坚定地看空未来走势的投资者又被称为“死空”。

2. 多头

与空头相对，指预判未来股市会上涨的投资者。对未来持乐观态度，坚定地看多未来走势的投资者又被称为“死多”。

3. 空翻多

空翻多，指原来看空股市，对未来走势持悲观立场的投资者开始转变态度，对未来走势变得乐观起来，成为“多头”。

4. 多翻空

多翻空，指原来看多股市，对未来走势持乐观立场的投资者开始转变态度，对未来走势变得悲观起来，成为“空头”。

多头与空头是相对而言的，而且也不是一成不变的。多空激烈交锋时，往往也是股市震荡时期。同理，股市或个股出现单边上涨行情，则说明多头占据压倒性优势地位；反之，则说明空头占据压倒性优势地位。

九、利好、利空、诱多、诱空

1. 利好

利好，是指能够引起股价或股市上涨的因素。例如印花税下调、某只股票业绩超预期等。

2. 利空

利空，是指能够引起股价或股市下跌的因素。例如银行加息、某只股票遭到处罚等。

3. 诱多

诱多，是指主力或庄家刻意制造股价上涨的假象，引诱其他投资者买入股票，其后股价不涨反跌的情况。

4. 诱空

诱空，是指主力或庄家刻意制造股价下跌的假象，引诱其他投资者卖出股票，其后股价不跌反涨的情况。

真中带假、假中带真、真真假假、虚虚实实，这就是股市最真实的写照。很多散户买入股票后总喜欢紧盯着盘面，对股价的每一次变动都十分敏感，其实，这样非但不能让自己多盈利，还有可能落入主力或庄家的圈套。所谓诱多、诱空，都是主力或庄家利用散户一瞬间的贪婪与恐惧心理，故意摆出的“迷魂阵”。其实，只要散户坚持自己的操盘计划，该止损时止损、该止盈时止盈，就不会轻易被这种伎俩所蒙蔽。

十、建仓、补仓、清仓、满仓、空仓、斩仓

仓位是投资者对所持有股票数量的形象称呼。

1. 建仓

建仓是指买入股票。

2. 补仓

补仓是指继续买入所持有的股票。

3. 清仓

清仓是指卖出全部股票。

4. 满仓

满仓是指全部资金都用来买入股票。

5. 空仓

空仓是指没有买入任何股票。

6. 斩仓

斩仓是指买入股票后，股价开始下跌，为避免股价继续下跌，卖出所持有的股票。

仓位控制一般与自己对大盘走势的研判有关。看好大盘未来的走势时，可升高自己的仓位，甚至满仓；不看好大盘未来的走势或判断不清时，必须合理控制仓位。

十一、套牢、解套、割肉、浮盈、浮亏

1. 套牢

套牢，是指投资者买入股票后，该股价格大幅下跌，使投资者面临卖出即大

幅亏损的情况。这时很多投资者会选择一直持股，直至股价重新回到买入价位。因而，套牢大多数投资者的价位也往往成为密集套牢区，股价后市突破该区域会非常困难。

2. 解套

解套，是指投资者被套牢后，股价重新回到套牢价位以上的情况。

3. 割肉

割肉，是指投资者被套牢后，依然选择亏损卖出股票的情况。

4. 浮盈

浮盈，是指投资者买入股票后，股价位于买入价以上，出现未兑现盈利的情况。

5. 浮亏

浮亏，是指投资者买入股票后，股价位于买入价以下，出现未兑现亏损的情况。

浮盈或浮亏都是虚的，只有兑现的收益才是真实的。正因如此，设置止损位、止盈位尤其重要，如果能够坚定地执行交易纪律，也就不会出现套牢、割肉的情况了。

十二、分红、除息、送股、填权、除权

1. 分红

分红，是指上市公司派发红利。通常情况下，分红的方式包括现金分红、送股、转增股等几种形式。无论是现金分红还是送股都需要交纳个人所得税。

2. 除息

除息，是指上市公司派发现金红利后，会造成每股净资产减少，这就需要在

股价中剔除这部分因素，这个剔除行为就是除息。

3. 送股

送股，是指上市公司以赠送股票的方式发放红利，例如北京银行 2014 年 7 月 14 日，每 10 股派 1.8 元送 2 股。

4. 除权

除权，是指由于上市公司送股、配股等方式使得公司总股份数增加，会造成每股净资产减少，这时需要从股价中剔除这部分因素，这个剔除行为就是除权。

5. 填权

除权和除息会导致股价在其后的第一个交易日开盘出现降低的情况，这时，如果股价上涨补回了这部分差价，就称为填权。

大部分股票除权之后都会走出一段填权走势，这也是很多投资者青睐高送转股票的原因所在。不过，历史经验说明：牛市中，股价除权后，填权的走势往往比较好，甚至有填满权的情况；熊市中，股价除权后，填权的走势比较差，很多时候会出现下跌行情。

十三、概念股、题材股、板块

1. 概念股

概念股，是指具有某种特别内涵的股票。如位于上海自贸区内的上市公司的股票被称为上海自贸概念。

2. 题材股

题材股，是指具有某些共性或主题的股票。这些股票可能属于同一行业、同一地域，或者受益于同一政策和概念等。

3. 板块

板块与概念、题材相似，是指按照某一标准分类产生的一类股票组合。例如，按照行业划分，有房地产板块、银行板块、钢铁板块等。

对于短线投资者来说，参与某一阶段的热点股或题材股炒作也是一条获利的捷径，但切记：快进快出，谨防被套。

十四、庄家、主力、游资

1. 庄家

庄家，是指占某只股票流通份额较高，且能够影响或引导股票价格走势的拥有较大资金量的投资者。

2. 主力

顾名思义，主力是指股票操作的主要力量，即能够对股票价格走势产生重要影响的个人或机构。主力有时也是庄家。

3. 游资

游资又称热钱或短期投机性资金，是指尽量利用较少时间，追求较高回报，而且在市场上迅速流动的短期投机性资金。

持有资金量较大，是庄家、主力和游资的共同特点，但庄家坐庄某只股票需要很长时间，而游资持有一只股票的时间不会太长。快进快出是游资的典型特点。被游资炒作的股票，短期内涨幅很大，而一旦游资撤出，股价就会迅速下跌。

十五、核准制、注册制

随着科创板的开通，创业板开始引入注册制，我国股票市场的发行制度逐渐由核准制过渡到注册制。

1. 核准制

核准制是上市公司的股票申请上市时必须经过核准的证券发行管理制度。发行人在申请发行股票时，不仅要充分公开企业的真实情况，而且必须符合有关法律和证券监管机构规定的必要条件。

也就是说，在核准制下，一家企业想要发行股票，上市融资，必须在满足一定条件和要求的前提下（包括规模、盈利等）经由相关机构、部门审核。只有审核通过才能上市，即证券监管机构对上市公司能否上市拥有最终决策权。

2. 注册制

注册制是指证券发行申请人依法将与证券发行有关的一切信息和资料公开，制成法律文件，送交主管机构审查，主管机构只负责审查发行申请人提供的信息和资料是否履行了信息披露义务的一种制度。

注册制推行后，证券监管机构将不再行使审核权，只负责审查发行申请人提供的信息和资料是否履行了信息披露义务。相对而言，注册制推广后，企业上市相对更为简单、快捷，同时，对上市企业的盈利水平也没有硬性要求，这就有利于一些初创型科技企业上市融资。未来，我国股票市场将开启由核准制向注册制过渡的阶段。目前，科创板、创业板、北交所等板块都开始实行注册制，未来，注册制的实施范围还将进一步扩大。

第二节 如何开户与做交易？

在前面介绍股票交易所时，曾经提到过，普通投资者交易股票是不能直接到交易所交易的，必须以证券公司作为中介，让证券公司用证券交易所的席位代为交易股票。同样，股票开户也需要到证券公司。投资者所开具的股东卡分上海证券交易所的股东卡和深圳证券交易所的股东卡。

一、股票开户的基本流程

炒股的第一步就是开户。而拥有证券账户已经成为很多人的标配。截至2021 年 6 月底，A 股市场上账户的开户总数达到了 1.88 亿。而截至 2020 年年底，我国家庭总数约为 3.5 亿左右，也就是说，平均不到 2 个家庭就拥有一个 A 股账户。

对于很多新手来说，开户手续显得比较繁杂，涉及券商、银行等，不过，只要你进了券商的营业部，告诉他们你要开户的话，就会有人主动指导你完成相关业务流程。

整个开户过程大致包括如下几个环节，如图 2–1 所示。

1. 选择券商机构

目前，可供投资者选择的券商机构有几十家，虽说券商实力有差，但是提供基本的交易还是没有问题的。投资者在选择券商时，应重点考虑以下几个方面。

（1）交易成本。

交易成本是选择券商的一条非常重要的依据。尽管政府对券商的交易佣金有相应的规定，即划定了一定的浮动范围，但是各家券商还是会有所区别。目前，各大券商的佣金水平在万分之二点五到万分之三之间。作为投资者千万不能忽视佣金的比例，因为，如果你交易很频繁的话，这些佣金可能会蚕食相当的利润。股票交易过程中，除了交给券商的佣金费用之外，还包括印花税、过户费、交易规费等几种。当然，后面几种费用相对佣金来说，都是比较少的，而且各家券商基本相同，所以在选择券商时，可以忽略。

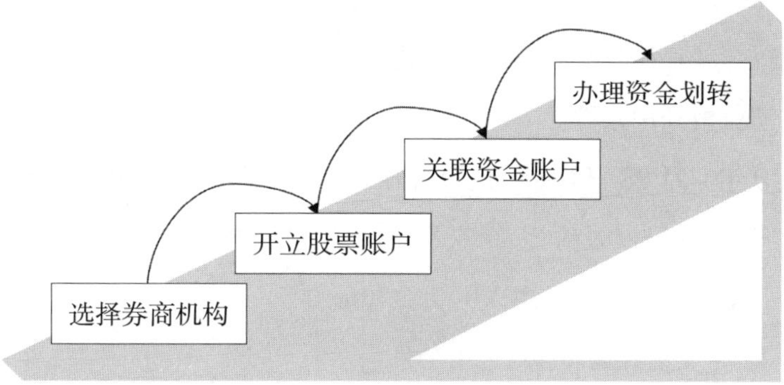

图 2-1　股票开户基本流程

（2）服务水平。

券商的服务水平，尤其是硬件水平，也是一条重要依据。每个券商都有自己的交易系统，投资者也都会下载该券商的交易软件，但软件的速度还是有细微的差别。尤其是某些繁忙时段，一秒都可能让自己的买入或卖出价格相差很多。在这一点上，大型券商是具有先天优势的。很多中小型券商相对更容易在拥挤的时段出现“宕机”现象，从而影响交易。

（3）便利程度。

尽管现在多数投资者都借助网络进行炒股，但券商的营业部有时还是需要去的，如更新一些证件信息、签订某些协议等。因而，券商营业部的位置以及交通状况也是选择券商的一个参考因素。

2. 开立股票账户

投资者选定券商后，可持个人身份证到较近的券商营业部办理开户手续。通常情况下，营业部会提供一份表格以及若干份协议，由投资者逐项填写。完成各项手续后，营业部会提供给投资者两张股东卡：一份是上海证券交易所股东卡，另一份是深圳证券交易所股东卡。

按照前些年的规定，开通股票账户是收费的，具体标准为：深市 50 元，沪市 40 元。近年来，券商为了吸引投资者开户，已经将该费用免除。

目前，新股民开立的股票账户初期只能交易沪深 A 股主板和中小板市场的股票，而创业板和科创板则有一定的门槛。

（1）创业板开户条件。

自 2020 年 4 月 28 日开始，投资者开立创业板账户需要满足以下两个条件。

第一，开通交易权限前 20 个交易日的证券账户和资金账户的日均资产不低于 10 万元（不包括融资融券融入的资金和证券）。

第二，证券交易经验不少于 24 个月。

（2）科创板开户条件。

投资者开立科创板账户需要满足以下三个条件。

第一，开通交易权限前 20 个交易日的证券账户和资金账户的日均资产不低于 50 万元（不包括融资融券融入的资金和证券）。

第二，前 20 个交易日中任意 5 日的资产达到 50 万元以上。

第三，证券交易经验不少于 24 个月。

（3）北交所开户条件。

若投资者想要交易北京证券交易所的股票，还需开立相关的证券账户，其条件包括如下两个。

第一，开通北交所账户前 20 个交易日的日均资产不低于 50 万元。

第二，参与证券交易 24 个月以上。

3. 关联资金账户

股票账户开立完毕后，投资者需要选择一家银行作为资金托管行，将股票账户与银行资金账户关联，并与券商签订一份三方协议。当然，投资者如果已经有银行卡或存折，可以直接在证券营业部签订好三方协议后，送到银行盖章确认，再将其中一份协议送回证券营业部即可。如果投资者没有银行卡或存折，也可以就近选择银行开户。

4. 办理资金划转

投资者准备买入股票时，可通过炒股软件中的“银证转账”功能，将银行账户的资金转移至股票账户，从而进行股票交易活动。

二、网络开户

投资者可以找到拟开户券商的主页，并进入在线开户界面。网络开户时，需要投资者事先准备好智能手机、身份证、银行卡、高清摄像头、麦克风和耳机等资料和设备。网络开户通常包括如下几步。

第一步：输入手机号码，并根据证券公司提供的验证码进入网络开户流程。

第二步：填写基本资料，并上传身份证照片。证券公司要求上传的身份证照片必须完整。

第三步：选择开户类型。一般情况下，证券公司会提供上海 A 股账户、深圳 A 股账户、沪深基金账户和理财账户等选项。投资者如无其他需要，只点击上海 A 股账户和深圳 A 股账户即可。

第四步：关联资金托管银行。证券公司会提供可以选择的托管银行，并要求投资者填写银行卡账号。对于有些银行，证券公司还会要求开通网上银行或手机银行。

第五步：视频认证。证券公司会向投资者发送视频申请，并将投资者和身份证进行比对，如无异议很快就会通过审核。

第六步：设置交易密码。投资者需要设置交易密码和资金密码。当然，也可以选择资金密码和交易密码一致选项，这时，只需设置交易密码即可。

第七步：协议签署。证券公司会要求投资者签署一些协议和一份回访问卷。

经过以上各步骤，如双方无异议，将很快完成开户操作。证券公司会向投资者发送开户成功短信，并将资金账号一并发送过来。

三、手机开户

投资者除了可以到证券营业部现场开户和网上开户外，还可以通过手机开户。目前，由于投资者所使用的多为智能手机，因此，手机开户相对来说更为方便和快捷。

手机开户的程序非常简单，主要包括以下几步。

第一步：投资者可以用手机搜索自己拟开户券商的手机 APP 应用或者通过电脑上网搜索该券商主页，然后扫描其 APP 应用二维码（以华泰证券为例），下载并安装该程序，如图 2-2 所示。

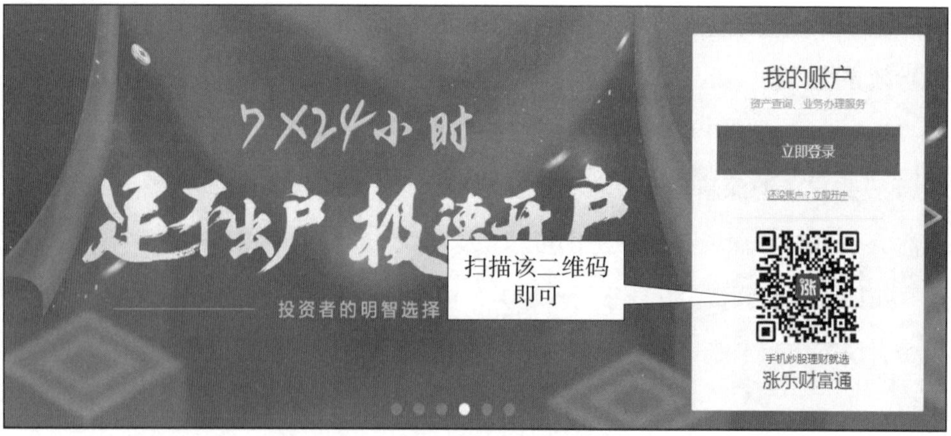

图 2-2 扫描二维码下载 APP

第二步：安装完成后，手机界面会有该程序的图标，点击进入该程序后，在【我的】页面点击【极速开户】选项，如图 2-3 所示。

第三步：进入开户界面后，系统会提示投资者填写身份证和银行卡等资料，然后按照系统提示逐步操作就可以完成开户，如图 2-4 所示。

图 2-3　点击【极速开户】

图 2-4　开户界面

在开户流程的最后阶段，证券公司会与投资者进行视频验证以确保开户者为投资者本人。不过，手机开户或网上开户一般无法开通创业板和科创板交易权限。

投资者若想交易创业板和科创板股票，还需在满足开户条件后亲自到证券营业部办理开户手续。从这一点来看，选择一家距离自己较近的营业部开户是非常有利的，毕竟大家开户之后，肯定会在满足条件后开通创业板和科创板。

第三节 股票交易的基本规则、制度

在股票交易的基本规则中，有些是出于交易方便角度设置的，有些则是出于防范交易风险，保障市场健康平稳发展而设置的。总之，投资者从事股票交易，就需要学习并遵守这些基本规则。

一、交易时间、数量以及价格

1. 交易时间

股市交易日是除节假日外的工作日。因调休将周六或周日变为工作日的，股市仍旧不开市。股市每天的交易时段以及起止时间是上午：9:30—11:30；下午：13:00—15:00。

另外，上午开盘前的9:15—9:25和下午临近收盘的14:57—15:00为集合竞价阶段。

目前，科创板和创业板额外还有一个盘后固定交易时间，即15:05—15:30，其价格以当日收盘价为交易价格。

2. 交易数量

股票市场的交易单位为“股”，100股=1手。每次交易必须是100股或其整数倍，即买卖多少手。

因分红、送股、配股等原因产生零股的情况，可一次性卖出，不可以买入零股。

目前，科创板和北交所的交易数量与上述规定有所不同。科创板的最低交易数量为200股，北交所的最低交易数量为100股，且科创板和北交所每笔申报可以1股为单位递增，即超过最低限额后，可以有零股，比如201股、306股。

3. 交易价格

沪深 A 股市场的最小报价单位为 0.01 元。买入和卖出股票，需将价格精确至 0.01 元。沪市 B 股的最小报价单位为 0.001 美元；深市 B 股的最小报价单位为 0.01 港元。

交易报价的策略需要尽可能灵活：买入量较大的股票在报价时，尽量做到锱铢必较，因为每一分钱，都可能关系到最终的盈利数额；投资者若想快速追涨买入或杀跌卖出某只股票，则不应计较价格，而应为股价变动预留足够的空间。例如，一只正在快速拉升的股票，报价为 10.01 元，此时若想快速跟进，则不应将报价停留在 10.02 元，而要直接报到 10.05 元，甚至 10.10 元。因为，报价过低可能会让你无法成交，而不得不撤单，重新报价，此时股价可能已经上涨了一大截。而高报价，一方面能够让你快速成交；另一方面，成交时仍会按照卖方价格成交，使得买入股票的成交价低于所报价格。卖出股票，也是同样的道理。

二、集合竞价规则

集合竞价，是指对一段时间内所接受的买卖申报一次性集中撮合成交的竞价方式。集合竞价需要遵循以下三个原则。

（1）以此价格成交，能够获得最大的成交量。

（2）高于参考价买入申报和低于参考价卖出申报必须全部成交。

（3）与参考价位相同的申报，其中买入申报和卖出申报必须有一方能全部成交。

若有几个价格同时符合上述三个条件，沪市按照几个价格的中间价成交，而深市则按照与前一交易日收盘价最近的价格成交。

目前，股市每天早盘的开盘价都是通过集合竞价获得的，即每个交易日的 9:15—9:25。

在早盘集合竞价阶段，实质上又可以分为三个不同的时间段（点）。

第一个时间段：9:15—9:20。

在此时间段内，投资者可以发出买入或卖出指令，也可以撤销成交指令（既可以挂单，也可以撤单）；炒股软件中，会显示出虚拟的成交信息。

第二个时间段：9:20—9:25。

在此时间段内，投资者可以发出买入或卖出指令，但不可撤掉成交指令（即只能挂单，不可撤单）。系统会根据投资者的挂单情况，按照集合竞价成交规则，自动撮合成交。

第三个时间点：9:25。

在此时间点，系统会给出当日开盘价，即根据集合竞价得到的最优化成交价格，在此价格以上的买入订单已全部成交；在此价格以下的卖出订单也全部成交。

另外，每个交易日的 14:57—15:00 收盘时段的集合竞价与 9:20—9:25 的规则相同。

三、涨跌停幅度限制规则

涨跌停幅度制度源于国外早期的证券市场，是为了防止交易价格的暴涨暴跌而设置的。A 股市场自 1996 年 12 月 26 日正式实施此制度。

所谓涨跌停板，是指股价只能在设定的最大上涨或下跌幅度内波动，如果下单价格超过该幅度的限制将被视为无效下单。

目前，A 股市场上的主板和中小板股票的涨跌停限制为 10%，即股价上涨 10% 就不会再上涨了，当然，由于股价的最小报价单位为 0.01 元，因而，10% 的涨跌限制也会稍有不同。但以下几类股票除外。

第一，新股上市的涨跌停不受 10% 的限制，我们在后面还会详细介绍。

第二，ST 类股票的涨跌停限制为 5%。

第三，创业板和科创板股票的涨跌停限制为 20%。

第四，北交所股票的涨跌停限制为 30%。

图 2-5 为银河磁体 2021 年 8 月 6 日的分时走势图。

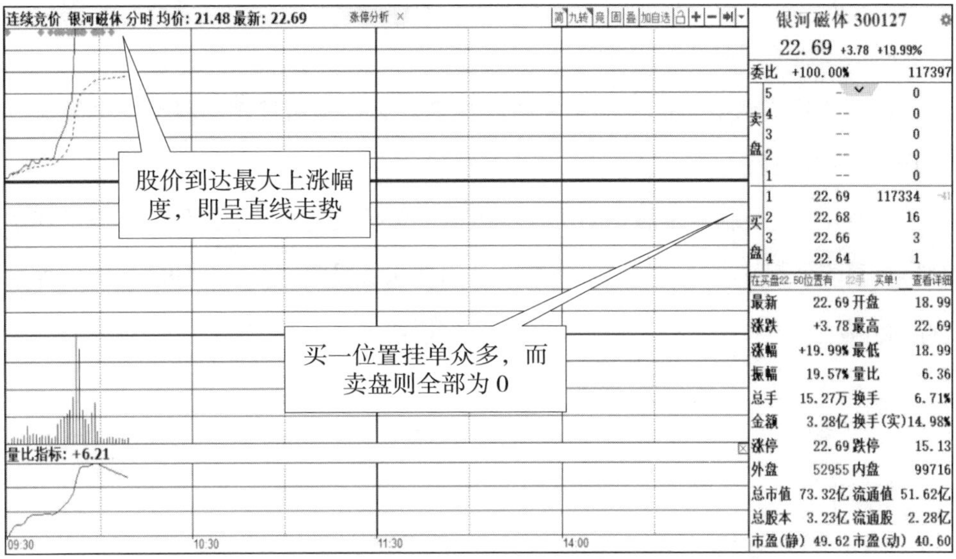

图 2-5　银河磁体（300127）涨停板示意图

银河磁体在 2021 年 8 月 6 日早盘开盘后直接被拉升至涨停位，涨幅为 19.99%。通常情况下，股价一旦到达涨停位置，再想买入股票就会非常困难；反之，股价到达跌停位置，卖出则非常困难。

通常情况下，股票前一交易日涨停，那么，下一交易日开盘后上涨的概率较高；而前一交易日跌停，下一交易日开盘后下跌的概率也较高。投资者手中的股票如果被拉升至涨停板位置，应耐心持股，直至涨停板打开；反之，如果股票被打压至跌停板，则需尽早卖出。

四、“T+1”交易制度

“T+1”交易制度中的 T 是指交易当天，“T+1”则是指交易完成后的下一个交易日。“T+1”交易制度，是指投资者当天买入的股票要到下一个交易日才能卖出，但卖出股票的当天可以买入新的股票，不过，当天卖出股票的资金不能提现。

与“T+1”交易制度相对的是“T+0”交易制度。“T+0”交易，是指当天买入股票，当天即可卖出。

目前，我们买卖上海证券交易所和深圳证券交易所挂牌的股票，全部执行“T+1”交易制度。

“T+1”交易制度本意是防止过度投机，保护投资者利益，但是，由于其对交易时间的限制，也经常导致很多投资者出现买入股票后无从反悔，只能坐等亏损的状况。庄家也经常利用这一制度套牢投资者。

第四节 新股申购基本规则

新股，是指刚刚上市发行的股票。新股上市之后往往都会被热炒，涨幅也都非常可观。正因如此，很多股民和机构都会参与新股首发的网上申购（俗称“打新”）。很多质地较佳的新股，往往是机构建仓的标的。新股首发后，一些机构需要收集相对较多的筹码以达到持仓比重，所以，新股首发后往往涨幅较大。当然，一些质地较佳、价格相对较低的新股涨幅更为可观，而一些基本面相对较差的新股涨幅则要小很多，因此，这类新股可能很难成为机构的建仓标的。

一、新股申购步骤

新股发行主要包括网上申购、网下发行和市值配售三种形式，其中，普通投资者能够参与的主要是网上申购。为了让更多的散户参与并获得申购新股的机会，新股申购资金缴纳的方式由申购前预缴变成了申购成功后再缴款的模式，这在一定程度上提升了资金的使用率。新股申购的步骤如下。

第一步：申购（T 日，即新股申购日）。

（1）申购当日，投资者按照系统的提示和可申购额度，在上午 9:00 到下午 3:00 之间直接点击申购新股的相应按钮进行申购。

（2）新股申购数量只能是申购单位的整数倍。其中，沪市每 1 000 股为一个申购单位；深市每 500 股为一个申购单位；属于沪市的科创板股票每 500 股为一个申购单位。北交所的申购方式为按申购比例配售，后面会单独介绍。

（3）投资者申购的新股数量不得超过按持股市值核算的申购限度，且不得超过社会公众股总量的千分之一。

（4）每个账户只能申购一次，如果多次申购，将以第一次申购为准，其他申购为无效申购。

（5）新股申购完成后，系统会自动生成一份合同号，而非新股配号。

第二步：公布申购配号即中签率（T+1）。

申购结束的次日，系统会根据有效申购顺序以及有效申购总量，为某一申购单位配号。也就是说，这天早上，投资者就可以从炒股软件中看到自己的申购配号了。一般情况下，系统给出的都是起始配号和配号数量。例如，某投资者获得了 3 个配号，起始配号为 000001，那么，其他两个配号自动为 000002 和 000003。

同一天，主承销商会根据配号数量和发行股票总数公布该只新股的中签率。当然，同一天新股的抽签也将启动，也就是说，新股的中签号在这一天就会定下来，有的券商会在当天下午或晚上将中签信息发送到投资者手中。

第三步：公布中签号（T+2）。

T+2 是官方公布中签号的时间。公布的中签号一般为后几位数字，例如，中签号为 1234，则凡是配号最后四位为 1234 的全部中签。

大多数券商会以短信或电话的方式通知中签者本人。当然，为了安全起见，投资者最好在公布中签号当天查看一下自己的新股申购情况，以免漏缴中签款项。

当天下午 4 点是中签缴款的截止时间。也就是说，投资者必须保证在 4 点之前股票账户的资金余额足够缴纳中签款项。

事实上，中签不缴款不仅让自己失去一次获利机会，而且如果在 12 个月内连续三次中签不缴款，将会被暂停 6 个月打新资格。

二、新股申购数量规则

目前，在沪深市场上，投资者申购新股的数量是与其持有的股票市值挂钩的，也就是说，投资者若想申购新股，必须手中有足够的股票才行。打新时，还需要注意以下几点。

第一，新股申购额度。投资者持有股票市值在 1 万元以上，其中沪市每 10 000 元分配一个申购单位；沪市中的科创板股票每 5 000 元分配一个申购单位；深市每 5 000 元分配一个申购单位，若市值不够分配一个申购单位，则不计入。例如，某投资者持有沪市股票的市值为 25 000 元，那么他申购非科创板股票时将获得 2 个申购单位，即 2 000 股在沪市发行新股的申购资格；申购科创板股票时将获得 5 个申购单位，即 2 500 股在沪市发行科创板新股的申购资格。如该投资者持有深市股票的市值为 25 000 元，那么他将获得 5 个申购单位，即 2 500 股在深市发行新股的申购资格。同时，沪市和深市的股票市值不能累加，也不能混用，即持有沪市股票的投资者，只能申购沪市发行的新股；持有深市股票的投资者，只能申购深市发行的新股。

第二，申购限额。投资者申购的新股数量不得超过主承销商发行的数量，并不得超过社会公众股总量的千分之一。一般情况下，在新股申购栏中，股票交易系统都会给出申购上限，即投资者无论持有多高市值的股票，都不能超过申购上限，这也是为了保护小投资者的利益，让更多的投资者中签。

第三，持仓市值的计算。每个投资者持有股票市值的计算以“T-2”日前

20个交易日持有股票的平均市值为准, 若投资者持有多个股票账户, 可合并计算, 持有的融资融券市值也可以合并计算。账户开户时间不足20个交易日的，按20个交易日计算日均持股市值。

第四，市值的使用。同一交易日，同一交易所，如果有多只新股发行，其持有股票的市值可以重复使用。例如，某投资者持有2万市值的沪市股票，且连续持有20个交易日以上，那么，无论沪市同一天发行多少只新股，该投资者每只新股都可以申购2 000股。

打新股的规则最近几年调整幅度较大，投资者最好通过一些证券门户网站了解最新的政策信息和新股发行信息。

北交所相关的新股申购规则，将在后面章节介绍。

三、新股上市涨跌幅规则

目前，新股上市涨跌幅规则因上市板块不同而有所区别。

1. 主板和中小板新股上市涨跌幅规则

新股上市涨跌幅限制分为两个阶段。

第一，集合竞价阶段涨跌限制。

新股上市当日的开盘集合竞价阶段，最高买入价不得超过新股发行价的120%；最低买入价不得低于新股发行价的80%。也就是说，假如一只股票的发行价为10元，那么，投资者买入报价最高可以填报12元、最低可以填报8元，超过12元或低于8元的报价单将被视为无效。

第二，连续竞价阶段涨跌限制。

新股上市当日正常开盘后，即进入连续竞价阶段，此时，最高买入价不得超过新股发行价的144%；最低买入价不得低于新股发行价的64%。不在此报价范围内的报价单，将被视为无效。

通常情况下，新股上市首日愿意卖出者寥寥，股价瞬间就会到达涨停位置，对于小散户来说，上市首日买入新股的可能性更是微乎其微。

新股上市后，往往会出现一波连续涨停走势，而涨停板一旦打开，股价又会有一定的回调压力。如果普通投资者在股价打开涨停板时买入，风险会非常大。

2. 创业板和科创板新股上市涨跌幅规则

目前，创业板和科创板新上市股票的涨跌幅规则如下。

第一，原则上，新股上市 5 个交易日内是没有涨跌停限制的。5 个交易日之后，股票涨跌停板的幅度为 20%。

第二，新股上市后，前 5 个交易日设置有临时停牌机制。当盘中成交价较当日开盘价首次上涨或下跌达到 30%、60% 两个挡位的时候，就会触发临时停牌制度，每次临时停牌时间为 10 分钟，当停牌时间超过 14:57 的，就会于当日 14:57 复牌。

3. 北交所新股上市涨跌幅规则

北交所新股上市首日没有涨跌停限制，一个交易日后，股票涨跌停板的幅度为 30%。

第五节
高阶交易规则：融资融券、科创板、北交所、港股通

本节所涉及的高阶交易规则，包括融资融券、科创板、北交所、港股通的一些交易规则。这些交易板块有一个明显的共同特征，即对投资者的资质经验、资金等提出了一定的限制条件。

一、融资融券

融资融券又称证券信用交易，或保证金交易，是指投资者向具有融资融券业务资格的证券公司提供担保物，借入资金买入证券（融资交易）或借入证券并卖出（融券交易）的行为。该定义也可以通俗理解为：投资者认为某只股票可能会上涨，可以先到证券公司借钱买入，待股价上涨卖出后，再将钱还给证券公司，这就是融资交易；投资者认为某只股票可能要下跌，可以先到证券公司借来股票卖出，待股价下跌后再买回股票归还证券公司，这就是融券交易。

对于投资者来说，通过融资融券交易，既可能让自己的收益翻倍，也可能让自己的亏损扩大数倍。也就是说，从事这种交易，要求投资者具备较强的抗风险能力。

1. 融资融券的开通条件

当然，开通融资融券交易也是有一定门槛的，具体包括以下几条。

第一，交易资金。

投资者必须持有相当规模的资金才能参与融资融券交易，即开户前 20 个交易日内日均资产总额不低于 50 万元。

第二，投资年限。

投资者参与股票交易至少满 6 个月。

第三，所属券商。

只有具备了相关资质的券商才能开展融资融券业务。当然，获得融资融券资质的券商会越来越多，投资者如需开通，直接向自己开户的券商咨询即可。

第四，操作标的。

只有满足一定条件的股票才能成为融资融券标的。投资者如果开通了该业务，可以在炒股软件中看到这些符合条件的股票。

这些股票应符合的条件有：第一，上市时间满 3 个月；第二，流通股本不少于 1 亿股或流通市值不少于 5 亿元；第三，股东人数不少于 4 000 人；第四，近 3 个月，日均换手率不低于基准指数日均换手率的 20%；第五，发行企业已经完成股权分置改革；第六，未被 ST 处理等。

融资融券交易，有些类似于期货交易，但风险系数要小于期货。它不仅有投资收益与风险放大的功能，同时还为投资者提供了股市做空功能。

2. 融资融券的应用

一般来说，投资者开通融资融券业务后就可以通过融资或融券的方式来丰富自己的投资选择。

（1）融资融券费用。

融资融券都是有较高费用的。融资融券的费用除了股票交易费用外，还有两项其他费用，包括手续费和利息。手续费是一次性收取的费用，与融资融券的规模有关；而利息费用则与投资者融资融券占有的时间有关，按日收取。券商不同，利息费用稍有不同，一般在年息 7% 左右。投资者可以根据自己融资融券的规模与客户经理沟通确认相关费用。

（2）融资划转。

开通融资融券后，投资者进入自己的股票账户后就会发现自己的账户已经分成了两部分，即普通交易（普通账户）与融资融券交易（信用账户），如图 2-6 所示。

开通融资融券账户前的资金都存放于普通交易账户。投资者若需进行融资融券交易，可点击图 2-6 中的【担保划转】，将普通账户中的资金或股票划入融资融券账户，如图 2-7 所示。

投资者可以通过【担保划转】功能将股票或资金在【普通账户】和【信用账户】之间划转。当然，也可以通过银行卡直接向【信用账户】转入资金。不过，这里有几个细节需要注意。

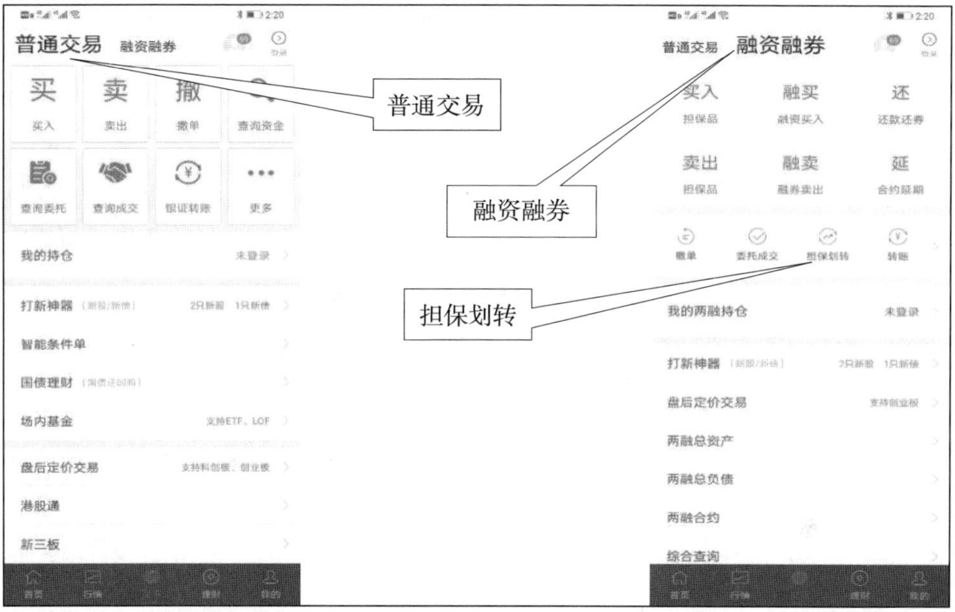

图 2-6　普通交易与融资融券交易界面

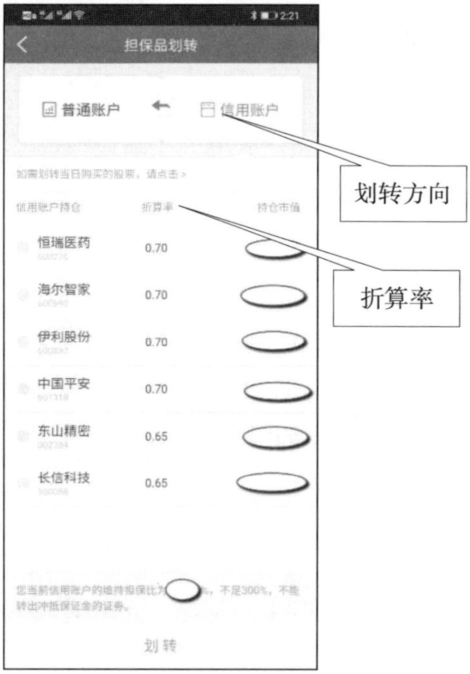

图 2-7　【担保品划转】界面

第一，系统会根据投资者保证金规模和信用情况赋予一定的信用额度。但这个信用额度并不能全部用来融资，具体可融资规模与投资者的保证金规模有关。也就是说，大多数情况下，投资者可融资金额都会低于这个信用额度。

第二，投资者划入【信用账户】的股票市值并不能直接用于计算保证金金额，而是需要折算至一定比例后才能计入保证金总额。同时，股票风险不同，折算率也会有所不同。比如，图 2-7 中，几只主板股票的折算率为 0.7，而中小板和创业板股票的折算率仅为 0.65，科创板股票、ST 股票的折算率更低。还有一些其他类的股票，折算率可能更低。也就是说，你向【信用账户】转入 1 万元，那么，这 1 万元都可以冲抵保证金，而转入 1 万元市值的股票，就只能冲抵 7 000 元或 6 500 元的保证金。

第三，当【信用账户】内维持担保比例低于 300% 时，则投资者是不能将资金或股票转出【信用账户】的。担保比例的计算方法是账户内资金（含融资融券市值）总额除以负债总额。

二、科创板交易规则

科创板是独立于现有 A 股主板之外的一个新设板块。科创板坚持面向世界科技前沿、面向经济主战场、面向国家重大需求，主要服务于符合国家战略、突破关键核心技术、市场认可度高的科技创新企业。

1. 科创板上市企业的特点

相对于主板市场，科创板上市公司有着明显的特点，包括但不限于以下几项。

第一，企业类型不同。科创板的设立主要是为了服务科技创新型企业的融资需要，因而在该板块上市的企业多为技术密集型企业。

第二，发审制度不同。目前，主板企业除了创业板外，股票上市所执行的制度仍是核准制，而科创板所执行的则是注册制。二者的区别在前面已经有过介绍。

第三，对上市企业的要求不同。主板上市企业有明确的营收以及盈利要求，而科创板企业的门槛则要低很多，并对预期市值达到10亿元、15亿元、20亿元、30亿元、40亿元5个范围分别制定了上市标准。比如，目前被引用最多的标准是10亿元的上市要求，满足下列两项要求之一者就可以申请上市：其一，近两年净利润为正值，且累计净利润在5 000万元以上；其二，近一年净利润为正值，且营收在1亿元以上。

2. 科创板股票交易规则

科创板股票的交易规则与主板股票有所不同。

第一，上市前5个交易日没有涨跌停限制，此后涨跌停幅度为20%。

第二，单笔申报数量不少于200股，不足200股的应一次性申报卖出。

第三，竞价交易的申报数量单笔不得超过5万股，现价交易的申报数量单笔不得超过10万股。

第四，增加盘后固定交易时间，其时间段为15:05—15:30，其价格以当日收盘价为准。

第五，科创板股票上市首个交易日后即可作为融资融券标的，这与其他板块股票也有着明显的区别。

上述第一条和第四条也同样适用于创业板内上市的股票。

3. 开通科创板交易权限的要求

由于科创板股票的投资风险要大于主板市场，因而，对于想要参与科创板股票交易的投资者也设置了一定的门槛，其要求包括以下几项。

第一，开通科创板账户前20个交易日的日均资产不低于50万元。

第二，开通科创板账户前20个交易日内的任意5个交易日资产满足50万元以上的要求。

第三，参与证券交易24个月以上。

第四，这里的资产包括股票、债券、基金、现金等资产，但不包括融资融券资产。

另外，创业板的开户条件与科创板类似，但要低于科创板，其只要求开户前20个交易日的日均资产不低于10万元，且参与证券交易24个月以上。

三、北交所交易规则

北交所，即北京证券交易所，于2021年9月3日注册成立，是经国务院批准设立的一家公司制（沪深交易所均为会员制）证券交易所，受中国证监会监督管理。北交所以支持中小企业创新发展、深化新三板改革为宗旨，是与上交所、深交所并列的证券交易机构。2021年11月15日，北交所上市的股票正式开始交易。上市企业是从原新三板精选层平移过来的企业。

1. 北交所基本交易规则

北交所的很多交易规则与沪深市场相同，比如成交规则、交易时间规定等。在这里，我们重点将北交所相对特殊的交易规则做一下梳理。

（1）涨跌停幅度。

第一，基本的涨跌停限制幅度为30%。

第二，新股上市首日、退市整理期首日，没有涨跌停限制。

（2）临时停牌。

第一，盘中交易价格较当日开盘价首次上涨或下跌达到或超过30%的。

第二，盘中交易价格较当日开盘价首次上涨或下跌达到或超过60%的。单次临时停牌的持续时间为10分钟，股票停牌时间跨越14:57的，于14:57复牌并对已接受的申报进行复牌集合竞价，再进行收盘集合竞价。

2. 北交所对普通投资者的限制条件

北交所开市后个人投资者准入门槛为开通交易权限前20个交易日日均证券

资产 50 万元，同时具备 2 年以上证券投资经验。

在北交所开市前已开通精选层交易权限的投资者，其交易权限将自动平移至北交所。

3. 北交所新股申购与配售规则

（1）打新规则。

北交所打新对投资者没有持仓市值的要求，这点与沪深市场有所不同。也就是说，投资者即使不持有北交所股票，也可以参与相关股票的打新。

不过，投资者在申购新股（T 日）时，需要同时被冻结一定的资金（这是为防止投资者无须申购而采取的措施）。待新股中签号出炉（T+3）后，配售失败的资金会解冻。

（2）网上配售规则。

网上投资者有效申购总量大于网上发行数量时，根据网上发行数量和有效申购总量的比例计算各投资者获得配售股票的数量。其中不足 100 股的部分，汇总后按申购数量优先和数量相同的话时间优先原则向每个投资者依次配售 100 股，直至无剩余股票。原则上来说，投资者申购的新股达到一定数量，都能获得一定量的新股配售。这与沪深市场完全凭运气获得新股有所不同。

四、沪港通、深港通

对于 A 股市场上的普通投资者来说，开通港股通业务，就是开通沪港通和深港通业务。

1. 沪港通

沪港通，是沪港股票市场交易互联互通机制试点的简称，是指上海证券交易所（简称“上交所”）和香港联合交易所有限公司（简称“联交所”）建立技术连接，使两地投资者通过当地证券公司或经纪商买卖规定范围内的对方交易所上市的股票。

沪港通包括沪股通和港股通两部分。其中，沪股通，是指香港投资者委托香港经纪商，经由联交所设立的证券交易服务公司，向上交所进行申报，买卖规定范围内的上交所上市的股票。港股通，是指内地投资者委托内地证券公司，经由上交所设立的证券交易服务公司，向联交所进行申报，买卖规定范围内的联交所上市的股票。

沪港通的各种规则和限制措施也会根据市场情况适当调整。不过，作为股市新手，在没有弄明白香港股市交易规则的前提下，最好不要贸然参与，毕竟内地股市和香港股市的交易规则存在很大的区别。

（1）沪港通的特点。

一是充分借鉴了市场互联互通的国际经验，采用较为成熟的订单路由技术和跨境结算安排，为投资者提供便捷、高效的证券交易服务。

二是双向开放，内地投资者可以通过港股通买卖规定范围内联交所上市的股票，同时，香港投资者也可以通过沪股通买卖规定范围内上交所上市的股票。

三是对投资者双向采用人民币交收，即内地投资者买卖以港币报价的港股通股票，以人民币交收，香港投资者买卖沪股通股票，以人民币报价和交易。

四是在试点初期实行额度控制，即内地投资者买入港股通股票有总额度和每日额度限制，香港投资者买入沪股通股票有总额度和每日额度限制。

五是两地投资者通过沪港通可以买卖对方市场限于规定范围的股票。

（2）港股通对投资者的要求。

在试点初期，香港证监会要求参与港股通的内地投资者仅限于机构投资者和证券账户，以及资金账户余额合计不低于人民币 50 万元的个人投资者。即 20 个交易日内，证券账户平均资产不低于 50 万元（不包含融资融券金额）。

（3）港股通交易的买卖规则。

投资者应当拥有沪市人民币普通股账户，同时，港股通交易仍以“手”为买卖单位，不同于内地市场每买卖单位为 100 股，在香港，每只上市证券的买卖单位由各发行人自行决定，可以是每手 20 股、100 股或 1 000 股等。投资者如果想查阅每只证券的买卖单位，可以登录联交所网站，在【投资服务中心】栏目选择【公司 / 证券资料】，输入股票代码或上市公司名称查询。

注：以上内容引自中国证监会官网和上海证券交易所网站。

2. 深港通

深港通，是深港股票市场交易互联互通机制的简称，指深圳证券交易所和香港联合交易所有限公司建立技术连接，使内地和香港投资者可以通过当地证券公司或经纪商买卖规定范围内的对方交易所上市的股票。

深港通包括深股通和港股通两部分。其中，深股通，是指香港投资者委托香港经纪商，经由联交所设立的证券交易服务公司，向深交所进行申报，买卖规定范围内的深交所上市的股票。港股通，是指内地投资者委托内地证券公司，经由深交所设立的证券交易服务公司，向联交所进行申报，买卖规定范围内的联交所上市的股票。

2016 年 12 月 5 日，深港通正式启动。深港通的交易方法与沪港通区别不大，只是对于香港投资者来说，可以更加方便交易深交所上市的中小板和创业板股票。

五、港股通交易规则

这里涉及的港股交易主要是指在沪港通、深港通机制下交易港股的规则。主要包括以下几项。

1. 交易时间

投资者借助港股通来买卖港股时，需要在 A 股交易日内香港股市交易时间内进行交易。交易日的 9:00—9:30 为开市前时段（集合竞价），其中 9:00—9:15 接受竞价限价盘申报; 9:30—12:00 及 13:00—16:00 为持续交易时段(连续竞价)，接受增强限价盘申报，16:00—16:10 为收市竞价交易时段（于 16:08—16:10 之间随机收市），16:01 开始接受竞价限价盘申报。

由于内地和香港公休日安排有所不同，因而，内地股市和香港股市的休市时间也不同。投资者想要交易港股，必须在 A 股和 H 股都开市的交易日进行港股交易。

2. 交易规则

采用 T+0 回转交易，投资者当日买入股票当日可卖出；T+2 资金交收交易，T 日卖出股票，T+2 日可以买 A 股，T+3 日资金可取。

3. 涨跌幅限制

港股是没有涨跌停限制的，因此，风险也要高于 A 股市场股票。

4. 交易费用

交易港股的费用与 A 股有所不同。目前，主要包括印花税（双边，0.1%）、交易征费（双边，0.003%）、交易费（双边，0.005%）、交易系统使用费（每笔 0.5 港币）、股份交收费（双边，0.002%，最低 2 港币，最高 100 港币）、证券组合费（根据持仓金额、持仓时间收取）。

整体上来看，交易港股的费用并不是很高，与交易 A 股最大的不同是，持有港股是要收费的，持仓年费在 0.01% 左右。

第三章

大咖说：股票，到底该怎么炒？

股票，到底应该按照何种思路操作？这是一个仁者见仁，智者见智的问题。有的人喜欢“追涨杀跌”；有的人喜欢追涨强势股；有的人喜欢熊市淘金，等等。千人千面，不同的投资者有不同的投资逻辑和思路，一些股市投资的大咖、前辈也提出了很多不同的主张。

第一节 股票投资的典型逻辑

尽管股市中存在各类投资理论与思想，但概括起来，大致分属如下几种投资逻辑。

一、股市投机说

这是自股市出现后就兴起的，且在很长时间居于主导地位的一种交易理念。

事实上，在投资市场刚刚形成时，无论是股票还是期货，都被看成一种投机工具，只有债券才可以勉强被看成投资标的。

所谓投机，就是不以投资标的本身价值为基准，而是力求通过市场价格波动而获取价差的行为。换句话说，你在买股票时，不用考虑这只股票到底值 5 元还是 10 元，只需考虑在你买入后价格会上升还是下跌即可。

作为一种最上层的投资理念，且居于主导地位，可以想象当时股票投资市场的景象。投机者拿自己的资金冒风险，频繁地在证券市场上进出，买低卖高，不求股票分红，只求从股票价格差价中获利。

当然，并不是这种投资思想不对。事实上，恰恰是因为有相当一部分人秉持这种思想，在股市中频繁交易才推动了股市的繁荣，若没有持有投机思想的投资者，股市很可能会成为一潭死水。

同样是追求股市投机的交易者，也可以大致分为两类。

第一，相对长期的投机者。这类交易者买入股票后，可能会持有几个到十几个交易日，即等待股价走完一个小波段再卖出。

第二，短线或超短线投机者。这类交易者持有股票的时间不超过三个交易日，总是追求短线利润最大化。因此，抢入涨停板、追击强势股都是这类交易者频频使用的交易策略。

二、价值投资说

价值投资说，是市场上非常重要的一种投资理念。自格雷厄姆在《证券分析》一书中提及后，又经巴菲特等人的成功实践而大为普及。

价值投资，从字面意义上来看，就是一种投资活动，它与趋势交易、股票投机不同，是一种基于股票价值的投资活动。这里的价值，并不只是股票本身的内在价值，而是股票的投资价值。股票的内在价值，反映了股票本身所含有的资产价值，最直接的一个财务指标就是每股净资产，然而，股票投资价值的计量却复杂得多。股票的投资价值涵盖了股票的内在价值以及未来的发展潜力、市场供需等因素。

投资者在进行价值投资前，需要搞清楚三个基本的概念，即股票的内在价值、价格和投资价值。

1. 内在价值

股票的内在价值是价值投资理论的核心，也是进行价值投资的基础。它包括资产、盈利等诸多要素。当然，我们测算内在价值的方法不同，内在价值所涉及的对象也会有所区别。总之，股票的内在价值就是一只股票本身所蕴含的价值。用通俗的话来说，就是一件商品最接近成本的价格。由于计算方法不同、用途不同，每个人可能会得出不同的价格，但我们暂且以最原始的、最接近本身的价值作为内在价值。比如，有一家上市公司叫买入必涨，它的股票简称为买入必涨。我们通过一系列计算，得出该公司股票的内在价值为 10 元（计算方法可能有很多种，我们后面会讲），那么，这个 10 元就是它的内在价值，也是我们进行投资分析的基准。

2. 价格

价格，比较容易理解，在这里是指股票的市场交易价格。每只股票在全天的交易过程中会形成四个价格，即最高价、最低价、开盘价和收盘价。由于股票的交易价格是实时波动的，我们多选用某一交易日的收盘价来表示股票的价格。比如，前面所举的买入必涨的股价在 2021 年 12 月 10 日收盘于 5.50 元，那么，这个 5.50 元就是该公司股票的价格。

3. 投资价值

投资价值，本身是指某一资产对具有明确投资目标的特定投资者所具有的价值。也就是说，这个投资价值是与投资者关联在一起的，只有在特定的投资者眼中，这些资产才可能具有投资价值。比如，市场上销售的茅台酒。对于喜欢喝酒的人来说，买一些茅台酒自己饮用，根本谈不上什么投资价值，但若是专业酒类投资者去买入一些茅台酒，这些茅台酒对他们而言就具有了投资价值。因为他们不是自己饮用，而是为了投资。

当然，并不是所有具有投资价值的商品都可以投资，就像茅台酒本身具有一定的投资价值，但若价格太高，也就没人愿意继续囤积了。回到我们前面所说的买入必涨公司的股票上。投资者通过一系列计算得出该股的内在价值为 10 元，而市场交易价格仅为 5.50 元，那么，投资者就获得了 4.50 元（10 元−5.50 元）的安全边际。这个安全边际是非常大的，也就是说，这家公司的股票是值得投资的。对于想要买入这家公司股票的投资者而言，该股的投资价值极大。反过来说，若该股当前的市场交易价格不是 5.50 元，而是 15.50 元，那么，投资该股就没有任何安全边际了，也就是说，该股的投资价值不大。

三、趋势交易说

趋势交易自道氏理论出现后，就一直受到广大投资者的追捧。事实上，目前股市中所采用的大部分技术分析理论都是依托于道氏理论发展而来的。概括起来说，趋势交易理论具有如下几个典型的观点。

第一，股价运行过程中，会形成特有的趋势，且这种趋势一旦形成还不容易改变。包括上升趋势、下降趋势和横向震荡趋势。

第二，股价运行的趋势存在不同的级别，在主要趋势中，还会涵盖若干次要趋势和日内波动。

第三，作为投资者，在交易过程中要尽量顺势操作，即股价进入上升趋势时，买入股票，股价进入下降趋势时卖空。

第四，股票价格最终无论是上行还是下行，唯有震荡是不变的。只有准确地掌握了股价运行的趋势，才能实现利润最大化。

事实上，包括本书所介绍的很多技术工具和方法，如 K 线、技术指标、成交量等也都是为了准备捕捉股价运行趋势而设计的。

四、政策与消息说

由于 A 股市场还不是非常成熟和完善，因而，受相关政策，甚至一些小道消息的影响比较大，这也使得很多投资者专门以政策导向、小道消息作为投资决策的依据。

不可否认，这些政策或小道消息有时确实能够对股市起到一定的影响。很多妖股的形成也往往与此有关。但是，对于普通投资者来说，将政策与消息作为投资依据还是会面临较大的风险。

首先，作为普通投资者很难在第一时间得到准确的消息，无论是政策方面还是小道消息方面。也就是说，普通投资者所得到的消息具有很大的滞后性，这就可能为自己的投资带来很大的影响。

其次，即使能够第一时间掌握消息或政策，但投资者也要清楚，能够暴涨的妖股，并非简单地由消息催动，而是因为之前有大量资金潜伏后，在消息的推动下才会启动。也就是说，没有资金入场，这些股票也不会有那么大的涨幅。而普通散户是很难了解到哪只股票有大资金潜伏的。

第三，依靠政策或消息启动股票的背后都是资金操作的结果。股价上涨到何种程度，在很大程度上取决于资金的态度与决心，而作为投资者是很难察觉和了解的。

对于普通投资者来说，这种投资逻辑所面临的风险极高，当然，一旦踏准节奏也可能带来不菲的收益。总之，投资者必须慎重对待这类投资逻辑。

第二节 股票投资的典型理论

伴随着股票市场的不断发展，股票投资理论也在逐渐完善。很多投资领域的大师都提出了各自的投资理论或思想。这些投资理论或思想大部分都是以价值投资或趋势交易为基础，或在二者基础上进行完善而获得的。

一、格雷厄姆与价值投资

在股票投资史上，格雷厄姆是一个非常具有代表性的人物。格雷厄姆的《证券分析》和《聪明的投资者》被认为是证券分析领域的经典著作，也是价值投资理论的奠基之作。

在格雷厄姆介入股票投资领域之前，股票一直被看成一种投机工具，只有债券才是投资的选择。

在格雷厄姆的股票价值分析体系中，为了寻求最佳的安全边际，他总是强调在股票价格大幅低于内在价值的情况下执行买入操作。企业可能会经历最差的情况，比如破产清算，那么，即使企业遇到了这种情况，这些企业的资产价值也应该超过买入企业股票所支付的成本。通常情况下，在股市经历暴跌行情后，市场上也许会有很多格雷厄姆所期待的投资标的出现，而在正常情况下，股市中很难有股票会出现这种价格。

当然，股票的内在价值也是一个比较模糊的概念。在格雷厄姆的《证券分析》一书中，曾经为股票的内在价值设置了一个分析范畴，即盈利、股息、资产、资本结构、证券条件及其他有价值的资产。

在格雷厄姆的价值投资体系中，其实并不包含我们目前流行的分析方法，即股票的成长性分析。格雷厄姆喜欢将企业未来经营良好的预期当成一种馈赠。在他的思想理论体系中，未来的盈利能力是一个难以预测的概念，特别是我们仅仅了解企业过去的平均盈利能力或者过去盈利能力表现出明确的上升或下降趋势，这都是不够的。格雷厄姆认为，必须有合理的理由才能认为，这个平均盈利或升跌趋势能够可靠地预测未来。而现实的情况却是，这个预测方法在很多例子中都是错误的。

也就是说，格雷厄姆更加侧重于分析能够确实获得的资产（包括对各类财务报表以及盈利的分析等），而非未来可能获得的盈利。因此，在格雷厄姆看来，用 4 毛钱买入 1 块钱的资产，盈利的概率肯定要大一些；市场的非理性波动能够成为我们的朋友，即当市场出现非理性下跌时，往往更容易捡到便宜的股票；买入股票就相当于买入了一部分公司的所有权，证券市场短期来看是投票器，长期来看则是称重机。

在格雷厄姆的投资生涯中，年平均盈利幅度为 20% 左右。当然，若去掉对政府雇员保险公司的投资收益，则其生涯平均投资回报率则仅为 17%。对政府雇员保险公司的投资是格雷厄姆投资生涯的一次例外，即他自己并没有遵守自己的投资原则。按照格雷厄姆的投资原则，他购买企业的股份时，一般都是按照企业资产价值的三分之二的价格购入资产，而他购买政府雇员保险公司时则是按照资产净值支付的。也就是说，按照他自己的投资标准，他是花了高价买入了这家企业的股票。其后的事实证明，这是一次非常成功的投资活动。政府雇员保险公司后来的业绩非常强劲，给格雷厄姆带来了大量的投资收益。当然，尽管在格雷厄姆的书中或思想体系中并未给上述投资活动以合理的解释，但其投资行为恰恰是看好了该公司的业务以及所处行业的成长性。

二、费雪与成长股

找到真正的好公司——价格不太贵，且未来会有非常大的成长。

——菲利普·A·费雪

菲利普·A·费雪的投资风格与格雷厄姆有很大的不同。在费雪看来，一只股票的市盈率高必然有其背后的原因。从当前的股票价格来看，可能显得市盈率过高了，但其背后肯定有支撑其高市盈率的原因，未来，若该企业的经营业绩持续走高，那么，当前的高市盈率就不算高了。

在费雪的思想体系中，股票的成长性而非低价是排在第一位的。投资者在分析股票的质地时，重点寻找那些盈利即将大幅改善的企业，最好是盈余改善即将到来，而市场并未推动股价上攻的标的股。比如，某只股票的市盈率可能达到了行业均值的两倍，表面上看，这只股票的价格已经偏高了，但是，若该企业的业绩增速远远高于行业平均水平的两倍，那么，这只股票就是一只非常值得投资的优质标的。当然，若未来这只股票的成长性减弱，则其高市盈率将难以维系，其实，这也是消费品领域很多白马股市盈率很低，而医药生物板块中业绩并不突出，市盈率却很高的原因所在，即很多消费品企业的市场占有率已经接近行业天花板，继续增长将变得十分困难；反之，在医药生物领域，很多企业研发的新药，具有很大的市场潜力，因而，高市盈率是一种十分正常的现象。

在格雷厄姆的思想体系中，若股票价格上涨超过 50%，则应该考虑卖出，而在费雪的思想体系中，若手中的股票足够优秀，且仍能保持优秀，就不应该因为股价高而卖出，卖出的理由只能有三个：第一，初始阶段股票选择出错；第二，原有的业绩增长逻辑不再，即企业的管理和业绩出现退步，不具备高成长性；第三，发现了更为优秀的个股，需要投入资金。

在费雪的投资思想中，低成本生产是他非常看重的指标。当然，这与他生活的时代有关。在那个时代，服务业远不像今天这样发达，网络信息技术也并没有发挥今天这么大的作用。今天的低成本生产很难抵消日渐增长的工资所带来的压力，而科技、创新、服务带给整个时代的变革还在深入。

三、巴菲特与伯克希尔公司

巴菲特是格雷厄姆的学生，也是他的忠实追随者。同时，巴菲特对费雪的思想也推崇备至。巴菲特曾经形容自己的投资风格是 85% 的格雷厄姆与 15% 费雪的结合体。不过，很多人在总结巴菲特后期的投资风格时，更愿意相信他是 15% 的格雷厄姆与 85% 费雪的结合体。

巴菲特刚刚涉足股市不久，在读到格雷厄姆的《聪明的投资者》之前，其股票投资收益并不光鲜。其后，为了能够深入地学习格雷厄姆的理论，曾在格雷厄姆的公司工作过一段时间。

其后，他的投资开始顺风顺水，在很短的时间内挣了很多钱。自此对于格雷厄姆的理论，巴菲特深信不疑，并努力践行。如果一切顺利，那么，我们也许就不会认识今天的股神了，可能巴菲特只会成为格雷厄姆的弟子或追随者被世人所记住，或根本不会为人所熟知。意想不到的事情发生了，巴菲特严格遵照格雷厄姆的投资原则买入了伯克希尔 · 哈撒韦公司的股票。当时，伯克希尔 · 哈撒韦公司是一家濒临倒闭的纺织企业。巴菲特以低于净流动资产的价格买入了这家纺织厂。按照巴菲特对格雷厄姆理论的理解，以远低于净流动资产的价格购入企业，肯定是一项非常划算的投资。然而，由于当时整个纺织业非常不景气，尽管巴菲特耗费了很大精力试图扭转该公司的运营处境，但最终还是以失败告终。巴菲特最后以极低的价格卖出了伯克希尔 · 哈撒韦公司的纺织业务，但保留了伯克希尔 · 哈撒韦公司的名称。伯克希尔 · 哈撒韦公司目前已经成为多元化控股集团公司。该公司股票的单股价格高达几十万美元。

对伯克希尔 · 哈撒韦公司的投资是巴菲特投资生涯中为数不多的败笔之一。尽管以低于净流动资产的价格买入企业，但花费了很多的时间和金钱去试图挽救这家企业，丧失了很多机会成本。后来，巴菲特在给股东的信中曾这样写道："同样的管理层在那些具有有些经济特征的公司里，会取得优异的成绩。但是，如果他们是在泥沙中奔跑，就不会有任何进展。”

通过对伯克希尔·哈撒韦公司的投资使巴菲特意识到，以低于净流动资产的价格买入企业股票仍不能确保自己投资获利。具有发展潜力的行业、运营良好的公司都是不可或缺的条件，否则自身所投入的资源就有浪费的风险。尽管这些公司股票的价格可能要高于净资产若干倍，但其仍是值得投资的，其实这就与格雷厄姆的投资思想相背离了。特别是巴菲特长期持有的可口可乐公司股票让其获利颇丰，更加坚定了他选择那些盈利能力较强的、竞争优势出众的企业。

此后，巴菲特总结出了几项著名的投资规则：一流的行业、一流的业绩、卓越的财务指标与优秀的管理团队。巴菲特的投资规则目前已经成为很多投资者选股的“金科玉律”。在巴菲特后期的投资实践中，依然可以找到格雷厄姆和费雪的影子，但其因为坚守原本的投资信条也错过了科技时代最大的“红利”，如微软。

四、查尔斯·道与道氏理论

如果说格雷厄姆、费雪、巴菲特的投资理念与思想更加偏向于价值投资的话，那么，查尔斯·道则是更加侧重从技术走势的角度分析股价。

在目前的证券投资领域，查尔斯·道所提出的道氏理论被认为是所有技术分析的鼻祖。当然，查尔斯·道本人并不认可自己的理论能够预测股票价格运行的趋势，他只是将自己的理论看成市场趋势的一个晴雨表。不过，这并不妨碍后来的投资研究者将道氏理论应用于个股股价走势的分析与判断上。

查尔斯·道是道·琼斯公司的创始人之一，也是《华尔街日报》的创办者之一。他的关于股票投资的文章，都是发表在《华尔街日报》上的，而这些文章也是我们今天所学习的道氏理论的最初来源。其所提出的关于牛市、熊市、主要运动、次级运动和日内波动等观点，直到今天仍具有非常大的指导含义。查尔斯·道所总结的股票投资的理论都是以道·琼斯指数为基础的。

当时股票市场上交易的品种有限，到 1897 年，道·琼斯公司还只研究道·琼斯股票价格平均指数。自 1897 年之后，道·琼斯股票价格平均指数被拆成道·琼斯工业平均指数（以纽约证券交易所挂牌交易的 30 家著名的工业公司股票为依据）和道·琼斯铁路平均指数（现在称之为道·琼斯交通运输平均指数，最初由 9 家铁路公司和 2 家非铁路运输公司的股票构成）。直到今天，这两种指数仍是美国股市非常重要的两个价格指数，其与经济发展的走势吻合程度也非其他价格指数可比。

五、威科夫理论的产生与发展

理查德·威科夫也是 20 世纪初期股票市场技术分析领域的先驱。威科夫方法被认为是量价分析领域中最系统、最完善的理论方法。用交易量来确认和预测价格运动是威科夫交易策略的核心。威科夫认为他的这一套方法可以适用于所有的交易市场、时间框架以及交易工具等。

理查德·威科夫的一生极富传奇色彩，他中学都没有毕业就开始打工，先是在一家律师事务所当勤杂工，不久进入华尔街。从股票经纪行当信使做起，尝试投资证券，逐渐拥有了自己的公司，一手创办了《华尔街杂志》。此后，又先后创办了《行情快报》《趋势分析》读物，经常和普通投资者分享自己的投资体会，带领众多投资者实现了可观盈利。他比较善于从量价变化中准确把握证券的买点和卖点，并判断证券价格运行的趋势，逐渐形成了自己独特的交易理论和交易方法。

威科夫的市场周期理论更多的是从量价的角度来分析股价的运行趋势。在威科夫的市场周期理论中，完整的股价运行周期既包括上升趋势，也包括下降趋势，如图 3-1 所示。

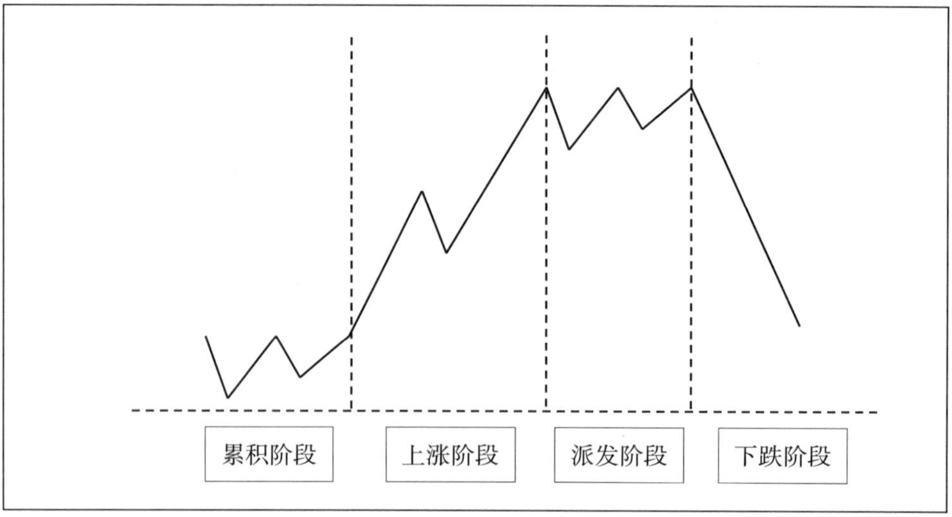

图 3-1 威科夫市场周期理论的四个典型阶段

六、艾略特与波浪理论

波浪理论又称艾略特波浪理论，是由美国证券分析家拉尔夫·纳尔逊·艾略特在总结前人经验的基础上，利用道琼斯工业指数平均线作为研究工具，不断创新提出来的一套市场分析理论。

拉尔夫·纳尔逊·艾略特于 1871 年出生于美国密苏里州堪萨斯市的玛丽斯维利镇，卒于 1948 年。尽管在艾略特未提出波浪理论之前，市场上就已经有人使用波浪来解析股市，但效果比较差。

20 世纪 30 年代，拉尔夫·纳尔逊·艾略特发现股票市场价格以可识别的模式趋势运动和反转。他辨认出这些模式在形态上不断重复，但并不一定在时间上或幅度上重复。艾略特分离出了 13 种这样的模式或被称为“波浪”，它们在市场的价格数据中反复出现。他给各种模式命名、定义并进行图解。随后他又解释了它们是如何连接在一起的，形成其自身更强大的版本，以及它们是如何依次相连形成大一级的相同模式，以此类推。艾略特正是依据这些发现，不断总结归纳出了波浪理论。

艾略特通过对前人经验的总结后得出，在各种市场中，价格前进时一般都会沿着五浪结构进行。在这五浪当中，浪 1、浪 3、浪 5 是推动向前运行的，被称为有向运动；浪 2、浪 4 是休整浪，是逆向运行的。对于将要发生的整个有向运动，这两个逆向休整浪是必不可少的。

艾略特认为，市场永远处于这个五浪模式当中，唯一的区别是，五浪的位置及波浪的长短各不相同，如图 3-2 所示。

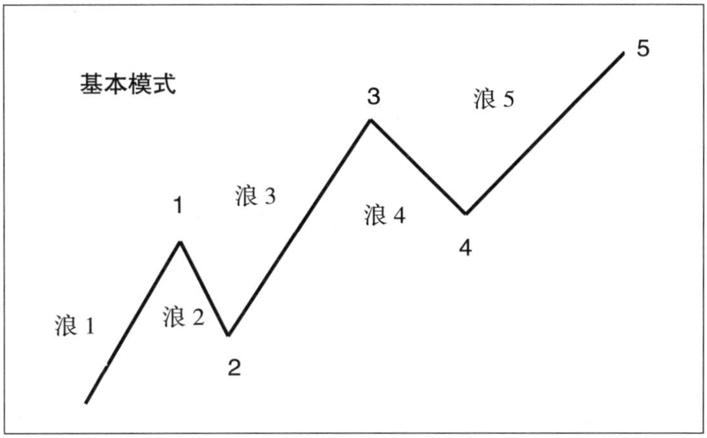

图 3-2 五浪结构的基本模式

在这个五浪结构中，有三浪，即浪 1、浪 3、浪 5 是驱动价格向前运行，其作用被称为“驱动的”；浪 2、浪 4 是促使价格回调的，其作用被称为“调整的”。这个五浪模式反映了股价的一次前进过程，同时，这五个波浪也共同构成了更大一级波浪的某个波浪。也就是说，这五个波浪可能是牛市更大浪级中的第一浪、第三浪或第五浪，当然，也可能属于调整浪中的 B 浪。

七、江恩理论的产生与发展

江恩理论是投资大师威廉·江恩结合自己在股票和期货市场的宝贵经验而

创立的，该理论是通过对数学、几何学、天文学等的综合运用建立的特殊分析方法和操作准则。

生于 1878 年的江恩一生共从市场中获得了三亿五千万美元的财富，而且他还保持了 80% 的投资成功率。这两项在当今都堪称奇迹的数据，足以使其获得“投资之神”的美誉，江恩创立的理论也成了众多投资者信仰和学习的投资宝典。

江恩理论认为，股票和期货市场里也存在着宇宙中的自然规则，市场价格的运行趋势不是杂乱的，而是可以通过数学的方法预测的。它的实质就是在看似无序的市场中建立严格的交易秩序。运用江恩理论还可以用来发现股价何时会发生回调以及价格将回调到什么价位。

总之，尽管随着股票和股票交易市场诞生之后，很多投资研究者都试图解释股价运行的规律，然而直到 20 世纪初期，股市技术分析理论才开始逐渐成形，特别是道氏理论出现后，众多股市分析理论也随之诞生，其后，股票价格趋势分析理论才算真正建立起来。

第四章

股票价格走势的影响因素

从本质上来说，股票价格的波动都是由资金的流动引发的，即当资金持续流入时，股价就会上扬；反之，当资金流出时，股价就会下跌。资金的流入与流出主要受两方面因素的影响：其一，股票基本价值；其二，投资者情绪因素，而投资者的情绪又可能会受到各类市场因素的影响。

第一节 股票基本价值分析

从价值投资的角度来看，股票的基本价值仍是其价格的决定性因素，股价也多是围绕其内在价值进行波动的。我们在分析股票基本价值或内在价值时，一般都是通过以下几个指标进行分析的。

一、每股收益

每股收益（EPS）即每股盈利，又称每股税收利润，指企业税后总利润与股本总数的比率。它是测定股票投资价值的重要指标之一。每股收益，用通俗的话来讲就是，你买入一股股票，在某一财务周期内能够获得收益的情况。当然，每股收益更多地用于与其他指标结合在一起分析股票的价值。我们在这里先简单介绍两种每股收益的分析方法。

1. 每股收益比较

不同行业或企业之间比较每股收益是没有意义的。不过，企业自身的历年每股收益对比还是能够反映一些问题的。通常情况下，一只优质股票，其每股收益自然是会呈上升态势的，而且其增长的比例应该在 10% 以上，若能每年递增 30% 以上更佳。

另外，投资者在考察个股的每股收益时，还需要了解企业每股收益增长的原因。并不是说，个股的每股收益增长越快越好，还要考虑这种增长是否具有可持续性。若是上市公司通过变卖资产以换取短期的收益暴增，则需剔除这部分收益后，再来看其收益有无实质性的增加。

2. 每股收益增长率变动

每股收益增长率是由每股收益演化而来的，其在衡量个股成长性方面的用途也更为广泛。它反映了每一股公司股权可分得利益的增长情况。通常情况下，成长股的每股收益增长率越高、越能持续，就说明该股的成长性越好。每股收益增长率的计算如下：

每股收益增长率 =（当期每股收益 − 上期每股收益）/ 上期每股收益

通常情况下，只有一只股票的每股收益增长率达到或超过 15%，且能够保持五年以上，才能被称为成长股，这类股票就可能成为未来的超级绩优股。当然，出现特殊情况，某一年度的每股收益低于 15%，但只要平均增速超过 15%，也不影响对成长股的认定。不过，行业不同，每股收益增长率也会有所不同，例如，一些刚刚上市的、股本量较小的企业，每股收益增长率可能会远远超过 15%；而一些上市时间较久，且股本量较大的企业，每股收益增长率相对就会减缓。投资者在实战选股时，要适当地进行权变。个别创业板股票、科创板股票、北交所股票的每股收益增长率甚至能够连续几年超过 100%。

投资者需要了解自己所关注行业的年均每股收益增长率，然后将目标标的的每股收益增长率放到整个行业中去做比较。若目标股票是一只上市年限较短、股本较小的股票，那么，它的每股收益增长率至少要排进行业的前三名才行；若是上市年限较长、股本较大的股票，它的每股收益增长率排名可以适当低一点，但仍要位于行业的前 20 名。

二、市盈率

市盈率也称“股价收益比率”或“市价盈利比率”，是最常用的衡量股价是否合理的指标之一。其基本计算公式为：

市盈率 = 股价 / 每股收益

在具体计算市盈率时，股价通常以最新股票报价为准，而每股收益则以上一年度的每股收益为计算依据。市盈率反映了按照当期股票的收益，需要多少年能够收回投资成本。例如，以上一年度每股收益为依据，一只股票的市盈率为 20 倍，则说明按照该股上一年度的每股收益，投资者需要 20 年才能拿回买入股票的成本。

1. 静态市盈率

静态市盈率，就是通常所说的市盈率，是通过将最新股价与上一年度每股收益相除而获得的。静态市盈率反映的是以当前的盈利状态，投资者收回投资成本需要多少年时间。通常情况下，市盈率越低，说明投资者可用更短的时间收回投资成本，股票的投资价值越大。

2. 动态市盈率

动态市盈率是以静态市盈率为基准，经过动态调整而获得的，其计算公式如下：

$$动态市盈率 = 静态市盈率 \times 动态系数$$

其中：

动态系数 =1/（1+i）^{n}

i ——每股收益的增长性比率

n ——企业可持续发展的持续期

每股收益的增长性比率，可以根据企业以往的每股收益增长率进行估算，同时还要对企业维持该增长率的年限进行预测。例如，预估某企业的每股收益增长率在未来五年能维持在 20% 左右，且当前该股的市盈率为 50 倍，那么，该股的动态市盈率为：

$$\begin{aligned} 动态市盈率 &= 50 \times [1/(1+20\%)^5] \\ &= 50 \times 0.4 \\ &= 20 倍 \end{aligned}$$

也就是说，一只股票若能保持 20% 左右的增长率五年，那么，其当前的 50 倍静态市盈率只相当于 20 倍动态市盈率。而 20 倍市盈率，对于大多数股票来说都是一个可以接受的市盈率倍数。由此可见，投资者在选择股票时，一定要选择那些能够持续成长的股票，尽管暂时这些股票的静态市盈率较高，但长远来看，其市盈率并不算高。

当然，目前，很多炒股软件中所标注的动态市盈率并不是按照上述算法计算得出的，而是通过将最近一期的每股净收益推算至全年收益，进而计算得出的。例如，若某只股票第一季度的每股收益为 0.5 元，则系统会默认按照全年 2 元（即 0.5×4）的基数计算动态市盈率数据。这种算法比较简单，但非常不科学，很多企业每个季度的收益都存在很大的变化，特别是有些企业的第四季度收益相比前三个季度可能会出现大幅变动，这更使得动态市盈率变得没有多大的实际意义。

三、市净率

市净率指的是每股股价与每股净资产的比率。市净率可用于股票投资分析，一般来说市净率较低的股票，投资价值较高，相反，则投资价值较低；但在判断投资价值时还要考虑当时的市场环境以及公司经营情况、盈利能力等因素。其计算公式如下：

市净率 = 每股股价 / 每股净资产

通常情况下，市净率为 1 是一个比较重要的临界点。

市净率小于 1，则说明股票的股价低于每股净资产。换句话说，如果这家公司按照净资产出售，那么，你按照股价买入该股肯定会盈利。不过，一只股票的市净率低于 1，说明该股的盈利能力存在不足，并未获得市场的认可。这类股票可能在相当长的时间内，涨幅都十分有限。当然，若是暴涨行情来临时，这类股票的价格也会跟着水涨船高。

市净率大于 1，则说明股票的股价高于每股净资产，即当时的股价存在一定的溢价情况。不过，市场上大多数投资者愿意以高于净资产的价格买入股票，也说明市场对其价值的认可。

在实战中，投资者可将拟投资股票的市净率与同行业内标杆企业和其他企业进行对比，以大致判断自己拟投资股票的市净率所处的位置。尽量不要选择市净率过高的股票。当然，这种过高有两层含义：其一，绝对过高，即股票的市净率水平达到 10 倍以上，甚至几十倍以上；其二，相对过高，即拟投资股票的市净率水平在同行业中处于相对较高的水平。相对而言，后一种情况更应该警惕，毕竟行业不同，市场能够接受的市净率水平也不相同。

四、市盈率相对盈利增长率

市盈率相对盈利增长率（PEG），是通过上市公司的市盈率除以盈利增长率而获得的数值。该指标最先由英国投资大师吉姆·斯莱特提出，后来由美国投资大师彼得·林奇发扬光大。其计算公式如下：

市盈率相对盈利增长率（PEG）= 市盈率 / 净利润增长率

吉姆·斯莱特将 1 看成 PEG 指标的重要临界值。当投资标的的 PEG 小于 1 时，才有投资的价值，若能小于 0.5 则更佳。彼得·林奇也曾经指出，最理想的投资对象，其 PEG 值应该低于 0.5。PEG 在 0.5 ～ 1 之间，是安全范围。PEG 大于 1 时，就要考虑该股有被高估的可能。相比于单纯的市盈率数值，PEG 指标更具有可操作性。在具体的实战操作过程中，投资者需要关注三个重要的节点。

第一，历史的 PEG 值。

投资者可对目标标的以往三年的 PEG 值进行计算，获得一个历史数据，并为判断当前 PEG 值所处的位置提供依据。

第二，计算当前的 PEG 值。

当前 PEG 值是用来研判目标标的处于当前价位时，是否具有投资价值的。一旦发现目标标的的 PEG 值小于 1，小于 0.5 则更好，可考虑执行买入操作。

第三，预测未来的 PEG 值。

预测未来的市盈率和净利润增长率并不容易，投资者可借助其他投资研究机构给出的数值，也可根据企业以往的财务数据进行估算。当然，估算的数值并不要求十分精确。然后，投资者可以根据估算的数值计算未来的 PEG 值。

五、净资产收益率

净资产收益率（ROE）又称股东权益报酬率，是净利润与平均股东权益的百分比，是公司税后利润除以净资产得到的百分比率，该指标反映股东权益的收益水平，用以衡量公司运用自有资本的效率。用通俗的话来解释就是，股东的每一块钱权益（股东投入的资本会因资本公积、利润的变动而发生变化），一年能够带来多少钱的收益。其计算公式如下：

净资产收益率 = 净利润 / 净资产

巴菲特曾经说过：如果只能选择一个指标来衡量公司经营业绩的话，那就选择净资产收益率吧！由此可见，巴菲特对净资产收益率的重视。事实上，巴菲特所选的标的企业，大多数都是那些净资产收益率超过 20% 的。如果我们将这一标准活用至 A 股市场，为了选择一只能够持续增长的股票，最好将评估周期设置在三年或五年的区间。也就是说，过去三到五年内，净资产收益率都能达到 20% 的标准。这就是对一个优质投资标的的基本要求。

当然，考虑 A 股市场以及行业的特殊性，有些行业的要求可以适当地放宽。比如，银行类标的净资产收益率能够超过 10% 就是不错的股票，若有超过 15% 的绝对是优质股票了。

第二节 股票价格的其他影响因素

一、宏观经济与板块轮动

宏观经济面影响的板块轮动，从某种意义上来说，可能会对整个股市的涨跌起到重要的影响。换句话说，整个宏观经济面情况、股市大趋势以及特定轮动板块之间存在着密不可分的关系。

1. 受宏观经济面影响的板块轮动顺序

受宏观经济面影响的板块轮动，一般会遵守一定的秩序。我们可以大致将宏观经济走势划分成几个阶段，如图 4-1 所示。

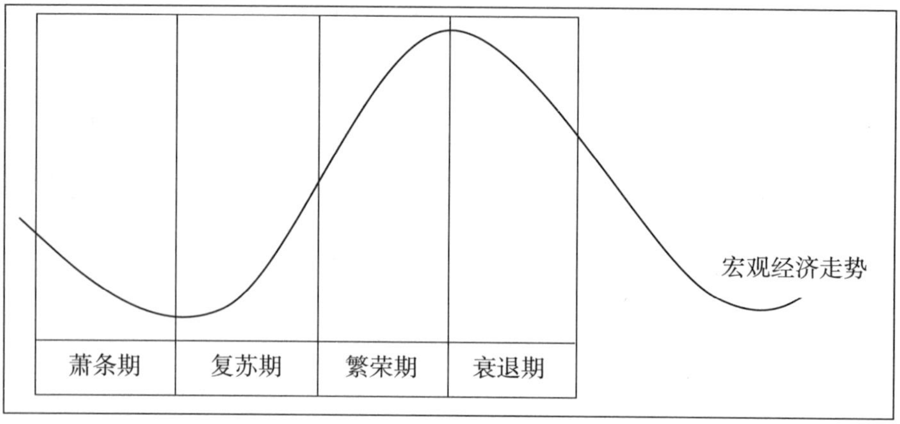

图 4-1 宏观经济走势的四个典型阶段

第一阶段：萧条期。

国民经济连续的衰退，已经使很多投资者丧失了对股市的信心，因而，无论是大盘的市值还是整体的成交量都处于一个历史低点的位置。当然，其间也会出现一些标志性的对股市非常不利的事件，但大家要清楚，这些事件不过是为股市的下跌提供了一个契机，没有这些事件，股市也会跌下去，只是下跌的速度可能会慢一些。在萧条期，政府为了刺激经济，提振投资者的信心，也会发布一些利好政策，不过，这些政策的影响力通常不大，很难改变股市的整体运行趋势。这个时候一些快速消费品和医疗医药板块就会成为避险资金的首选。毕竟无论经济如何不振，人们还是要吃饭的，有病了还是要看病的。其实，这也是很多大消费板块的股票能够在熊市逆市创新高的原因。

在衰退期的末端，政府为了提振经济可能会发布一些有关基础设施建设的规划，毕竟这些大工程与国民经济的各个行业都有所关联。一旦这些规划启动，基建工程、水泥、钢铁等板块将会率先受益，从而推动股市走出低谷。

第二阶段：复苏期。

随着大基建、大工程项目的启动，国民经济将会走出低谷，而投资者的信心也会随之恢复，一些工业、建材、金融、金属、能源、机械等板块将会起到引领大盘上攻的作用。通常所说的“煤飞色舞”指的就是这一阶段。由于这些股票在整个股市中所占的权重极大，它们一旦启动上涨，整个大盘将会全面上攻。这也会引发投资者对股市信心的恢复，于是就会有越来越多的投资者入场。“A 股每周新增开户数”是一个非常有参考性的指标。该指标连续上升时，说明越来越多的新股民入市，带来了更多的增量资金，市场做多气氛较浓；反之，则说明市场较为冷淡。

第三阶段：繁荣期。

随着国民经济趋于稳定和繁荣，越来越多的投资者进入市场，也同时带来了更多的资金。市场的热点板块将会转向房地产、汽车、金融、投资品、消费品等板块。当然，这时是市场整体上扬的阶段，越来越多的资金将低价股消灭殆尽，新的“A 股第一高价股”将会刷新历史高点。回顾 A 股历史就能够发现，几乎每一波大的行情都会有一只“第一高价股”诞生，如中国船舶、全通教育、贵州茅台等。

随着市场炒作热情的不断升温，越来越多的股票价格严重偏离了其内在价值。这时，危机也就不断地显现出来。

第四阶段：衰退期。

在经济繁荣的背后，往往酝酿着新的隐患。特别是一些当时刺激经济的政策引发的副作用可能会在这个时段爆发出来。股市也会同步出现这种状况。随着股市最后一波上攻的结束，市场迎来了惨烈的杀跌，很多新进入的散户被套牢于高位。市场上的避险资金开始流入酒类、快速消费品、食品饮料等板块。

其实，投资者通过板块之间的轮动关系，也能大致反推出当前股市所处的阶段。作为强势股的投资者一定要踩准时间点，踏准板块轮动的节奏。市场热点板块出现强势股、大牛股的概率要远远高于普通板块。

2. 受宏观经济面影响的板块轮动规律

板块轮动的一般性特征包括以下几项。

第一，随着整体经济形势的变化，市场炒作资金会随之在各个板块之间轮动。例如，当整体经济形势长期低迷时，国家可能会考虑通过扩大基础设施建设来提振经济，因而，资金往往会偏向于一些基建工程、钢铁类股票；当经济形势向好时，一些消费升级类板块将会受到资金的偏爱。

第二，板块轮动受宏观经济影响，会呈现出有序的轮动，但又不会按照标准的顺序轮动。长线投资者可根据股市和宏观经济情况，提前进驻相关板块，而喜欢进行短线强势股操作的投资者应该在股价已经启动时，再追涨介入。

二、货币政策：存款准备金率、基准利率

资金，就是股票市场的血液。如果股票市场的资金充裕，那么，就会有越来越多的资金流入股市，这样，由于有很多资金想买入股票，就会推动市场上的股价上涨，大盘屡创新高；反之，如果股票市场的资金紧张，那么，就会有越来越多的资金流出股市，由于很多资金急于变现就会纷纷卖出股票，从而推动市场上的股价下跌，大盘屡创新低。

一般情况下，当中央银行执行宽松的货币政策时，即“放松银根”，就会引起货币投放量的增加，从而促使市场上的资金量增多，股市出现上涨的可能性就会增大；反之，当中央银行执行紧缩的货币政策时，即“紧缩银根”，就会引起货币投放量的减少，从而促使市场上的资金量减少，股市出现下跌的可能性就会增大。

判断中央银行执行的是宽松的货币政策还是紧缩的货币政策的依据主要包

括以下几点。

1. 存款准备金率

存款准备金是指金融机构为保证客户提取存款和资金清算需要而准备的在中央银行的存款，中央银行要求的存款准备金占其存款总额的比例就是存款准备金率。

当中央银行提高各个金融机构的存款准备金率时，意味着收缩银根，市场上的资金供应量会减少；反之，当中央银行降低各个金融机构的存款准备金率时，意味着放松银根，市场上的资金供应量会增加。近几年中央银行调整存款准备金率对股市的影响，如表 4–1 所示。

表 4–1 近几年中央银行调整存款准备金率对股市的影响

次数	时间	调整幅度	上证指数表现	
			当日	次日
8	2021.7.15	−0.5%	+1.02%	−0.71%
7	2020.1.6	−0.5%	−0.01%	0.69%
6	2019.9.16	−0.5%	−0.02%	−1.74%
5	2019.1.25	−0.5%	0.39%	−0.18%
4	2019.1.15	−0.5%	1.36%	0%
3	2018.4.21	−1%	−1.49%	−0.85%
2	2016.3.1	−0.5%	1.68%	4.26%
1	2015.2.5	−0.5%	−1.18%	−1.93%

注：此表以大型金融机构存款准备金率为例。

2. 央行基准利率

基准利率是人民银行公布的商业银行存款、贷款、贴现等业务的指导性利率，存款利率暂时不能上下浮动，贷款利率可以在基准利率基础上下浮 10%。

当中央银行提高基准利率时，就意味着紧缩银根，也就意味着更多的投资者愿意把钱放到银行储蓄起来，从银行贷款的人会减少，也就减少了市场上流动的货币量；反之，当中央银行降低基准利率时，就意味着放松银根，也就意味着更多的投资者愿意把钱从银行取出来做投资，从银行贷款的人会增加，也就增加了市场上流动的货币量。由于最近两年并未调息，投资者可以看一下 2015 年中央银行基准利率调整对股市的影响，如表 4-2 所示。

表 4-2　2015 年中央银行基准利率调整对股市的影响

次数	时间	调整内容	调整幅度	上证指数表现	
				当日	次日
5	2015.10.24	一年期存贷款基准利率	−0.25%	—	+0.5%
4	2015.8.26	一年期存贷款基准利率	−0.25%	−1.27%	5.34%
3	2015.6.28	一年期存贷款基准利率	−0.25%	—	−3.34%
2	2015.5.11	一年期存贷款基准利率	−0.25%	3.04%	1.56%
1	2015.3.1	一年期贷款基准利率	−0.25%	—	0.78%

3. 其他因素

除了存款准备金率和央行基准利率之外，对股市资金量构成影响的因素还包括中央银行的再贴现率，以及外汇进出情况。

中央银行提高再贴现率意味着收紧银根，市场资金供给量将减少；降低再贴现率意味着放松银根，市场资金供给量将会增加。

外汇进出同样会对股市的资金供给量造成影响。以美元为例，当贸易存在顺差或者热钱持续流入时，即美元持续流入时，央行需要付出人民币来换美元，相当于释放了人民币的流动性；当贸易存在逆差或者热钱流出时，即美元持续流出时，央行需要付出外汇购进人民币，相当于回收了人民币的流动性。

三、通货膨胀对股市的影响

统计局每个月月中会公布上个月的通货膨胀率（CPI）数值。这个 CPI 数值的异动往往也会对股市产生一定的影响。

1. 通货膨胀与通货膨胀率

通货膨胀是指纸币的发行量超过流通中所需要的数量，从而引起纸币贬值、物价上涨的经济现象，其实质是社会总需求大于社会总供给；通货紧缩是与通货膨胀相反的一种经济现象，是指在经济相对萎缩时期，物价总水平较长时间内持续下降，货币不断升值的经济现象，其实质是社会总需求持续小于社会总供给。用通俗的话来讲，通货膨胀就是市场上的钱变多了，而东西没多，所以钱就不值钱了。以前 4 元一斤的鸡蛋，现在可能要 4.5 元了。

通货膨胀率指一般物价总水平在一定时期（通常为一年）的上涨率，反映通货膨胀的程度。通常用价格指数的上升和货币购买力的下降来表现。还以刚才的鸡蛋为例。上个月鸡蛋 4 元一斤，这个月变成 4.5 元了，那么，鸡蛋价格上升了 0.5 元，相比最初的 4 元，就是上升了 12.5%。当然，计算市场上的物价水平肯定不是只有鸡蛋一种商品，还会有很多其他商品。其中，由于国人对猪肉的消耗量很大，因而，在计算整个市场物价水平时，猪肉所占的比重最大，猪肉的价格波动对 CPI 的影响非常大。

2. 通货膨胀与股市的关系

从整体上来看，在国民经济发展过程中，适度的通货膨胀肯定是一个良性的现象。而且从刺激经济发展的需求，国家也希望 CPI 保持稳定的上行。因此，通货膨胀与股市存在如下关系。

第一，当 CPI 运行于正常区间时，其对股市几乎没有太大的影响。

第二，当 CPI 持续温和上行时，说明社会经济处于景气区间，股市自然也会同步向好。

第三，当CPI出现大幅上升时，说明社会资产价格出现了大幅上升，投资者可能会将资金从股市抽出购买大型资产，如房产等，这可能会造成股市“失血”。

第四，CPI大幅上升，将会恶化整个社会的供求关系，也将会大大不利于股市的发展。

第五，CPI过低，说明市场上的货币供小于需，社会经济不景气，很多企业可能会出现破产或停工状况，这对股市肯定是不利的。

四、生产价格指数对股市的影响

生产价格指数（PPI）是另外一个投资者需要重点关注的统计数据指标。与CPI数据相似，每个月国家统计局也会定期公布上个月的PPI数据。事实上，PPI数据与CPI数据也存在一定的关联，且对股市的影响更大。

生产价格指数（PPI）是衡量工业企业产品出厂价格变动趋势和变动程度的指数，是反映某一时期生产领域价格变动情况的重要经济指标，也是制定有关经济政策和国民经济核算的重要依据。所谓生产资料，就是各家企业生产所需的各类原材料，包括燃料、动力类；有色金属原料类；有色金属材料类；化工原料类；木材及纸浆类；钢材、木材、水泥等建材类；农副产品类；纺织原料类；工控产品。

从PPI指标所统计的范围也可以看出，PPI指标所涵盖的物料也会包括部分CPI所统计的项目，有些物料还属于CPI统计项目的原材料，因此，PPI数据往往会对CPI数据产生一定的影响。

通过PPI数据所统计的范围也可以看出，该指标覆盖了很多工业企业生产所需的原材料领域。而原材料也是工业企业最为重要的生产成本支出之一，当生产成本发生变动时，对工业企业利润的影响可想而知。

一般来说，工业制造企业的利润率都比较低，有些企业的利润率甚至不足

5%。因此，当 PPI 大幅上升时，必然导致工业企业的成本支出扩大，可能会蚕食企业的利润，而在充分竞争领域，企业成本的放大又不可能全部传导至消费领域，这就造成了企业利润的下滑。

市场上投资者对企业的估值，在很大程度上与企业的利润直接挂钩，企业利润下行，企业的投资价值也会下行，股价也会同步下跌。与此同时，股市上的股票投资价值降低，也会使投资者对股市缺乏信心，造成资金流出，更加推动股市下跌。

五、采购经理指数对股市的影响

采购经理指数（PMI）又是一个需要投资者重点关注的数据。通常情况下，每个月的月底，统计机构都会公布该月的采购经理指数。

PMI 是通过对企业采购经理的月度调查结果统计汇总，编制而成的指数。每月统计局给各家企业发放问卷调查，根据新订单、生产、就业、供应商配送、存货、新出口订单、采购、产成品库存、购进价格、进口、积压订单这 11 个维度，按照一定的方法综合计算，最后得出的指数就是 PMI 数据。PMI 还分为制造业 PMI、非制造业 PMI（或服务业 PMI）和综合 PMI 产出指数三大类。

目前，发布 PMI 数据的统计机构主要为两个：其一为统计局，即由官方统计机构通过对大型企业、国企调查获得数据，反映大型企业和国企的 PMI 数据情况；其二，为财新 PMI 数据，即财新网联合 Markit 公司编制的中国服务业采购经理人指数，其调查对象多为中小企业，因而，其数据更能反映中小企业的 PMI 数据。

PMI 数值以 50 为荣枯分水线。当 PMI 大于 50 时，说明经济在扩张，数值越高表明扩张速度越快；当 PMI 小于 50 时，说明经济在收缩，数值越低表明收缩速度越快。

中　篇

股票交易实操：技术、指标与工具

股票交易实操知识涵盖了最基本的看盘知识、K 线图、技术指标、量价关系以及炒股软件的应用等知识。这部分知识，覆盖的范围比较广，也是投资者进行交易实操前，最需要掌握的基础性知识。

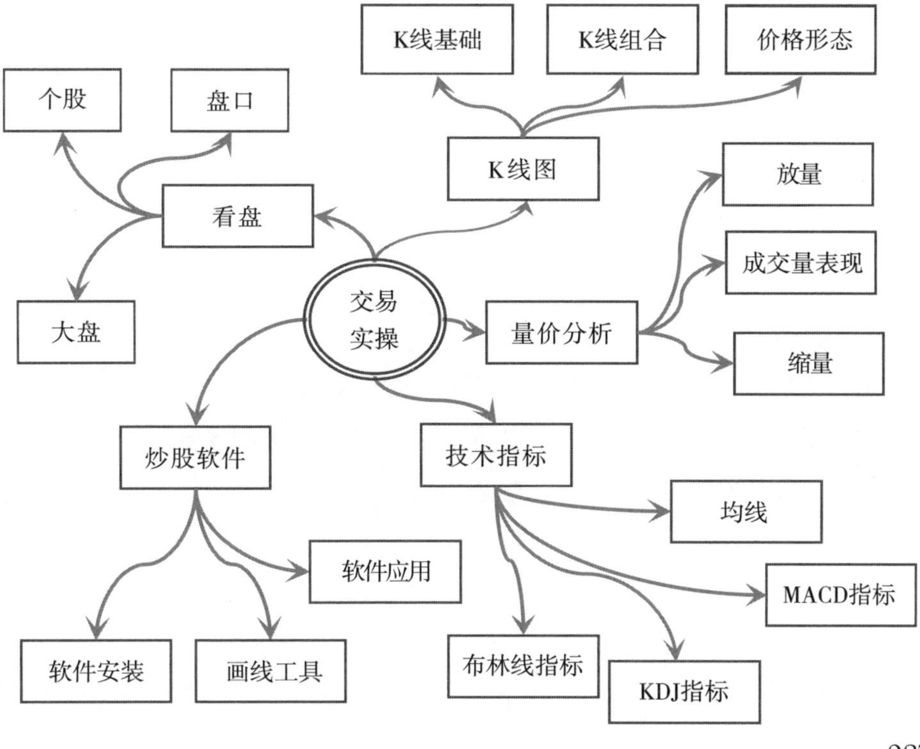

第五章

看懂盘面：分时图与盘面、盘口

股价的盘面走势，不仅可以反映即时的股价波动信息，还能反映实时的多空力量对比情况。因此，看盘技术，往往被看成是投资者需要掌握的一项最重要的基础性技能。

第一节 大盘分时怎么看？

通常所说的大盘指的就是沪市的上证综合指数（简称上证指数）和深市的深证成份股指数（简称深证成指）。由于目前深证成指的走势大多数时间都与上证指数保持一致，因而，投资者通常意义上所说的大盘，往往特指上证指数，如图5-1所示。

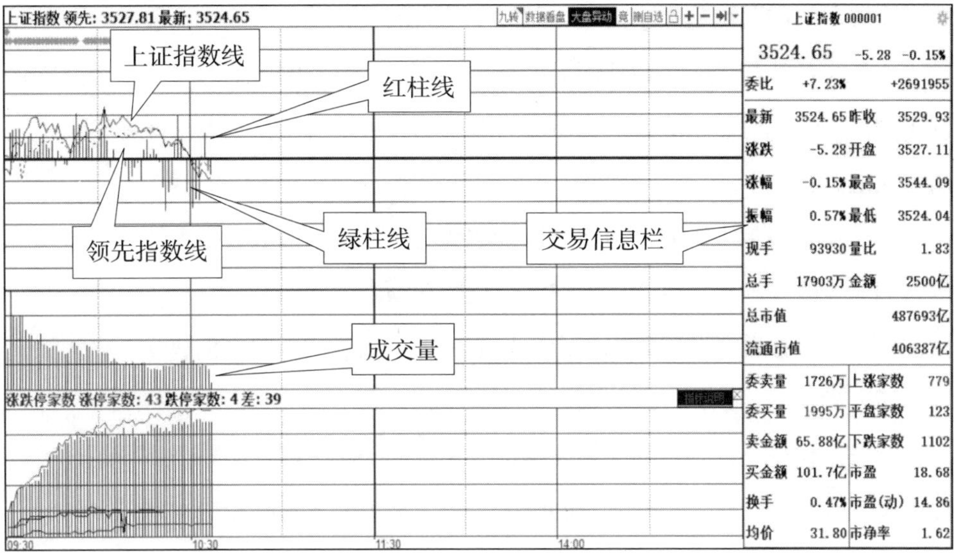

图 5-1　上证指数（000001）分时走势图（2021.8.11）

图 5-1 所示为上证指数在 2021 年 8 月 11 日的分时走势图。图中两条走势线分别为上证指数线（图中实线）和领先指数线（图中虚线）。上证指数线代表了上证指数的实际走势，反映的是经过加权处理的大盘指数，在一般的股市行情软件中用白线表示；领先指数线代表的是不含加权处理的大盘指数，在行情软件中一般用黄线表示。图中的红柱线与绿柱线表示的是买盘与卖盘的对比情况，在横线上方的红线柱表示的是买盘大于卖盘的情形；在横线下方的绿线柱，表示的是卖盘大于买盘的情形。

一、上证指数线与领先指数线

上证指数线，是以样本股的发行股本数为权数进行加权计算得到的，因此，一些大盘股（权重股）对该线的走势影响很大；而领先指数线，是未经过加权处理的，受权重股影响较小，因而，更能反映一些小盘股的走势特点。

其实，通常意义上所说的大盘股与小盘股并没有明确的界定，只是相对而言，总股本较小的股票被称为小盘股；总股本较大的股票则被称为大盘股。

上证指数线与领先指数线所处的位置不同，也就说明大盘股与小盘股涨跌情况不同，因而，对后市的影响也是各有差异。一般情况下，这两条线在不同位置所代表的意义如下。

第一，当指数上涨时，如果上证指数线上升较快，而领先指数线上升较慢，则说明大盘股在领涨；反之，则说明小盘股在领涨。

第二，当指数下跌时，如果上证指数线下跌较快，而领先指数线下跌较慢，则说明大盘股在领跌；反之，则说明小盘股在领跌。

第三，如果上证指数线与领先指数线黏合在一起，则说明整个市场是一种普涨或普跌的格局，且上涨或下跌的幅度越大，上涨或下跌的家数也就越多。

第四，如果上证指数线在领先指数线的上方，则说明大盘股的走势强于小盘股；反之，则说明小盘股的走势强于大盘股。

第五，上证指数线与领先指数线也会出现相反的走势，这说明市场资金的关注点存在分歧。如果上证指数线在上，则说明市场资金比较青睐大盘股；反之，则说明市场资金青睐小盘股。

通常情况下，上证指数线与领先指数线的步调基本是一致的。从个股操作来看，二者运行的趋势和方向，比具体谁高谁低更重要。毕竟我们操作的是个股，而非大盘指数。

尽管指数很重要，但并不意味着指数上涨，个股就一定上涨。如果市场处于弱势，大多数股票都在下跌，那么，即使大盘指数上涨了，投资者也不应买入股票，而要耐心等待整个市场的好转。

二、红柱线与绿柱线

柱状线是一种买盘与卖盘实力强弱对比的均衡线。当柱状线位于中间横轴（前日收盘点位）的上方时，该柱状线呈红色；当柱状线位于中间横轴的下方时，该柱状线呈绿色。在黑白图形中，投资者只需清楚位于中间横轴上方的就是红柱线，即多方强势；位于中间横轴下方的就是绿柱线，即空方强势。

红柱线表示的是买盘强于卖盘，当红柱线逐渐变长时，表示买盘逐渐增强；绿柱线表示的是卖盘强于买盘，当绿柱线逐渐变长时，表示卖盘逐渐增强。

红柱线与绿柱线表示的都是瞬间买盘与卖盘的对比情况，并不是说，大盘上涨时，所有时间的买盘都强于卖盘，只是在大盘加速上涨时才会出现明显的红柱线增多的情况；当大盘在上涨中途出现盘整时，也会出现红柱线变短或绿柱线变长的情况。

红线柱与绿柱线的长度不同，所代表的含义也有所差别。

第一，当红柱线变长时，说明买盘踊跃，大盘上涨的力度也就比较强；反之，当红柱线变短时，说明买盘不济，上涨的力度减弱。

第二，当绿柱线变长时，说明卖盘比较踊跃，大盘下跌的力度就比较强；反之，当绿柱线变短时，说明卖盘不济，下跌的力度也在减弱。

“盛极而衰”似乎用来形容红柱线与绿柱线的关系最为合适。当市场呈弱势时，卖盘不断增加，绿柱线也会随之变长，只是到达最高值后，无一例外会出现缩短，乃至逆转为红柱线，此时往往也是指数出现反弹的时候。

三、上涨与下跌家数

上涨家数是指当时股票价格高于前一交易日收盘价的股票个数；下跌家数是指当时股票价格低于前一交易日收盘价的股票个数。与此相对应，还有平盘家数这一概念。平盘家数是指当时股票价格与前一交易日收盘价相同的股票个数。

上涨家数与下跌家数的多少反映了市场的景气程度。上涨家数与下跌家数数量的多少分别代表的含义如下。

第一，当上涨家数远远超过下跌家数时，说明市场气氛非常活跃，短期有进一步上涨的可能，适合投资者进行短线操作。

第二，当下跌家数远远超过上涨家数时，说明市场气氛非常不好，短期还有进一步下跌的可能，投资者最好采取观望态度。

下面以图 5-1 所示的大盘走势为例，简单介绍大盘上涨与下跌情况，上涨与下跌家数一栏如图 5-2 所示。

上涨家数	779
平盘家数	123
下跌家数	1102

图 5-2　上涨家数与下跌家数

在图 5-2 中，上涨家数为 779 家，下跌家数为 1 102 家，说明上涨家数远远少于下跌家数，市场处于弱势行情。大盘指数未来下跌的可能性要大于上涨的可能性，此时，投资者最好选择持币观望。

上涨与下跌家数，反映了实时的市场强弱状况，对于投资者了解市场情况有所帮助，但其在预判未来指数走势方面的作用要弱于前面讲过的指数线和红绿柱线。

四、委买与委卖数据

委买与委卖实质上包括两类数据，即委买量与委卖量；委买金额与委卖金额。在上证指数的盘面中，给出的数据所反映的都是整个上海证券交易所系统所接受的全部委托买入和委托卖出数据。

委买量与委卖量的多少反映了市场的景气程度。委买量与委卖量的多少分别代表的含义如下。

第一，通常情况下，当委买量、委买金额双双大幅超过委卖量、委卖金额时，说明市场有资金持续流入，市场气氛非常活跃，大盘有进一步上攻的可能和基础。

第二，当委买量、委买金额双双大幅低于委卖量、委卖金额时，说明市场有资金持续流出，市场做空气氛较浓，大盘有进一步下跌的可能和基础。

第三，若委买量、委卖量相差不多，或者出现委买量大于（小于）委卖量，而委卖金额小于（大于）委买金额时，说明多空双方处于平衡状态，投资者需要保持观望。

以图 5-1 所示的大盘走势为例，简单介绍大盘上涨与下跌情况，其中委卖量与委买量一栏如图 5-3 所示。

委卖量	1726万
委买量	1995万
卖金额	65.88亿
买金额	101.7亿

图 5-3　委卖量与委买量

在图 5-3 中，委卖量和委卖金额都要低于委买量和委买金额，说明短期内入场资金相对较多，大盘走高的可能性较大。

第二节
个股分时怎么看？

个股分时走势图与大盘分时走势图相似，是把个股交易信息用曲线在坐标轴上加以显示的技术图形。个股分时走势图与大盘分时走势图的区别在于，个股分时走势图中没有红绿柱线，只有从开盘算起的平均股价线，即均价线，如图 5-4 所示。

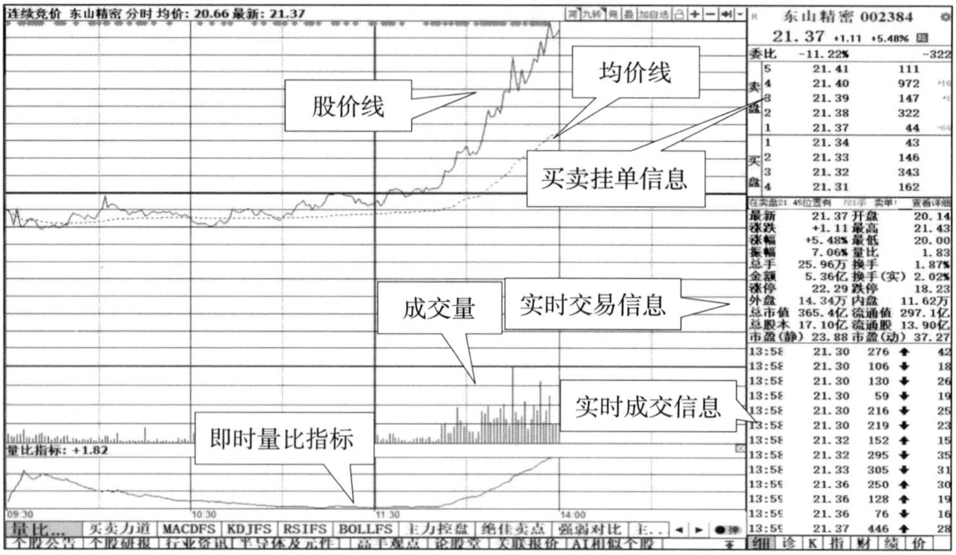

图 5-4　东山精密（002384）分时走势图（2021.8.11）

图 5-4 所示为东山精密在 2021 年 8 月 11 日的分时走势图。图中的实线“股价线”代表东山精密的实际走势，反映该股当天的股价变动情况；图中的虚线“均价线”代表从开盘到当前时刻的平均价格曲线；“买卖挂单信息”就是通常所说的“盘口”；“实时交易信息”则显示了当天该股的交易状况，包括最高价、最低价、量比等信息。

一、股价线与均价线基本分析要点

股价线反映了当天股价的走势情况；均价线体现的是从开盘到当时的平均交易成本。因此，投资者可以从股价线与均价线的走势看二者之间的关系。

股价线与均价线的走势反映了股价的走势情况，其分析要点如下。

第一，股价线与均价线全部位于前日收盘价上方，说明股价处于强势上升趋势；反之，则说明趋于弱势。

第二，股价线与均价线同步震荡上升，且回调的低点越来越高，说明股价处于上升趋势，反之，若震荡反弹的高点越来越低，则说明股价处于弱势。

第三，股价线与均价线自下而上突破前日收盘价，则说明股价由弱转强；反之，则说明股价由强转弱。

第四，当股价线运行在均价线上方时，说明当天买入的投资者大部分处于盈利状态，股价走势较强。当股价每次下跌到均线位置时，都会有一些投资者认为是一个比较合适的买点，于是纷纷买入股票，所以股价就会止跌向上，从而形成均价线对股价的支撑作用。

第五，当股价线运行在均价线下方时，说明当天买入的投资者大部分处于亏损状态，股价走势较弱。当股价上涨到均线附近位置时，就会有一些投资者认为此时是一个较好的卖点，于是纷纷卖出股票，所以股价就会反转向下，从而形成均价线对股价的阻力作用。

下面看一下九鼎投资的案例，如图 5-5 所示。

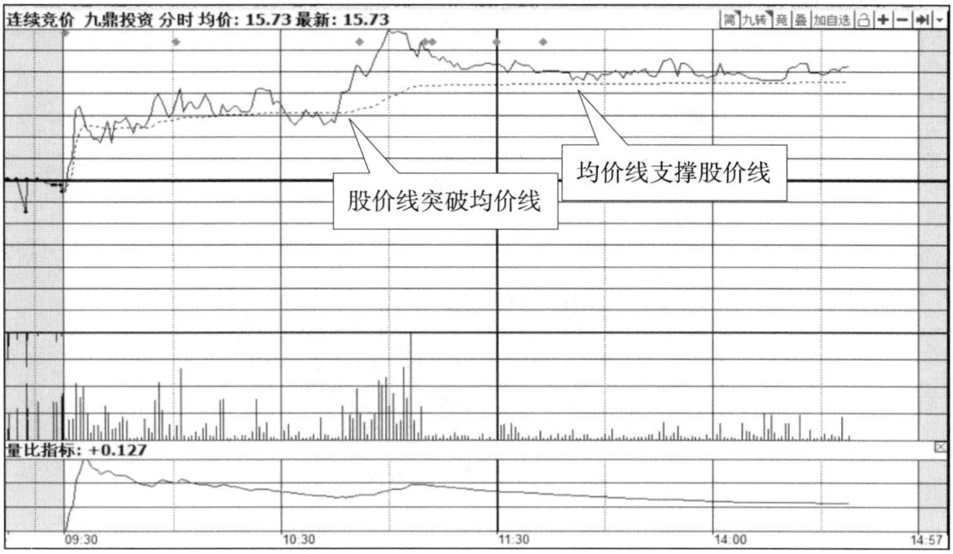

图 5-5　九鼎投资（600053）分时走势图（2021.8.11）

从图 5-5 中能够看到，九鼎投资的股价在开盘之后一路上涨，此后，股价一直处于震荡盘整状况，股价线与均价线纠缠在一起。盘中时段，股价线发力向上，并突破了均价线，此后，股价线一直运行于均价线上方。

此时，均价线开始对股价线形成一定的支撑作用，股价线几次回落到均价线的位置，都由于均价线的支撑作用，而重新开始上升。

将均价线作为股价线的参照物，是一个非常好的选择。新手看盘时，应该特别留意股价线与均价线之间的位置关系。如果股价线位于均价线下方时，尽量避免买入股票。

二、内盘、外盘看买卖双方力量对比

外盘是以卖出方的报价成交的股票数量，表示的是主动性买盘的数量；内盘是以买入方的报价成交的股票数量，表示的是主动性卖盘的数量。外盘与内盘相加即为该股的成交量。

下面以图 5-4 所示的东山精密走势为例，简单介绍内盘与外盘的情况，其中成交信息一栏如图 5-6 所示。

最新	21.37	开盘	20.14
涨跌	+1.11	最高	21.43
涨幅	+5.48%	最低	20.00
振幅	7.06%	量比	1.83
总手	25.96万	换手	1.87%
金额	5.36亿	换手(实)	2.02%
涨停	22.29	跌停	18.23
外盘	14.34万	内盘	11.62万
总市值	365.4亿	流通值	297.1亿
总股本	17.10亿	流通股	13.90亿
市盈(静)	23.88	市盈(动)	37.27

图 5-6　东山精密外盘与内盘数据

外盘、内盘两个数据可以大体上判断买卖力量的强弱，若外盘数量大于内盘数量，则说明买方力量较为强大；反之，若外盘数量小于内盘数量，则说明卖方力量较为强大。投资者通过外盘与内盘的对比分析，很多时候还能够看到庄家的某些操盘痕迹。

在分析外盘与内盘数据时，一般从以下几个角度入手。

第一，当股价经过了较长时间的下跌后，处于一个比较低的位置，而这时成交量开始放大，股价也开始回升，此时出现外盘大于内盘的情况，说明有资金主动进场，后市股价上涨的可能性较大。

第二，当股价经过了较长时间的上涨后，处于一个比较高的位置，成交量巨大，并且不能再继续放大时，内盘数量上升超过外盘数量，说明资金离场迹象较为明显，后市股价下跌的可能性较大。

第三，股价在下跌过程中，常常会发生外盘大于内盘的情况，此种情况并不能表明股价会上涨，这种情况也很有可能是庄家制造的假象。庄家可以先用几笔卖单将股价打到一个比较低的位置，接着在卖一、卖二位置再挂上卖单，最后自己再将卖单吃掉，造成股价上升的假象，以诱使投资者跟风买入。

第四，股价在上涨过程中，常常会发生内盘大于外盘的情况，此种情况也并不能表明股价会下跌。这也有可能是庄家制造出来的假象。庄家可以先用几笔买单将股价拉到一个比较高的位置，接着在买一、买二的位置再挂上买单，最后自己再将这几笔买单吃掉，造成股价下降的假象，以诱使投资者卖出。

第五，股价已经有了一个较大的涨幅后，如某一交易日外盘数量突然大增，股价却不涨，此时有可能是庄家制造的假象，投资者应该做好出货的准备。如果外盘数量大增，说明有场外资金入场抢筹，因而一定会引起股价的上涨，而此时股价并未上涨，说明这些外盘数量并不是真实的，而是庄家刻意制造出来的。

内盘与外盘的变化，固然能够反应买入与卖出情况，但由于主力过于狡猾，时常会有对敲买卖的情况，这就使得交易数据并不一定能真实地反映交易实情。投资者发现交易数据出现异常变化时，还需要利用其他分析技术佐证自己的判断。

三、利用均价线看走势强弱

前面已经介绍了股价线与均价线之间的关系，下面着重介绍一下均价线在判断股票走势强弱方面的作用。

当股价能够保持在均价线的上方，回落时不跌破均价线，就说明当天股价走势比较强劲，同时也预示该股短期内继续走强的概率很大，投资者宜买入该股；当股价跌破均价线后，无法重新回到均价线上方，或者当天一直在均价线下方运行，说明该股走势疲弱，同时也预示该股股价在短期内继续走低的概率很大，投资者不宜买入。利用均价线判断股价走势强弱时，应注意以下两点。

第一，当股价位于均价线上方时，如果股价偶有跌破均价线，且很快又回到均价线上方时，说明本次跌破为非有效跌破，均价线对股价的支撑作用不变；当股价位于均价线下方时，如果股价偶有突破均价线，且很快又回到均价线下方时，说明本次突破为非有效突破，均价线对股价的阻力作用不变。

第二，通过均价线判断股价走势强弱，只适用于短期股价走势。也就是说，当某一交易日股价走强，且一直位于均价线上方时，只能说明该股短期有走强的可能，并不能影响长期走势。

下面来看一下新风光的案例，如图 5-7 所示。

新风光的股价在 2021 年 8 月 11 日当天高开高走，并一路上涨。股价在上涨的同时，一直位于均价线的上方，且股价在回调时，从未跌破均价线，说明该股短期呈现强势，未来仍有可能继续上涨。

利用均价线与股价线相对位置关系所获得的结论，往往对短线或者当日走势有效。对于长线持股的投资者来说，这种方法意义不大。

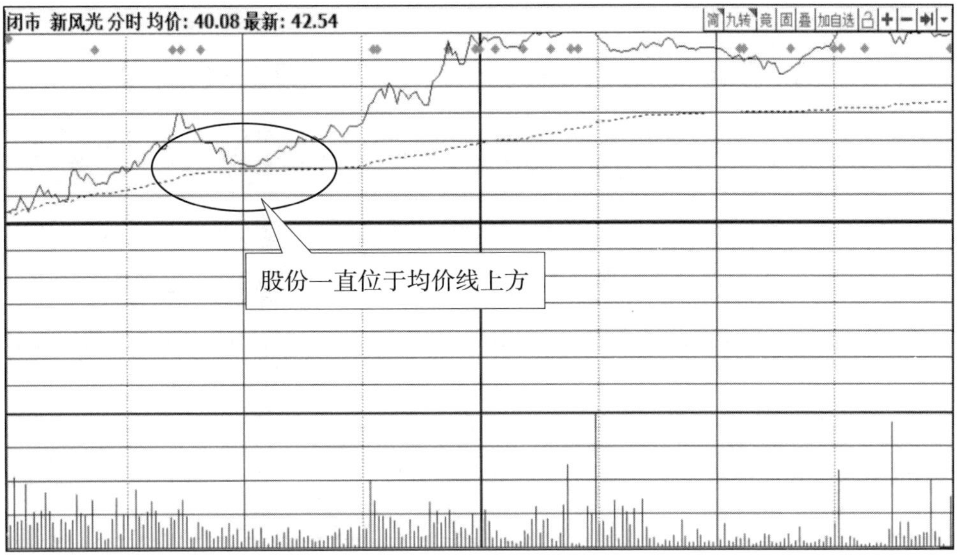

图 5-7 新风光（688663）分时走势图（2021.8.11）

四、利用分时走势对比看走势强弱

有比较才会有发现。一只股票走势的强弱如果单从个股走势来看可能有一种无所适从的感觉。如果能够将个股的走势与大盘指数走势进行对比，就不难发现个股走势的强弱了。其实，从长期来看，个股的走势都会与大盘走势基本一致；但从短期来看，个股的走势会与大盘走势出现一定的分歧。利用分时走势对比看个股走势的强弱，是从短线的角度来分析个股走势。我们利用分时走势对比看个股走势强弱时要注意以下两点。

第一，当一只股票的分时走势强于大盘指数时，说明该股走势强于市场上的大多数股票，这类股票就属于短期的强势股。

第二，当一只股票的分时走势弱于大盘指数时，说明该股走势弱于市场上的大多数股票，这类股票就属于短期的弱势股。

作为投资者而言，进行走势对比分析的目的，就是找到短期强势股，抛弃短期弱势股。

下面来看一下东山精密与上证指数的分时走势，如图 5-8 所示。

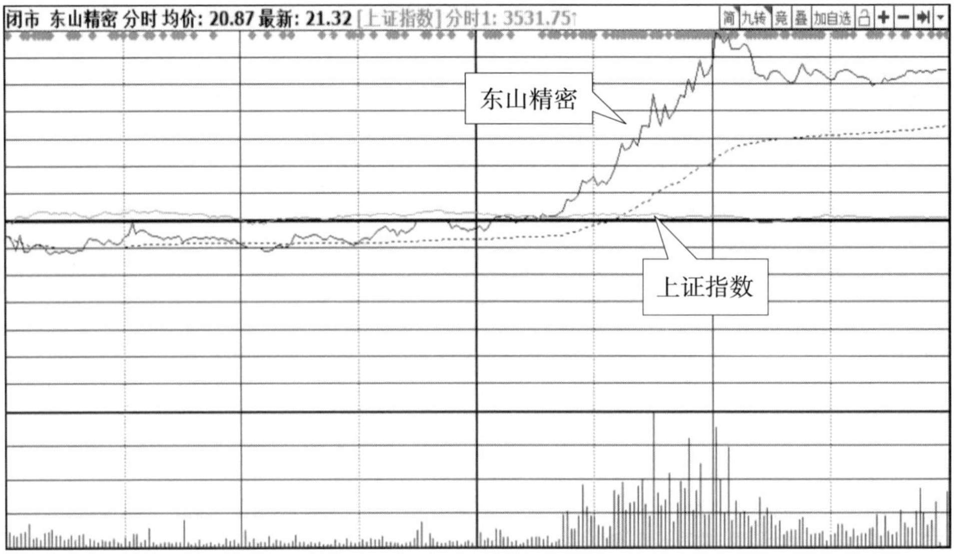

图 5-8 东山精密（002384）与上证指数分时走势对比（2021.8.11）

从东山精密的股价走势与上证指数走势的对比图中可以看出，东山精密早盘低开之后，整个上午都处于低位盘整趋势中，且股价线一直位于上证指数线下方，投资者不宜入场。

午盘开盘之后，该股股价迅速上冲，突破上证指数线并一路震荡上涨，而上证指数的走势却保持在低位运行，东山精密与上证指数之间的距离越来越大，这说明东山精密的股价走势越来越强于上证指数。也就是说，投资者如果选择短线投资品种，那么，东山精密是一个不错的选择。

观察股价线与上证指数线之间的开口状况，也就是通常所说的喇叭口，是一个不错的选择。当喇叭口越开越大时，说明个股走势越来越强势；反之，则趋于弱势。

第三节
盘口怎么看？

盘口，就是多空双方交战的前沿阵地。多空双方的买入与卖出信息都是通过盘口的变化传递给投资者的。投资者看盘口不仅要关注买单与卖单的变化，更要注意买单与卖单背后的信息。

盘口，在股市中指的是买入与卖出的委托挂单情况和交易情况。一般投资者能够看到的盘口，主要是行情软件中提供的买卖盘各五档的数据，如图 5-9 所示。

R	长信科技 300088		
	8.64 -0.09 -1.03% 陆		
委比		+40.80%	13915
卖盘	5	8.68	1779
	4	8.67	1846
	3	8.66	1583
	2	8.65	2803
	1	8.64	2083
买盘	1	8.63	3348
	2	8.62	4330
	3	8.61	4199
	4	8.60	10209
	5	8.59	1923

图 5-9　买卖盘口挂单情况（长信科技，2021.8.11）

目前，大部分交易软件默认提供的都是五档盘口的挂单情况，比买盘第五档更低的价格或比卖盘第五档更高的价格则不在该盘口显示。当然，若投资者肯付费升级至十档盘口，则可查看更为全面的报价信息。

一、买盘、卖盘与委比

从图 5-9 中可以看出，整个盘口由买盘五档和卖盘五档组成。有些交易软件（或付费软件）可以显示十档盘口。

1. 买盘盘口

买盘是按照从高到低的顺序依次向下排列的，即出价最高者将会处于买盘第一档的位置，低于此价格的买单会依次向下排列。

相同出价者，将会按照挂单的先后顺序显示在对应的盘口档位。一般来说，同时按照相同价格挂单时，机构投资者的挂单位置往往更加靠前。

2. 卖盘盘口

与买盘相反，卖盘是按照从低到高的顺序依次向上排列的，即出价最低者将会处于卖盘第一档的位置，高于此价格的卖单会依次向上排列。

3. 委比

委比，是金融或证券实盘操作中衡量某一时段买卖盘相对强度的指标，一般位于五档盘口顶部区域。

委比数值在 −100% 到 100% 之间。+100% 表示全部的委托均是买盘，涨停的股票委比一般是 100%，而跌停的是 −100%。委比为 0，意思是买入（托单）和卖出（压单）的数量相等。

二、盘口挂单基本分析方法

从整体上来看，买卖盘口的挂单情况，与股票流通盘的大小、筹码集中度、交易活跃度直接相关。一些筹码集中度较高或者交易活跃度低的股票，盘口挂单数据势必相对较少，而一些流通盘较大，特别是低价股盘口挂单数据往往会比较大。因此，我们分析盘口挂单数据时，要综合考虑个股的实际情况，不能一概而论。

散户在盘口的挂单数据一般都没有太大的交易含义，而主力的挂单则不同。主力的挂单都会有不同的含义，如迷惑投资者、打压股价。我们尝试对盘口挂单数字进行分析，本质上就是为了了解主力的意图，以便于未来的操作。

一般情况下，买盘与卖盘之间出现了一定的数量差并不奇怪，也无须做过多的解读。但出现以下几种情形，需要特别关注。

第一，买盘挂单显著大于卖盘挂单，即买盘大于卖盘 50% 以上。这说明买方承接有力，在上升行情中，表现为买盘比较踊跃，股价还会继续上升；在下跌行情中，表现为下方有较大的承接盘，股价可能会受到比较有力的支撑。

第二，卖盘挂单显著大于买盘挂单，即卖盘大于买盘 50% 以上。这说明卖方实力强劲，股价上升将会受到阻力。在上升行情中，表现为获利盘出逃的情况，若卖盘过大可能会使股价上升行情夭折；在下跌行情中，表现为卖盘占据绝对优势低位，买方毫无向上反攻的能力，股价继续向下的概率极大。

第三，上升行情中，在某些阻力位或整数位附近会有较大的卖盘，如前日收盘价、开盘价或涨停板价位、整数价位等。大家在设置卖出价格时，很可能会设置到这类价格附近，使得这些点位更具阻力。当然，有一些投资者为了让自己的卖单优先成交，往往会将自己的卖单价格设置在这些重要支撑位之下。

第四，在下跌行情中，一些支撑位或整数位附近也可能会有较大的买盘，如前日收盘价、开盘价或跌停板价位、整数价位附近。当然，有一些投资者为了让自己的买单优先成交，往往会将自己的买单价格设置在这些重要支撑位之上。

三、盘口异常 1：来自卖盘的大单

在五档盘口中，投资者可以非常容易地看清卖一至卖五的挂单情况。这几个挡位的挂单数据和变动情况，往往能够反映主力的某些意图。

第一，上方挂大卖单，投资者往往会认为是卖盘压力较重，股价上涨将受到阻力。

第二，若在“卖二”“卖三”等盘口，频繁地出现大卖单，但这些卖单又很快转移至上方的档位，说明主力挂这些卖单主要是为了震慑散户，而并非是真的要出货。这也是很多专业投资者都开通了十档盘口的原因，因为很多主力都把精力放在了五档盘口附近。

第三，如果股价处于低位，盘中虽然有大卖单，但买盘依旧非常活跃，说明庄家正在吃货，投资者这时可以考虑追随庄家建仓。

第四，当一只股票开始拉升时，上方立刻出现大卖单，有时甚至是先出现大卖单而后出现上涨。这时，如果大卖单不能被迅速吃掉，说明庄家吸筹不足，或者不想发动上攻；如果大卖单被慢慢吃掉，而且上攻速度不是很快，说明庄家已经相对控盘，既想上攻，又不想出掉太多的筹码。

第五，如果股价逐步下跌，而大卖单也接连出现，说明庄家在刻意打压股价，此时投资者需保持关注，一旦股价调整到位，再适时跟进。股价逐步下跌一般有两种可能：一是庄家出货；二是庄家在刻意打压股价。

四、盘口异常 2：来自买盘的大单

下方挂大买单，说明下方承接有力，股价将止跌上涨，但是，在具体的交易实战中，下方挂大买单的情况不同，所代表的含义也不尽相同。

第一，股价在横盘震荡或者下跌时，出现大买单，说明庄家很可能在被动护盘，投资者最好不要盲目跟进。很多投资者都有这样的心态：当股价上涨时会积极买入，当股价下跌时则会选择积极卖出。当股价在横盘震荡或下跌时，是不会有多少投资者愿意买入的，而这时下方接连出现大买单，且这些大买单又不积极向上买入，这只能说明庄家是为了阻止股价进一步下跌而采取的护盘行动。

第二，股价在连续上涨过程中，出现大买单，同时买盘又比较多，说明庄家在吸引买盘入场。如果此时股价处于刚刚启动阶段，那么，庄家很有可能在借力拉升，投资者可以积极买入；但如果此时股票已经出现较大涨幅，庄家则有可能在拉高出货，投资者当谨慎行事。事实上，拉高出货也是庄家惯用的出货手法，投资者应该特别注意。

第三，总是在“买二”“买三”位置出现大单。这些买单并非由于主力想要买入股票，而是想强化一些投资者的信心，而且也是在告诉散户，若想要买入股票就必须将买单挂在“买一”位置。当然，散户真的把买单设置好后，也可能被主力的卖单砸掉。

五、盘口异常 3：没有承接盘

从理论上来说，股价出现下跌时，下方往往会有一些买单。这些买单有些是散户设置，有些是主力用于护盘的。若股价持续下行，而没有买单（即承接盘）时，则意味着可能存在以下几种情形。

第一，市场普遍认可了该股的下跌。不只散户，主力也撤销了自己的买盘。这说明该股的跌势还将继续，投资者应远离这类股票。

第二，庄家很有可能已经具备了控盘的能力。庄家利用股价下跌过程适当地减仓，很有可能是为进一步拉升做准备。投资者应该密切关注股价的走势。一旦股价结束下跌，要立即跟进买入。

第三，股价出现超跌，且已经跌破了很多机构投资者设置的护盘位置。这说明市场的走势已经超出了机构投资者的预期。由于目前很多基金或投资机构开始使用自动化交易系统，即股价一旦跌破防护位置后，系统就会自动执行卖出股票操作，这就是股价突然出现大幅下跌后，市场会出现很多抛盘的原因。很多时候，这种不理智抛盘出清后，股价还可能会出现反弹走势，以修正之前的不理智行为。

无论是基于何种原因出现下跌过程中没有买单，投资者在下跌过程中，都不要轻易参与，一定要等股价企稳之后，再考虑建仓。

六、盘口异常 4：盘中的大买单和大卖单

投资者在看盘过程中经常会遇到这种情况，当“买三”或“买四”位置出现大买单时，突然出现的大卖单将其打掉。正当投资者认为股价可能会下跌时，在“买三”位置再次出现大买单，随之而来的大卖单将其再次打掉，如此反复。

出现上述情况，只能说明盘口出现了异动，这时就需要投资者密切关注盘口动向，并仔细分析这些现象背后的玄机。投资者如果发现诸如下面所列的几个细节时，需要特别关注。

第一，在卖出盘口挂出的单子都很小。

第二，大买单是先出现在买盘上的。

第三，大卖单只是一到两笔就把买单打掉了。

第四，此类现象反复出现。

不断出现又不断被消化掉的大买单的背后，往往都会有一双无形的手。无论大买单的数量是多少，总会被几张大卖单给打掉，这说明盘口所显示的信息都是庄家刻意而为的。庄家如此操作，一定有其要达到的目的，投资者应该有所防备。对于投资者来说，通过上述四个细节，至少可以判断出以下几点。

第一，买卖盘口挂单很小，说明市场交易非常冷清，所以，市场上的大买单应该是庄家自己设下的。

第二，庄家将买单设在“买三”的目的是，希望投资者能够将单子挂在“买一”或“买二”的位置。庄家在“买三”位置设置大买单，能够达到两个效果：一是告诉投资者该股有大的承接盘，可以放心买入；二是告诉投资者“买三”位置有大买盘，所以，你要想买入再将买单放在“买三”位置是不可能成交的，必须放到“买一”或“买二”的位置才能成交。

第三，大买单频繁出现，说明大卖单就是庄家自己的，因为，如果是别人的大卖单，庄家不会一个接一个地设置大买单。

综合以上分析可以做出如下判断：庄家希望投资者能够将买单挂在“买一”“买二”的位置，以承接自己的大卖单。当“买一”“买二”挂单数量达到一定程度时，投资者的大卖单就会出现，将买单的单子全部打掉，这时，庄家就完成了一次减仓操作，如此多次反复，庄家就会达到一定的减仓目的。

第六章

看懂K线图

K线图自从被引入股市以来，以其简洁、清晰、实用等特性，为广大投资者所青睐，目前已经成为股市投资最常用的技术分析工具。

第一节 K线基本形态

K线由于其图形形状貌似一根根蜡烛，所以被称为蜡烛图；加上这些蜡烛有“黑白”之分，因而也叫阴阳线。

一、K线的构成及含义

K线是柱状的线条，由影线和实体组成，它能够把某一周期内的开盘价、最高价、最低价和收盘价的市场情况直观地表现出来。K线上影线的顶端代表这一交易周期的最高价；下影线的末端代表这一交易周期的最低价；实体的上下两端分别代表这一交易周期的开盘价和收盘价，如图 6-1 所示。

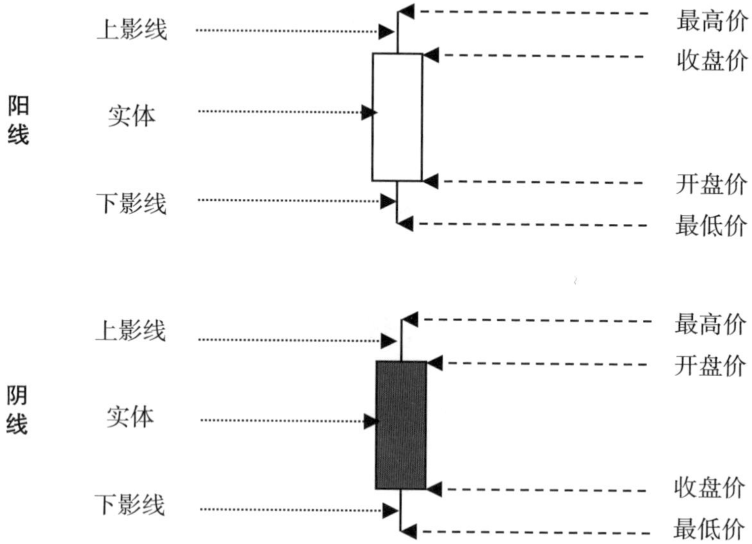

图 6-1　K 线的基本形态

- 开盘价：又称开市价，是指某种证券在证券交易所每个交易周期开盘后第一笔交易的成交价格，是买卖双方相互交战的“楚河汉界”。目前国内股票市场采用集合竞价的方式来确定每天的开盘价。
- 最高价：指某种证券在每个交易周期从开盘到收盘的交易过程中所产生的最高价格。
- 最低价：指某种证券在每个交易周期从开盘到收盘的交易过程中所产生的最低价格。
- 收盘价：指某种证券在每个交易周期最后一笔交易的成交价格。收盘价是当前行情的标准，又是下一个交易周期开盘价的依据，代表了买卖双方的力量对比结果，可据以预测未来的市场行情。不过，目前 A 股市场的收盘价和开盘价都是通过集合竞价产生的，也就是说，从 14:57 分开始集合竞价，至 15:00 产生收盘价。

二、阳线与阴线

根据开盘价与收盘价之间的关系，K 线又分为阳线和阴线两种。

1. 阳线

阳线是某一交易周期内的收盘价高于开盘价的 K 线。阳线实体的上端表示收盘价，下端表示开盘价，实体的长短代表收盘价相对于开盘价的涨幅大小，如图 6-2 所示。

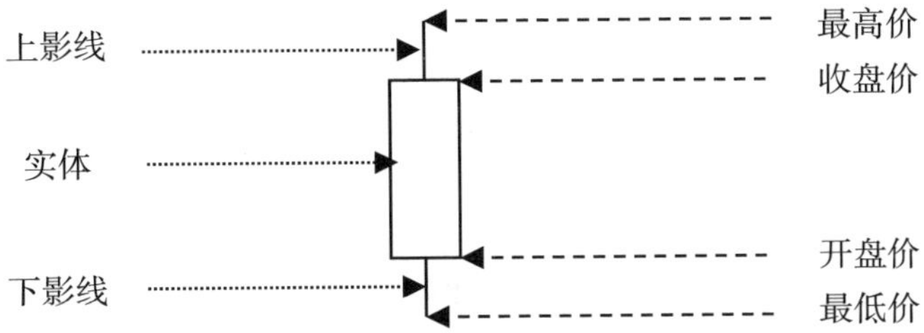

图 6-2　阳线的基本形态

阳线的基本描述如下。

第一，通常表示为红色实体柱、白色实体柱或黑框空心柱，本书采用的是黑框空心柱。

第二，收盘价高于开盘价，股价表现为上涨趋势，实体的长度代表收盘价与开盘价之间的价差。

第三，上影线的长度表示最高价和收盘价之间的价差，下影线的长度表示开盘价和最低价之间的价差。

第四，一般而言，阳线表示买盘较强，卖盘较弱。

2. 阴线

阴线是某一交易周期内的收盘价低于开盘价的 K 线。阴线实体的上端表示开盘价，下端表示收盘价，实体的长短代表收盘价相对于开盘价的跌幅大小，如图 6-3 所示。

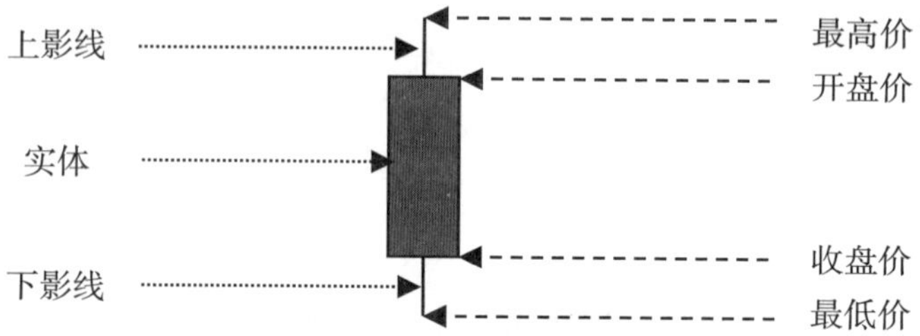

图 6–3 阴线的基本形态

阴线的基本描述如下。

第一，通常表示为绿色实体柱、蓝色实体柱或黑色实体柱，本书采用的是黑色实体柱。

第二，收盘价低于开盘价，股价表现为下跌趋势，实体的长度代表开盘价与收盘价之间的价差。

第三，上影线的长度表示最高价和开盘价之间的价差，下影线的长度表示收盘价和最低价之间的价差。

第四，一般而言，阴线表示卖盘较强，买盘较弱。

根据 K 线的计算周期，可将其分为分时 K 线、日 K 线、周 K 线、月 K 线、年 K 线等，本书为了方便说明，大多使用一个交易日为标准的时间框架，相应的 K 线图为日 K 线图。日 K 线能够反映股价或大盘的短期和中期趋势，而周 K 线、月 K 线和年 K 线常被投资者用来分析和判断股市的中长期行情。此外，众多炒股软件所提供的分时 K 线，如 5 分钟线、15 分钟线、30 分钟线、60 分钟线等，对于股票的短线操作具有非常重要的参考意义。

由于目前 A 股市场执行“T+1”交易制度，这就使得分时 K 线图的作用大打折扣，而日 K 线图的作用更加凸显。

三、K 线的分类以及交易含义

根据收盘价与开盘价之间的波动范围（收盘价与开盘价之差的绝对值与开盘价

的比值），可以将日 K 线进行分类。一般情况下，阳线分为三种，即大阳线、中阳线和小阳线；相应地，阴线可以分为大阴线、中阴线和小阴线，如表 6–1 所示。

波动范围公式：$$波动范围（a）=\frac{收盘价-开盘价}{开盘价}\times 100\%$$

表 6–1 实体长度不同的阳线和阴线的分类

波动范围（a）	阳线	阴线
a ＞ 6%	 大阳线	 大阴线
3% ＜ a ≤ 6%	 中阳线	 中阴线
0 ＜ a ≤ 3%	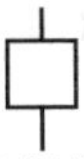 小阳线	 小阴线

由于大盘和 ST 股涨跌幅都较小，而创业板和科创板的涨跌停板幅度都已经变更为 20%，所以在区分其 K 线的大小时一般会将波动范围适当缩小或放大。比如，某 ST 股某日的开盘价为 2.00 元，收盘价为 2.08 元，其波动幅度为 4%，大于 3%，则该日所形成的 K 线应该被看作大阳线。同理，科创板和创业板的大阳线和大阴线的标准也要放大一些，比如 8% 或 9%。事实上，即使科创板和创业板的涨跌幅放大至 20%，也很少有股票的日波动范围超过 10%，因此，阴线和阳线的判断标准也不可能同比例放大。

同时，投资者在研判具体股票时，还要考虑这些股票的历史波动情况，有些大盘股历史上日波动幅度都比较小（如 2% 以内），而某一交易日出现了 5% 左右的涨幅或跌幅，这时就可以按照大阳线或大阴线的标准来分析了。

总之，本书所给出的阳线与阴线的区分标准，只能为投资者分析判断股价波动提供参考，投资者不能过于机械地运用。

1. 大阳线、中阳线与小阳线

大阳线、中阳线与小阳线主要表现在实体长度上的差异，这种差异对投资者有如下几项启示。

第一，实体越长，看涨信号越强。

阳线的出现，说明在市场上多头呈强势，将引导股价向上运行，而阳线实体越长，就说明未来看涨的意味越浓。

第二，实体越长，主力吸筹越多。

越是从低价启动的大阳线，其运行空间越大，主力需要为抬升股价所付出的资金也会越多，当然，主力已经充分吸筹的除外。主力吸筹明显，说明其对未来股价走势非常乐观，股价未来上涨的可能性很大。

第三，实体越短，说明多空势均力敌或主力比较犹豫。

2. 大阴线、中阴线与小阴线

第一，实体越长，看跌信号越强。

阴线的出现，说明在市场上空头呈强势，将引导股价向下运行，而阴线实体越长，就说明未来看跌的意味越浓。

第二，实体越长，主力出货越明显。

越是从高价启动的大阴线，其运行空间越大，主力派发筹码的空间也较多。主力出货时，说明其对未来股价走势非常悲观，股价未来下跌的可能性很大。

第三，实体越短，说明多空势均力敌或主力比较犹豫。

K 线实体的长短还与股票流通股本量大小、主力控盘程度有关。如果股票的流通股本量较小，那么，其波动范围必然较大，而留在 K 线图上的 K 线实体也可能很长。主力控盘程度高的股票，其实体长短完全与主力当日是否参与交易有关，若主力不参与交易，则可能股价波动范围很小，即实体很短；反之，则可能会很长。

第二节 经典 K 线组合形态

随着股价的波动，K 线会呈现不同的形态，而将一些特殊的 K 线进行组合分析，就构成了一些经典的 K 线形态。这些 K 线组合形态往往比单根 K 线能够发出更加清晰、准确的交易信号。

一、旭日东升

旭日东升通常出现在一轮显著的下跌行情之后，它由一阴一阳两根 K 线组成。先是收出一根大阴线或中阴线，接着又收出一根高开高走的大阳线或中阳线，且这根阳线的收盘价高于前一根阴线的开盘价，如图 6-4 所示。

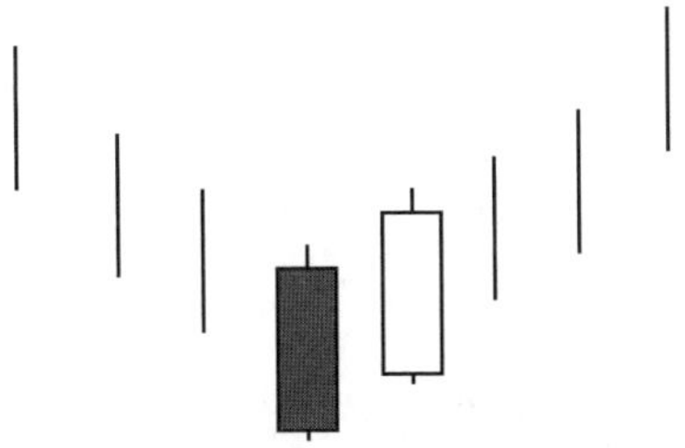

图 6-4 旭日东升

只有黑暗过后才可能会旭日东升，即股价前期必须经历过一段长时间的下跌。旭日东升的第一根阴线表示原来下跌趋势的延续，不过这一天空方几乎将能量释放殆尽。第二根高开高走的阳线表示一开盘多方就占据主动，而空方因无力抵抗节节败退，最终，多方以绝对优势取得胜利。

旭日东升预示着行情由阴转晴，未来变得更加光明，是较为强势的看涨信号。

（1）当在连续下跌之后出现旭日东升形态时，投资者不宜继续看空，而应该转变思维，寻找合适的机会逢低买入，积极做多。

（2）如果在出现旭日东升形态后股价不升反降，则表示形态失败，投资者应以持币观望为宜。

（3）以旭日东升形态为标准买入股票，应该将该形态第一根阴线的最低价设为止损位。当股价跌破该位置时，投资者应进行止损操作。

（4）旭日东升形态中第二根阳线的实体部分越大，收盘价越高，则后市上涨的力度就越大。如果在收出阳线这一天，同时伴随着成交量的放大，则看涨信号更为强烈。

下面来看一下士兰微的案例，如图 6-5 所示。

图 6-5　士兰微（600460）日 K 线走势图

经过一段时间的震荡下跌之后，2020 年 4 月 29 日和 4 月 30 日，士兰微的日 K 线图上出现了旭日东升形态。

2020 年 4 月 29 日，士兰微低开低走，收出一根大阴线。2020 年 4 月 30 日，该股高开高走，当天收出一根大阳线。这根阳线的收盘价高于前一根阴线的开盘价，二者共同组成了旭日东升形态，这预示着行情有回暖的迹象。

此时，投资者应将看空思维转换成看多思维。激进的投资者可在次日逢低吸纳，稳健的投资者则可以选择在 2020 年 5 月 6 日股价突破旭日东升形态中阳线的最高价时再买入。

二、乌云盖顶

乌云盖顶一般出现在上涨行情中，由一阳一阴两根 K 线组成。先是收出一根大阳线或中阳线，接着又收出一根跳空高开的大阴线或中阴线，且这根阴线收盘价所处的位置在前一日阳线实体的中部以下，如图 6-6 所示。

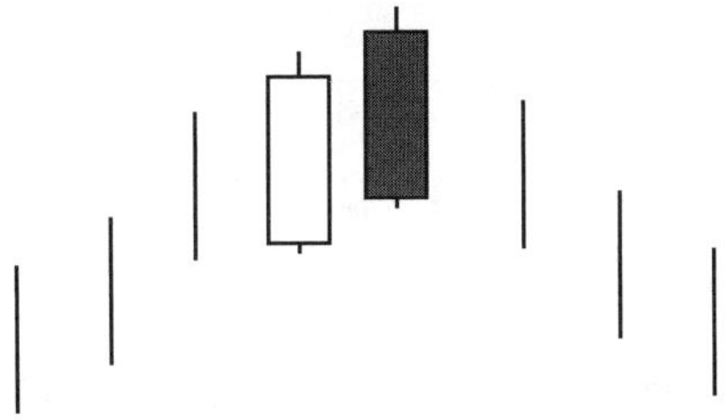

图 6-6　乌云盖顶

乌云盖顶的第一根阳线表示原来上涨趋势的延续，第二根阴线表示开盘初始时多方仍占据优势，因而开盘价与前一根阳线的收盘价之间有一定的跳空，但之后空方开始发力，不仅填补了这一跳空缺口，还在收盘时将股价拉升至前一日阳线实体 1/2 以下位置，好像要将前一日的阳线覆盖，因而乌云盖顶又被称为覆盖线。

乌云盖顶预示着股价已经触到天花板，行情或许将见顶回落。

（1）乌云盖顶比喻晴朗的天空突然乌云密布，是看跌信号，它表明股价至少是阶段性的筑顶成功，投资者遇到这种形态应在次日择高卖出以规避风险。

（2）乌云盖顶形态出现后，如果股价马上进入下降通道，往往相应的下跌力度并不大；相反，如果有一个短暂的调整期，则会在蓄势之后爆发出强劲的下跌力量。

（3）乌云盖顶形态中第二根阴线的实体部分越大，收盘价越低，则后市下跌的力度就越大。如果在收出阴线这一天，同时伴随着成交量的放大，则进一步证明后市将下跌。

（4）需要注意的是，第二根阴线的实体部分应扎入前一日阳线的实体部分一半以上，乌云盖顶形态才会有意义。

（5）无论乌云盖顶出现在高位还是低位，都是非常危险的信号，投资者应保持警觉，以抛售出局为宜。不过在低位出现乌云盖顶，极有可能是庄家设的局，所以股票卖出后，投资者还应及时跟踪该股走势，如果发现下跌停滞，有反弹迹象，则可考虑补回。

下面来看一下德力股份的案例，如图 6-7 所示。

2020 年 6 月 24 日和 6 月 29 日，德力股份的日 K 线图上出现了乌云盖顶形态。

2020 年 6 月 24 日，德力股份低开高走收出一根大阳线。因端午假期的关系，下个交易日是 6 月 29 日，该股当天跳空高开高走，但在上挡遇到空方强有力的抛盘，股价开始回落，不仅成功弥补了开始的跳空缺口，还一路向下打压，使当日收盘价低于前一交易日收盘价很多，形成了一根大阴线。这根阴线深入到前一根中阳线实体的中部以下位置，两根 K 线共同组成了乌云盖顶形态。这种形态的出现预示着股价已经到达阶段性顶部，投资者看到后应该保持警觉。

2020 年 6 月 30 日，该股跳空低开，空方优势更加明显，投资者应在盘中择高卖出所有股票，出局观望。

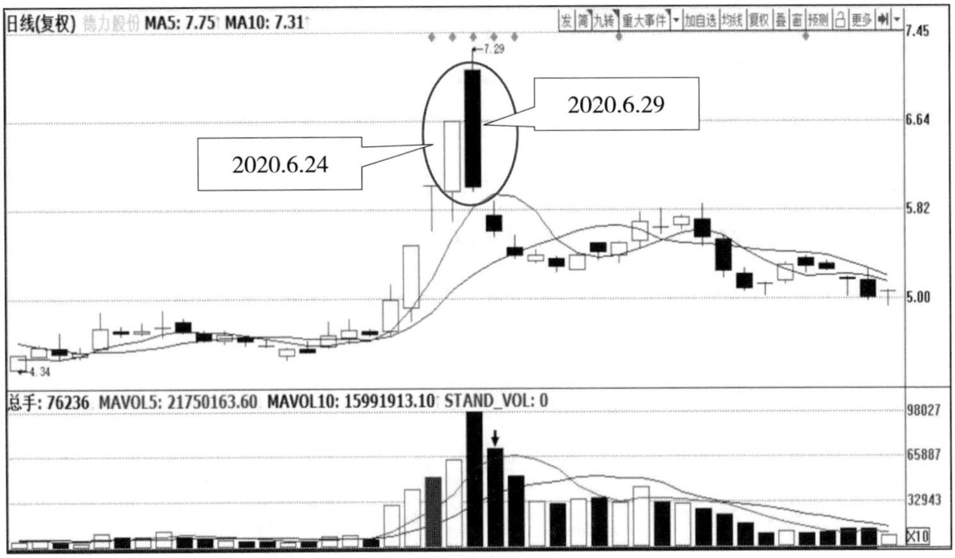

图 6-7　德力股份（002571）日 K 线走势图

三、早晨之星

早晨之星又称晨星、启明星、希望之星，一般出现在下跌行情结束时，它由三根 K 线组成，第一根为大阴线或中阴线，第二根为跳空低开的小阳线或小阴线，第三根为大阳线或中阳线，且其收盘价必须位于第一根阴线的中部以上位置，如图 6-8 所示。

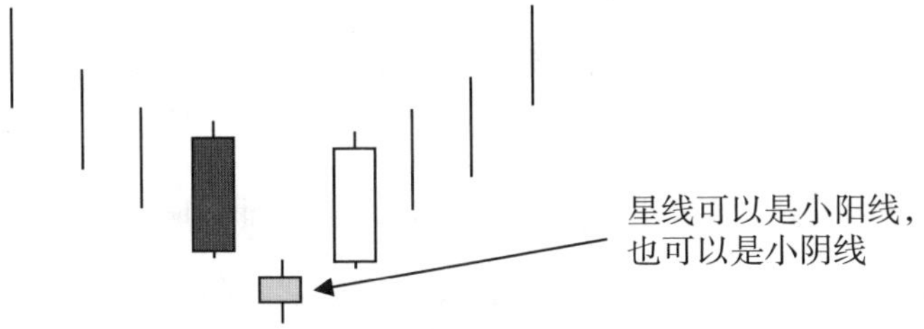

图 6-8　早晨之星

早晨之星也就是启明星，通常出现在黎明之前最黑暗的时候，可以视为黑夜与白昼的分界点。因而它在不确定的状态下却有着确定的含义，即说明股价已经到达谷底，行情将摆脱下跌的阴影，重现光明。

早晨之星可以根据中间星线的变化衍生出不同形态，如中间的星线可以是锤头线、倒锤头、螺旋桨、十字线、T 字线、倒 T 字线等。当星线是十字线时，则被称为早晨十字星，其见底回升的信号意义更为明显。如果该十字线与前后两根 K 线之间均出现缺口（十字线的最高价均低于前一根阴线和后一根阳线的最低价），就构成了弃婴（舍字线）形态，反转信号更强烈，如图 6-9 所示。

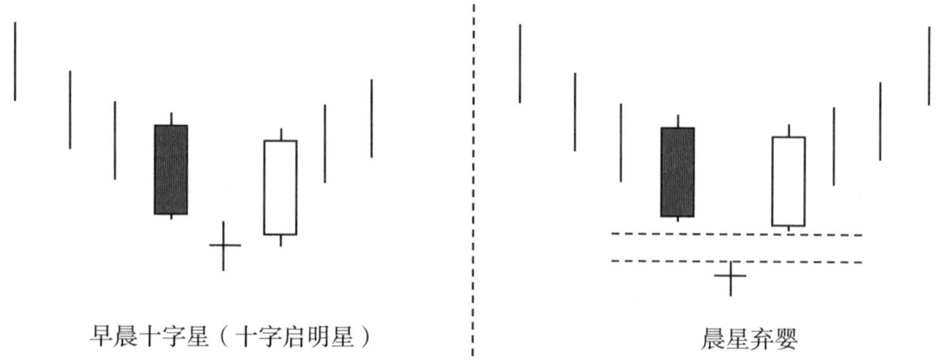

图 6-9　早晨十字星和晨星弃婴形态

早晨之星的出现表示多空双方的力量对比发生了转换，行情由空方主导转变成由多方主导，后市看涨。

（1）早晨之星是常见的见底回升信号，其信号意义较为明显，因此，投资者一看到这种形态，就应该考虑买入。

（2）投资者买入的时机可以选择在早晨之星第三根阳线形成的当日，如果当日没有买入，则可以选择次日建仓。

（3）中间的星线实体越小，其与第一根阴线之间的跳空幅度越大，那么反转的可能性就越大；第三根阳线的收盘价越高，则买入信号就越强烈。

（4）以早晨之星为标准买入股票的投资者，应该将止损位定在中间星线的最低价上。

下面来看一下泛海控股的案例，如图 6-10 所示。

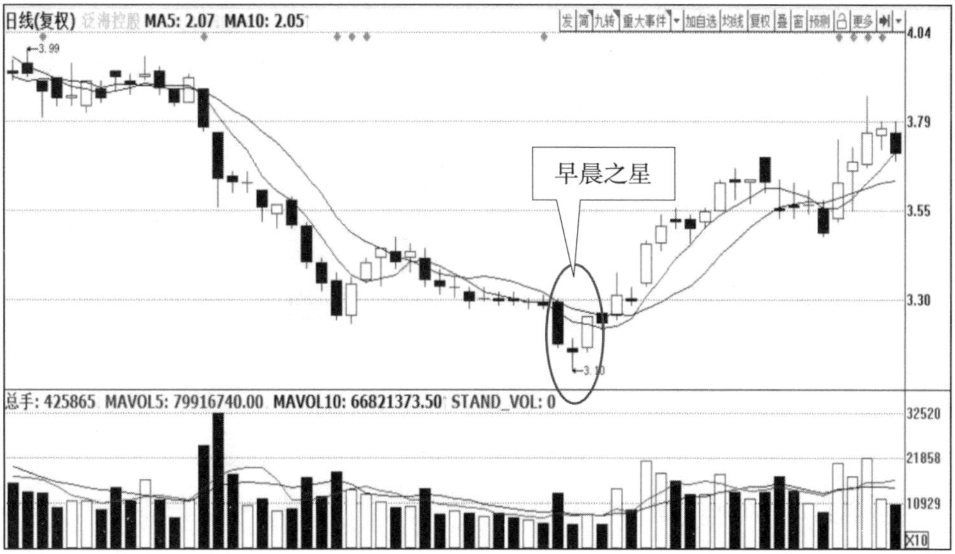

图 6-10　泛海控股（000046）日 K 线走势图

泛海控股在下跌行情末期的 2020 年 5 月 22 日、5 月 25 日和 5 月 26 日这三个连续的交易日里形成了早晨之星形态。

2020 年 5 月 22 日，泛海控股收出一根上影线较长的大阴线，表明上挡存在较大的抛压。

2020 年 5 月 25 日，该股跳空低开，并收出一根十字线，表明多空双方处于胶着状态，后市情况不明。

2020 年 5 月 26 日，该股以前一日开盘价高开，收出一根大阳线，说明市场已经进入了多头状态。

这三根 K 线共同组成了早晨之星形态，这是后市看涨的征兆。因此，投资者应在 5 月 27 日买入股票，持股待涨。

四、黄昏之星

黄昏之星又称暮星、迟暮之星，一般出现在上涨行情结束时，它由三根 K

线组成，第一根为大阳线或中阳线，第二根为跳空高开的小阳线或小阴线，第三根为大阴线或中阴线，且其收盘价必须位于第一根阴线的中部以下位置，如图6-11所示。

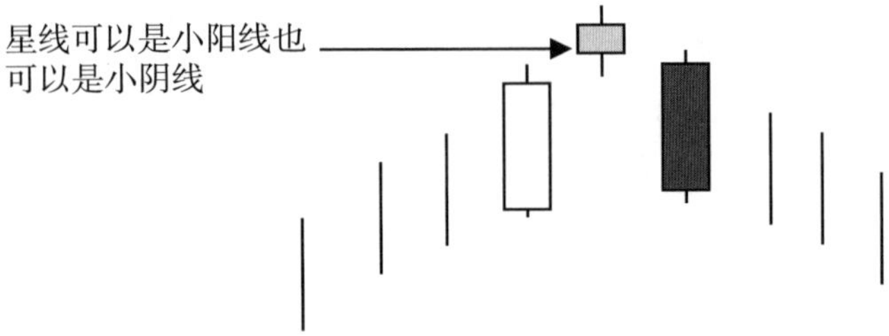

图 6-11　黄昏之星

黄昏之星形态是通过“夜幕降临、明星出现”暗喻股价已经到达顶峰，市场将进入黯淡的下跌行情。

与早晨之星类似，黄昏之星的中间星线也可以变化成锤头线、倒锤头、螺旋桨、十字线、T 字线、倒 T 字线等。当星线是十字线时，则被称为黄昏十字星，其见顶回落的信号意义更为明显。如果该十字线与前后两根 K 线之间均出现缺口（十字线的最低价高于前一根阳线和后一根阴线的最高价），就构成了弃婴（舍字线）形态，反转信号更强烈，如图 6-12 所示。

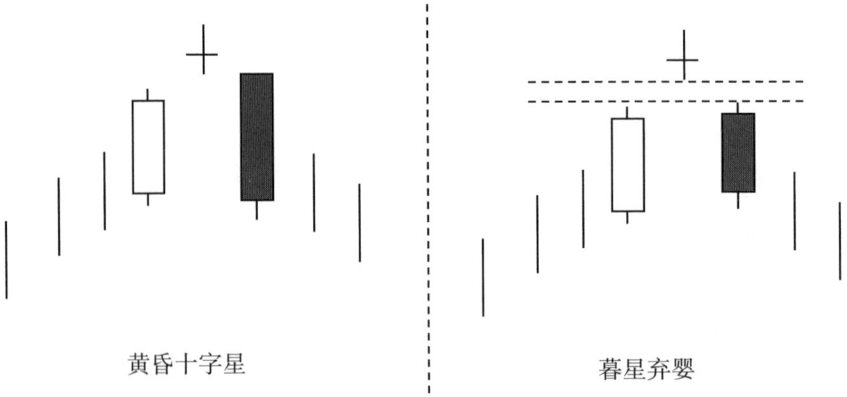

图 6-12　黄昏十字星和暮星弃婴形态

黄昏之星的出现表示多空双方的力量对比发生了转换，行情由多方主导转变成空方主导，后市看跌。

（1）黄昏之星是常见的见顶回落信号，其信号意义较为明显，因此，投资者一看到这种形态，就应该考虑将手中的股票卖出。

（2）投资者可以将卖出时机选择在黄昏之星第三根阴线形成的当日，如果当日没有卖出，则可以选择次日离场。

（3）中间的星线实体越小，其与第一根阳线之间的跳空幅度越大，那么反转的可能性就越大。第三根阴线的收盘价越低，则卖出信号就越强烈。

下面来看一下海王生物的案例，如图 6-13 所示。

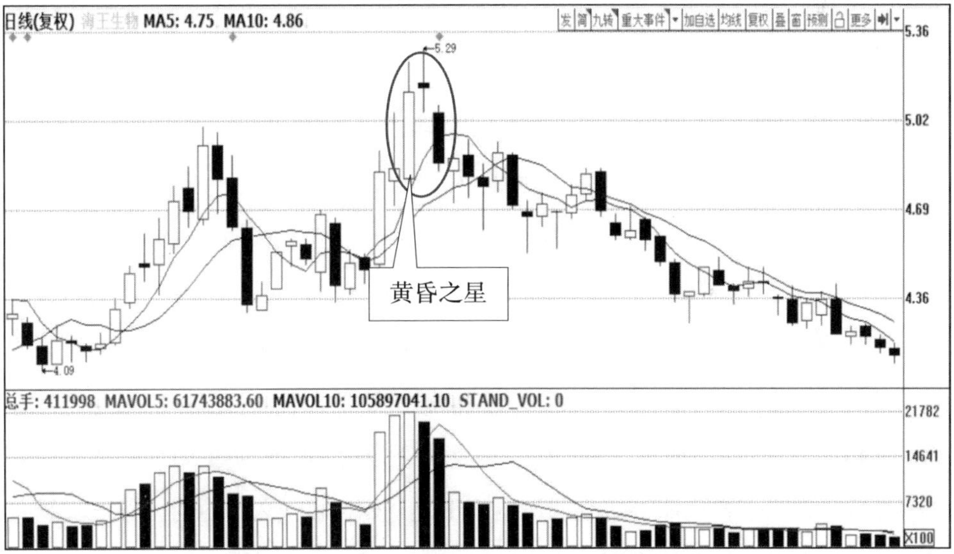

图 6-13 海王生物（000078）日 K 线走势图

海王生物在上涨行情末期的 2020 年 7 月 31 日、8 月 3 日和 8 月 4 日这三个连续的交易日里形成了黄昏之星形态。

2020 年 7 月 31 日，海王生物收出一根大阳线，表明多方占据绝对优势地位。

2020 年 8 月 3 日，该股跳空高开，并收出一根十字线，表明多空双方处于胶着状态，后市情况不明。

2020 年 8 月 4 日，该股以低于前一日开盘价低开，收出一根大阴线，说明市场已经进入了空头格局。

这三根 K 线共同组成了黄昏之星形态，这是后市看跌的征兆。因此，投资者应在 8 月 5 日这一天卖出股票。

五、红三兵

红三兵又称前进三兵，既可出现在下跌行情中，也可出现在上涨行情中。由三根股价连续创新高的小阳线组成，这三根小阳线有无上下影线均可，如图 6-14 所示。在红三兵形态中，后一根 K 线的收盘价均高于前一根 K 线的收盘价，形成稳步上升态势。

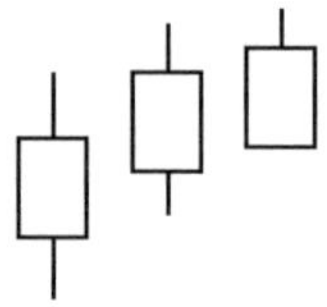

图 6-14　红三兵

红三兵形态表现的是一种上涨的态势，说明市场上做多的力量在不断增强，形成了共同的市场共识，并在一起努力推动股价不断上升。

（1）当红三兵出现在低价位区域或深度下跌之后，表明主力或多数投资者认为股价已经到了自己能够接受的价位，于是开始积极买入。这时，红三兵具有强烈的反转含义，持币的投资者应该选择买入，持股待涨。

（2）当红三兵出现在上涨途中，并且伴随着成交量的放大，则说明众多投资者在积极跟进，后市将继续上涨。看到这种形态后，投资者仍应看多并积极追涨。

（3）投资者的买入时机应该选择在股价突破红三兵形态的最高点时。在买入的同时，还应把红三兵形态的最低点设为止损位。

下面来看一下合肥百货的案例，如图 6-15 所示。

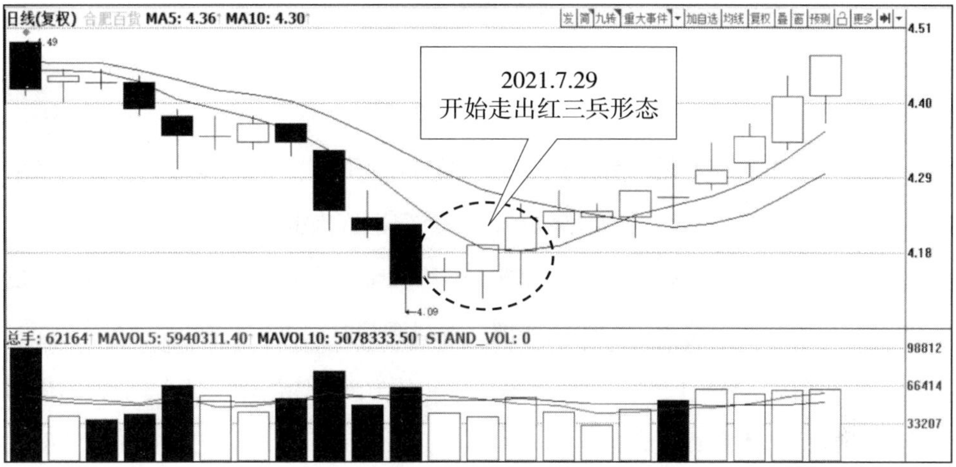

图 6-15 合肥百货（000417）日 K 线走势图

在深度下跌之后，合肥百货的股价于 2021 年 7 月 29 日、7 月 30 日和 8 月 2 日这三个连续的交易日里形成了红三兵形态。

2021 年 7 月 29 日，合肥百货收出一根小阳线。

2021 年 7 月 30 日，该股高开高走，又形成一根小阳线。

2021 年 8 月 2 日，该股高开高走，收出一根小阳线。

这三根 K 线共同组成了红三兵形态，由于该形态出现在低价位区域，且是在深度下跌之后，所以可以看作转势信号，投资者可在股价回调至红三兵最高价且不破该价位时买入。

六、黑三卒

黑三卒，既可出现在下跌行情中，也可出现在上涨行情中。由三根股价连续创新低的小阴线组成，这三根小阴线有无上下影线均可，如图 6-16 所示。在黑三卒形态中，后一根 K 线的收盘价均低于前一根 K 线的收盘价，形成稳步下降态势。

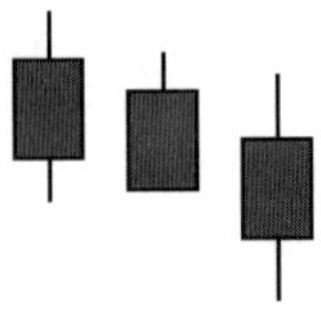

图 6-16 黑三卒

黑三卒形态表现的是一种下跌态势，但其在不同的位置所代表的含义也有所不同。投资者应根据其所处的具体位置，采取不同的策略。

（1）当黑三卒出现在高价位区域或一段大幅上升趋势后，暗示行情将有反转的可能，投资者应将手中的股票变现，出局观望。

（2）当黑三卒出现在低价位区域或大幅下跌或连续急跌之后，则表示行情将有可能探底，不多日或有止跌反弹的可能，投资者应多加关注，并在涨势确立后考虑做多。

（3）当黑三卒出现在下跌初期或途中，则是中继状态，后市依然看跌。这时仍然持股的投资者应果断卖出。

下面来看一下丽珠集团的案例，如图 6-17 所示。

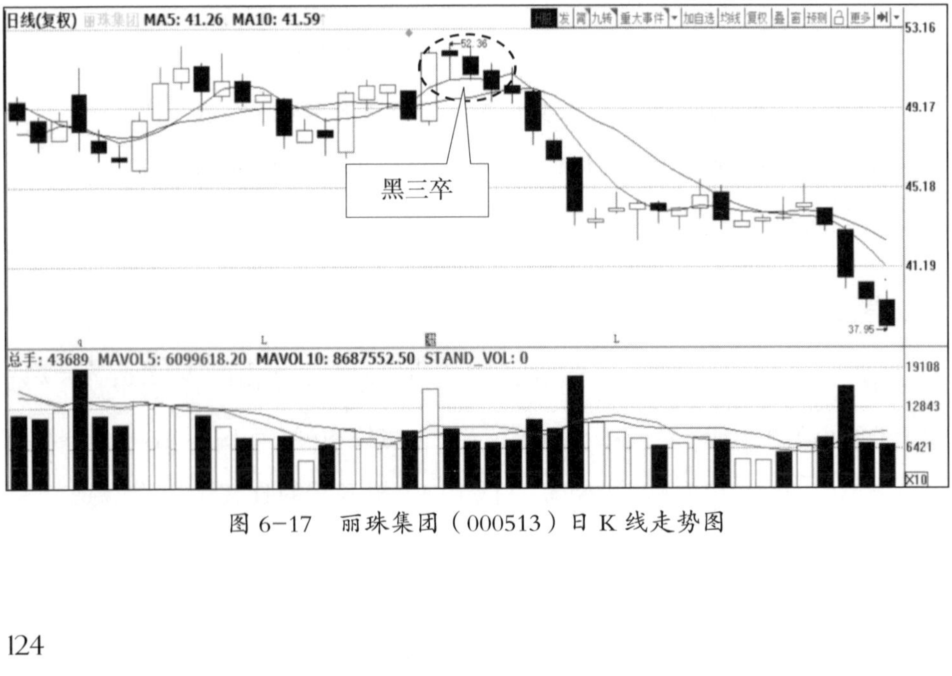

图 6-17 丽珠集团（000513）日 K 线走势图

丽珠集团的股价从 2021 年 6 月 28 日到达阶段高点后出现回落，之后逐步走低。

2021 年 6 月 28 日到 6 月 30 日，该股在顶部区域连续收出创新低的小阴线，形成黑三卒形态，表示反弹终止，股价将出现反转。投资者看到此形态，就应该在次日，也就是 7 月 1 日将手中股票卖出。

其后，该股股价一路下跌，而且在下跌途中并未出现有力的反弹，投资者若不能在黑三卒形成后迅速卖出股票，损失将会非常大。

七、多方炮

多方炮又称两阳夹一阴、两红夹一黑，根据后面的两种称呼可以知道，这种形态是由两根实体较大的阳线和一根实体较小的阴线组成，三者的中轴基本处于同一位置，阴线被左右两根阳线紧紧地夹在中间，且其实体部分被两根阳线的实体完全覆盖，如图 6-18 所示。

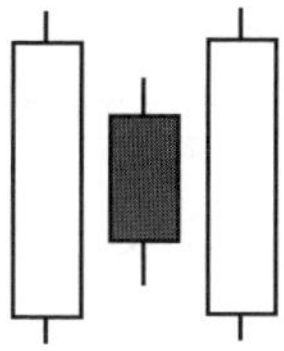

图 6-18　多方炮

多方炮形态中，中间阴线的开盘价一般低于其前后两根 K 线的收盘价，收盘价通常高于其前后两根 K 线的开盘价。该形态既可以出现在上涨行情中，也可以出现在下跌行情中。

多方炮形态并不一定是说多方发动攻击后，空方就节节败退；空方也有可能压制住多方的进攻，从而反败为胜。因而，多方炮只有在关键位置才有开炮取胜的可能性，投资者需要根据其出现的具体位置进行操作。

（1）多方炮常出现在庄家洗盘过程中。如果收出阴线的同时成交量萎缩，而后一日的成交量又温和放量，则说明洗盘效果明显，后市看涨信号更为强烈。为了避免被清洗出局，投资者应该保持警惕，不要轻易卖出股票。

（2）在下跌行情中，尤其是大幅下跌之后出现多方炮形态，表示多方开始向空方开炮，走势应在多空双方的激战后发生变化，股价会止跌反弹或见底回升。投资者可以适量买入股票，持股待涨。

（3）在上涨初期或上涨途中出现多方炮形态，是中继信号，表明股价经过短暂休整后，仍有继续上升的空间，投资者可以适度追涨。

（4）在高价位区域或股价已经大幅上涨之后出现多方炮形态，投资者应注意风险，因为股价之后或将进入盘整或下跌行情，这时的多方炮有可能成为多头陷阱。如果反转趋势确立，投资者应该选择合适的时间卖出股票，持币观望。

（5）以多方炮为标准买入股票的投资者，应该把止损位定在该形态三根 K 线的最低价上，一旦之后几日股价跌破该位置，表示多方炮变成了哑炮，投资者应止损出场。

（6）特殊的三阳夹二阴形态被称为叠叠多方炮，是两个存在交集的多方炮的组合，如图 6–19 所示。这种形态更具有“庄家陷阱”的意味，因此投资者更应该万分小心，以免被骗。该形态出现后，投资者可以采取与多方炮类似的操作策略去买卖股票。

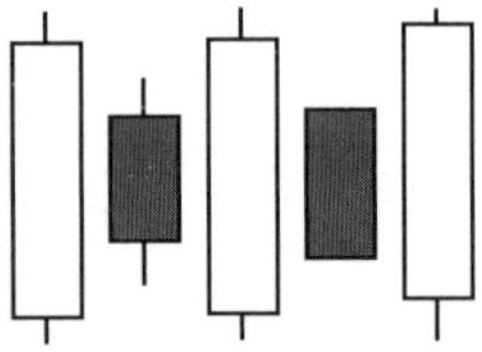

图 6–19　叠叠多方炮

下面来看一下中兵红箭的案例，如图 6–20 所示。

2021 年 4 月 20 日到 4 月 22 日，中兵红箭的 K 线图上出现了多方炮形态，预示着股价未来将有一波上涨行情。

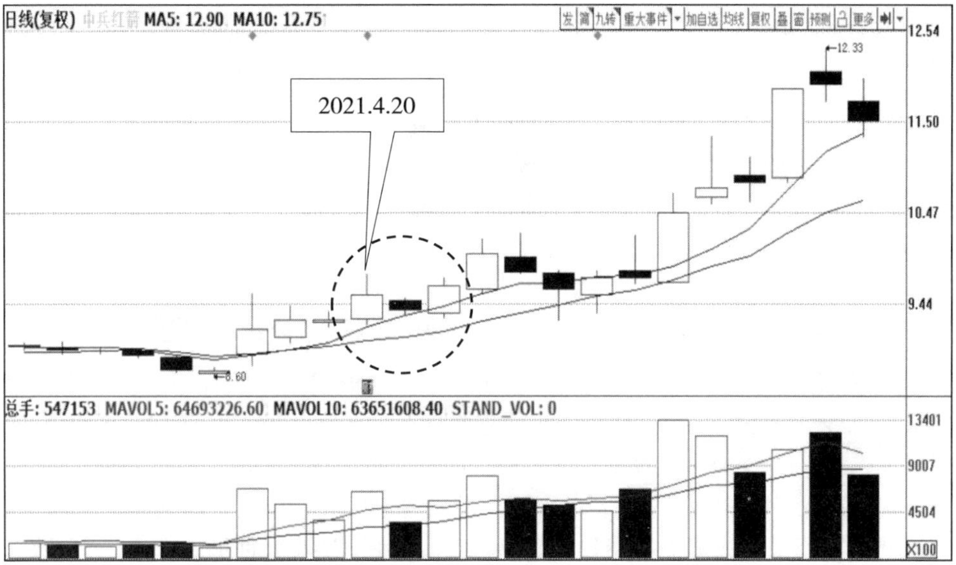

图 6-20 中兵红箭（000519）日 K 线走势图

中兵红箭在经历了一段盘整行情后，走出了多方炮形态，这一阶段也是之前股价刚刚突破的压力位置，庄家在这一区域设计了该形态可谓寓意明显，就是为了洗盘然后拉升。但是持股的投资者只要多加警惕还是能避免落入庄家圈套。此外，激进的投资者还可以选择在次日买入股票，短线做多。

2021 年 4 月 20 日，多方炮形态出现在中兵红箭股价启动初期，看到这一形态后，投资者应该果断买入，持股待涨。

需要说明的是，在出现多方炮的时候，阳线都有成交量放大支撑，而阴线则对应成交量萎缩，这种价量配合使得形态的看涨信号更为明显。

八、空方炮

空方炮又称两阴夹一阳、两黑夹一红，根据后面的两种称呼可以知道，这种形态是由两根实体较大的阴线和一根实体较小的阳线组成，三者的中轴基本处于同一位置，阳线被左右两根阴线紧紧地夹在中间，且其实体部分几乎被两根阴线的实体完全覆盖，如图 6-21 所示。

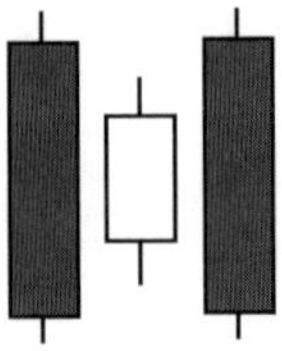

图 6-21　空方炮

空方炮形态中，中间阳线的开盘价一般高于其前后两根 K 线的收盘价，收盘价通常低于其前后两根 K 线的开盘价。该形态既可以出现在下跌行情中，也可以出现在上涨行情中。

空方炮形态并不表示空方占据优势，一直压制着多方，也不表示股价必然连连下跌。它的出现还需要根据具体的位置进行研判，毕竟任何形态都不代表必然，空方炮也有哑火的时候。

（1）空方炮常出现在庄家出货的过程中，因此，当这种形态出现时，只要不是在低价位区域或大幅度下跌之后，就有强烈的看跌意义，投资者应降低仓位或清空仓位，以免被套牢。

（2）在上涨行情中，尤其是大幅上涨之后出现空方炮形态，表示空方开始向多方开炮，走势应在多空双方的激战后发生变化，股价会停止上升的脚步或见顶回落。这时投资者应将手中的股票迅速卖出，坚决做空。

（3）在下跌初期或下跌途中出现空方炮形态，是中继信号，股价经过短暂休整后可能会继续下跌，这时持币的投资者最好不要介入，而持股的投资者应该果断杀跌。

（4）在低价位区域或股价已经大幅下跌之后出现空方炮形态，投资者不宜再割肉止损，因为这种空方炮有可能是庄家为了吸筹而设的空头陷阱，股价之后或将进入盘整或上涨行情。当反转信号出现，投资者可以买入股票，弥补之前的损失。

（5）当空方炮的三根 K 线呈现下跌趋势时，看跌信号更明显。阴线的开盘价越低，阳线的实体越小，空方炮看跌的可靠性越高。与多方炮不同的是，成交量对于空方炮的信号强度影响并不大。

（6）特殊的三阴夹二阳形态被称为叠叠空方炮，是两个存在交集的空方炮的组合，如图 6–22 所示。这种形态更具有“庄家陷阱”的意味，因此投资者更应该万分小心，以免被骗。该形态出现后，投资者可以采取与空方炮类似的操作策略去买卖股票。

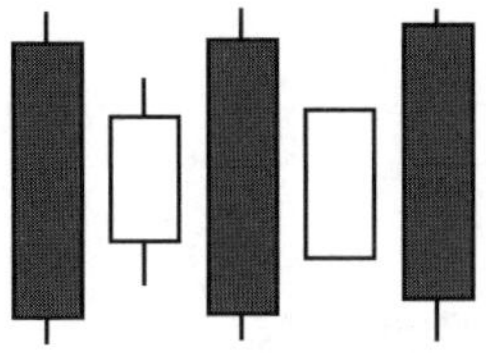

图 6–22　叠叠空方炮

下面来看一下三木集团的案例，如图 6–23 所示。

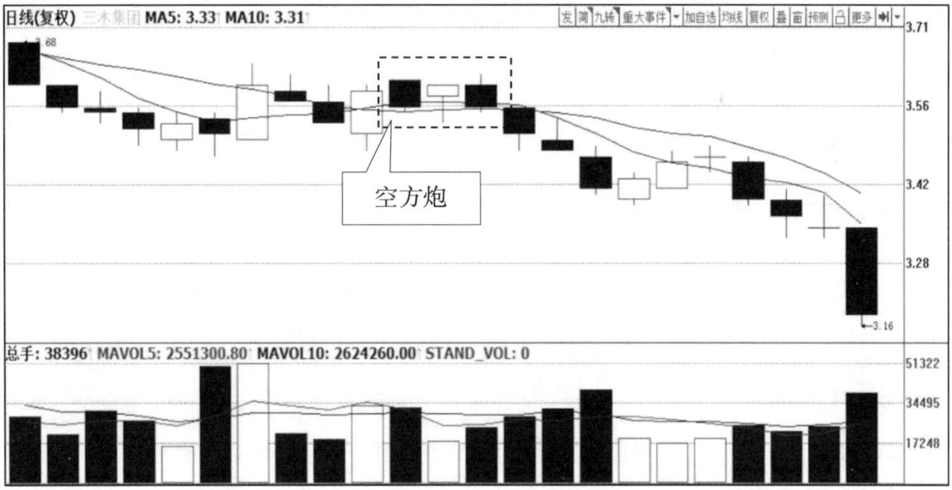

图 6–23　三木集团（000632）日 K 线走势图

三木集团的股价经过一波下跌后，在 2021 年 6 月底到 7 月初开始了一波横向盘整行情。

2021 年 7 月 12 日，三木集团高开低走，收出一根中阴线。

2021 年 7 月 13 日，该股在前日收盘价下方开盘，最终收出一根小阳线。

2021 年 7 月 14 日，该股以前日收盘价开盘，然后一路向下，收出一根只带很小下影线的中阴线。

这三个交易日所形成的“两阴夹一阳”形态便是空方炮。因此，空仓的投资者应以持币观望为宜；持股的投资者可在第三根阴线形成的当日止损，也可在次日逢高卖出。

第三节 K 线底部与顶部整理形态

K 线组合形态与普通的 K 线组合不同，是由多根 K 线连在一起，从整体上看构成的各种形态。K 线组合形态由十几根、几十根，甚至上百根 K 线组成，其发出的买入信号或卖出信号也要强于普通的 K 线组合。

一、W 底及买点

W 底又称双重底，出现在一段下跌行情的末尾，该形态有两个明显的价格低谷，且两个低谷的最低点大致处于同一价位上，形状就像一个英文字母 W，如图 6-24 所示。

W 底的形成经历了这样的过程：股价下跌到一定的价位水平后，由于股价太低，持股的投资者不愿割肉，而一些持币的投资者受到低价吸引尝试买入，因而股价出现技术性反弹，形成了第一个低谷。但涨到一定幅度之后，短期获利的投资者及时获利回吐，前期不愿割肉的投资者也趁机卖出，之后股价再次下跌，因而反弹并没有持续多长时间。再次下跌的股价回落到上次低点附近时获得支撑，重新开始上涨，吸引了越来越多的投资者跟进买入，股价冲破了前一次反弹的高点，形成了第二个低谷。

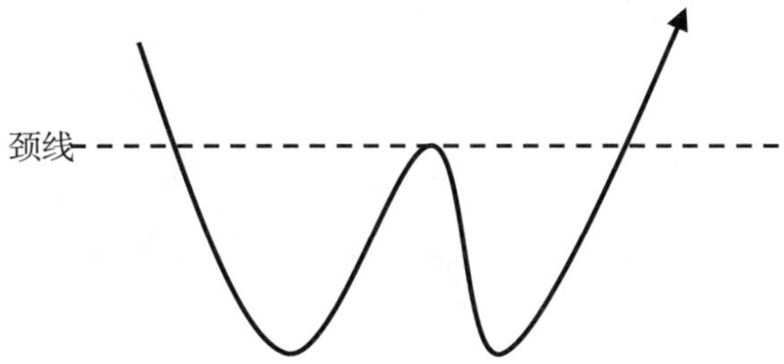

图 6-24　W 底形态

通过第一个反弹高点，画一条水平直线，就得到了 W 底的颈线。股价突破该颈线才能视为 W 底形态正式构筑完成。

W 底是一种转势形态，该形态的出现预示着跌势将告一段落，行情将走入上升通道。

（1）W 底形态是较为可靠的看涨信号，投资者看到此形态后应考虑买入股票。

（2）W 底形态尚未形成，一些经验丰富的投资者便从中找到了买入良机。当股价第二次探底，且所探得的低点高于前一个低谷的低点时，称为二次探底不破底价。激进的投资者可以把握时机，适量买入，并把前一个低谷的低点设为止损点。

（3）W 底第一个明确的买入时机出现在股价突破颈线位置时，这表明 W 底基本形成，投资者可积极买入，同时将止损位设在颈线位置。

（4）股价在突破颈线的同时，应该伴随着成交量的放大；如果成交量太小，则突破的效果会大打折扣，后市极有可能出现横盘震荡的走势。

（5）股价在突破颈线后，颈线从阻力位变成了支撑位。之后股价可能会对颈线有一个回抽动作以测试突破的有效性，如图 6-25 所示。如果股价在此位置获得支撑，则 W 底形态得到确认，这也是较为明确的买入信号，投资者可大胆买入；如果支撑失败，则 W 底形态失效，投资者应选择出局观望。需要说明的是，并不是所有的股票在出现 W 底后都会有回抽动作。

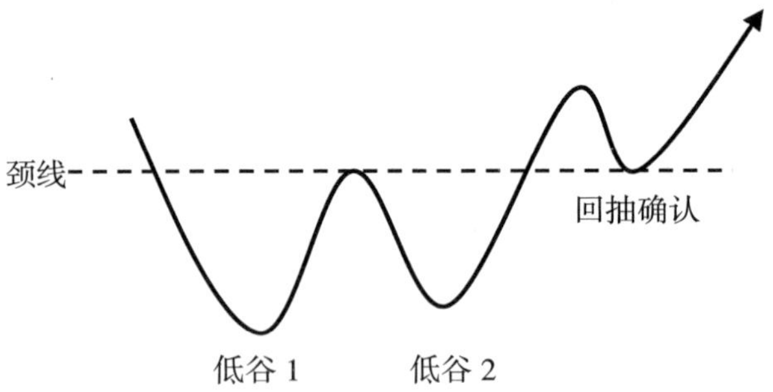

图 6-25　W 底的扩展形态

（6）W 底两个低点的相隔周期越长，说明在底部的换手越充分，后市上涨的可能性越大。

（7）在 W 底形成的过程中，如果第二个低谷的成交量小于第一个低谷的成交量，第二个低点高于第一个低点，则看涨信号更为强烈。

（8）W 底的最低点与颈线之间的垂直距离越大，通常表示未来股价上涨的幅度越大。

下面来看一下合金投资的案例，如图 6-26 所示。

2021 年 6 月到 7 月上旬，合金投资的日 K 线图上出现了 W 底形态。

2021 年 6 月 17 日，处于下跌行情中的合金投资收出一根下影线很长的阴十字线，并创出近期最低价 6.04 元，然后股价开始回升，从而形成了第一个低谷。这一回升持续的时间并不长。2021 年 6 月 23 日，该股上升遇到阻力，重新开始下跌。

2021 年 7 月 1 日，该股收出一根带下影线的中阴线，其后再次开始回升，从而形成了第二个低谷。这个低谷的低点要高于前一个低谷的低点，即二次探底不破底价。激进的投资者可以在反弹过程中抓住时机买进股票。

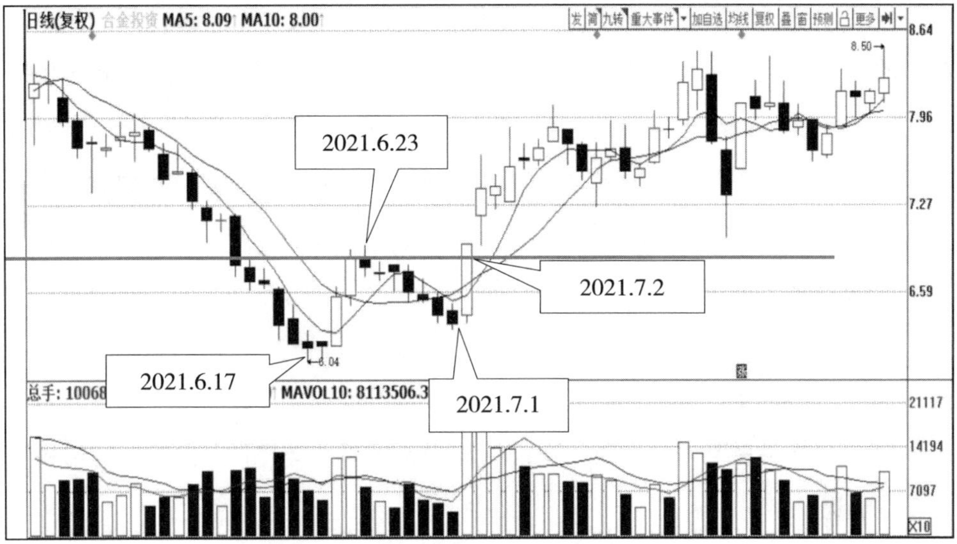

图 6-26　合金投资（000633）日 K 线走势图

2021 年 7 月 2 日，该股股价放量上攻，并突破了颈线位置，W 底构筑完成。这是一个明确的买入信号，稳健的投资者可以在当天放心买入。其后，该股出现了回调，但在颈线位置遇到支撑而再度上涨，此时，投资者可追加买入。

二、M 顶及卖点

M 顶又称双重顶，出现在一段上涨行情的末尾，该形态有两个明显的价格高峰，且两个高峰的最高点大致处于同一价位，形状就像一个英文字母 M，如图 6-27 所示。

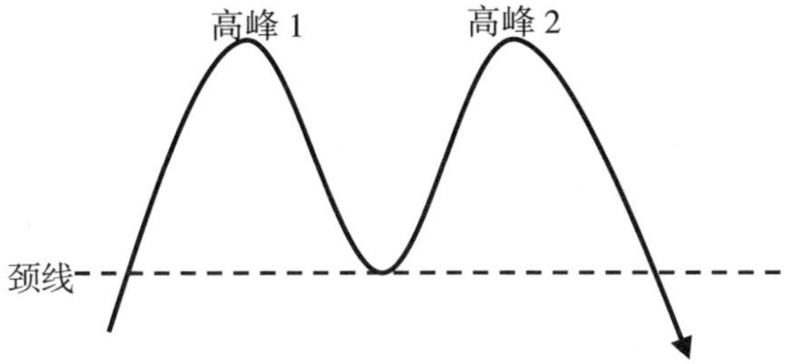

图 6-27　M 顶形态

M 顶的形成经历了这样的过程：股价上涨到一定的价位后，由于股价太高，持股的投资者纷纷获利落袋，而很多持币的投资者也望而却步，因而股价出现技术性回调，形成了第一个高峰。但下跌并没有持续多长时间，短线投资者在股价跌到一定程度时开始买入，使得股价反弹，股价再次回升到前期顶点附近。这时短线投资者获利回吐，股价重新开始下跌，这次下跌引发大量抛盘，股价跌破了前一次回落的低点，形成了第二个高峰。

通过第一个回落的低点，画一条水平直线，就得到了 M 顶的颈线。股价跌破该颈线才能视为 M 顶形态正式构筑完成。

M 顶是一种转势形态，这一形态的出现预示着涨势将告一段落，行情将走入下跌通道。

（1）M 顶形态是较为可靠的看跌信号，投资者看到此形态后应考虑卖出股票。

（2）M 顶形态尚未形成，一些经验老到的投资者便会提前嗅出危险，并将手中的股票沽出。因此，如果出现第一个高峰之后，股价出现较大幅度的下跌，其后股价再度上升到前期顶点附近，但又无法突破前期顶点，同时成交量较前期有明显减少，则有形成 M 顶的可能。这时投资者应先卖出部分股票，轻仓观望。

（3）M 顶第一个明确的卖出信号出现在股价突破颈线位置时，这表明 M 顶基本形成，投资者应把握时机，尽快卖出股票。

（4）股价在跌破颈线后，颈线从支撑位变成了阻力位。之后股价可能会对颈线有一个回抽动作以测试跌破的有效性，如图 6-28 所示。如果股价在此位置受阻回落，则 M 顶形态得到确认，这是明确的卖出信号，仍持有股票的投资者应果断清仓。需要说明的是，并不是所有的股票在出现 M 顶后都会有回抽动作。

（5）M 顶两个顶点的相隔周期越长，在顶部的成交量越大，后市下跌的可能性就越大。

（6）在 M 顶形成的过程中，如果第二个高峰的成交量小于第一个高峰的成交量，第二个顶点低于第一个顶点，则看跌信号更为强烈。

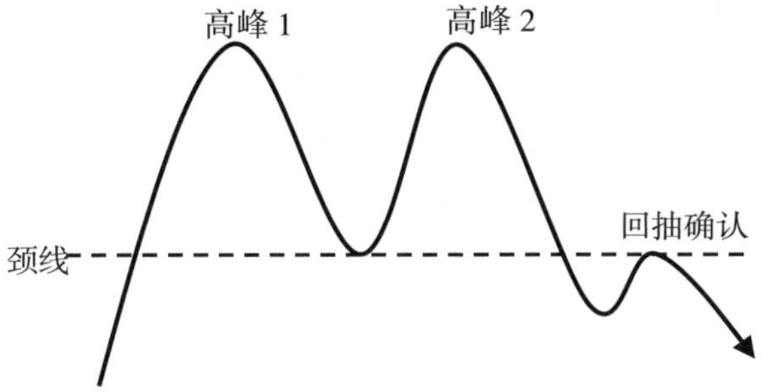

图 6–28　M 顶的扩展形态

（7）M 顶的最高点与颈线之间的垂直距离越大，通常表示未来股价下跌的幅度越大。

下面来看一下京东方 A 的案例，如图 6–29 所示。

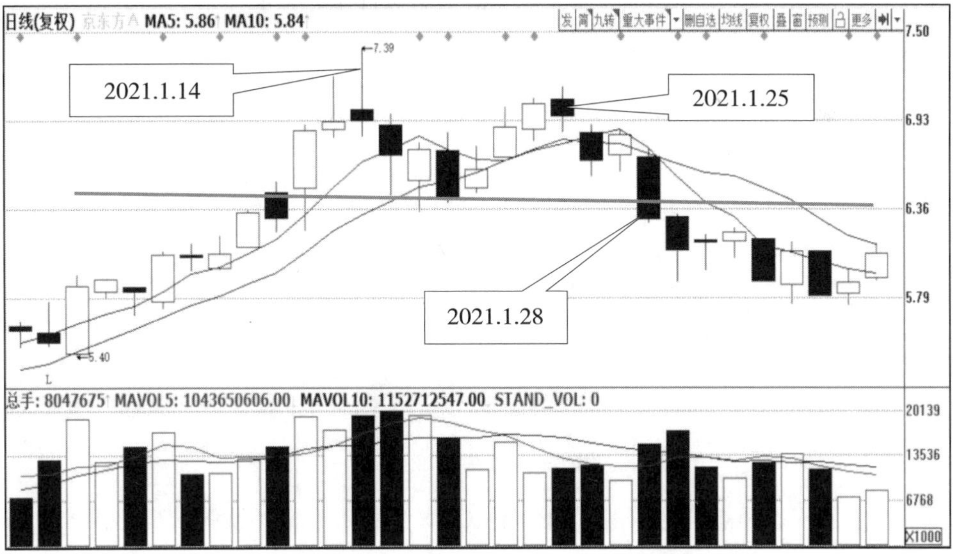

图 6–29　京东方 A（000725）日 K 线走势图

2021 年 1 月，京东方 A 的日 K 线图上出现了 M 顶形态。

2020 年 12 月，京东方 A 开启了新一轮上涨行情。经过一番持续快速上涨，该股于 2021 年 1 月 14 日收出一根上影线很长的中阴线。股价也在创出近期新高后开始回落，从而形成了 M 顶的第一个高峰。

此后，京东方 A 的股价在下跌过程中获得支撑而反弹。但这次反弹持续时间较短，1 月 25 日，该股股价未能突破前期高点后重新开始下跌，在 K 线图上留下一根上影线很长的小阴线，形成了第二个高峰，与此同时，成交量同步放大，这说明股价有下跌的风险。

2021 年 1 月 28 日，该股股价大幅跳空低开，并以跌停价报收，此时说明 M 顶形态正式确立，投资者宜迅速撤出该股。

三、头肩底及买点

头肩底出现在下跌行情中，由三个低谷组成，左右两个低谷相对较浅，基本处在同一水平位置上，中间一个低谷的低点明显低于左右两个低谷的低点，其形态就像一个倒立的人的头部和两肩，如图 6-30 所示。

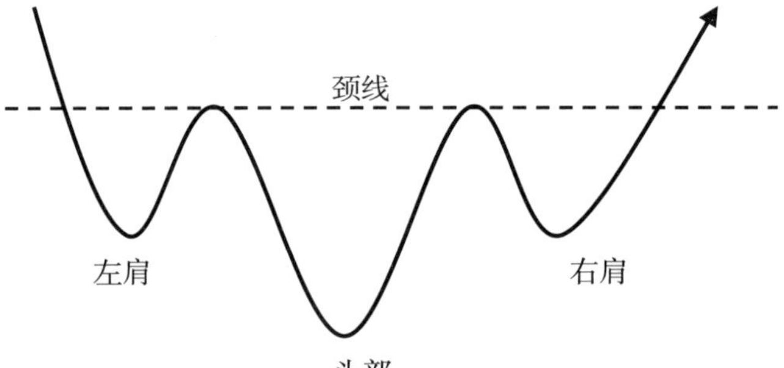

图 6-30　头肩底形态

头肩底形态是这样形成的：股价下跌到一定深度后开始反弹，当达到一定高度后出现回调，形成了“左肩”；接着再度下跌创出新低后回升，构筑了“头部”；之后又上涨到前一次反弹的高度附近再次回调，这次回调的低点高于头部的低点，形成了“右肩”。在两次反弹过程中，股价基本在同一价位受阻回落，这个价位上的直线就是颈线。

头肩底形态是一种较为强烈的反转形态，表示空方力量被不断消耗，多方重新焕发生机。

（1）头肩底形态是较为可靠的牛市信号，此形态出现之后常常会出现一波较为可观的上涨行情。因此，投资者看到头肩底形态后，应果断买入股票，持股待涨。

（2）当股价冲破了阻力线（颈线）位置，表示头肩底形态构筑完成，这是头肩底形态的第一个买入信号。此时，投资者可以果断买入。在突破颈线时，必须要有成交量激增的配合，否则这可能是一个错误的突破。但是如果在突破后成交量逐渐增加，形态也可确认。

（3）股价突破头肩底的阻力线（颈线）后，往往会在不久之后回抽到颈线附近，如图 6-31 所示。如果股价止跌回升，则向上突破的有效性便得到了确认，这时是第二个买入信号。但是这样的回抽有时不会出现，因此，投资者切不可把它作为自己唯一的买入点，以免踏空行情。

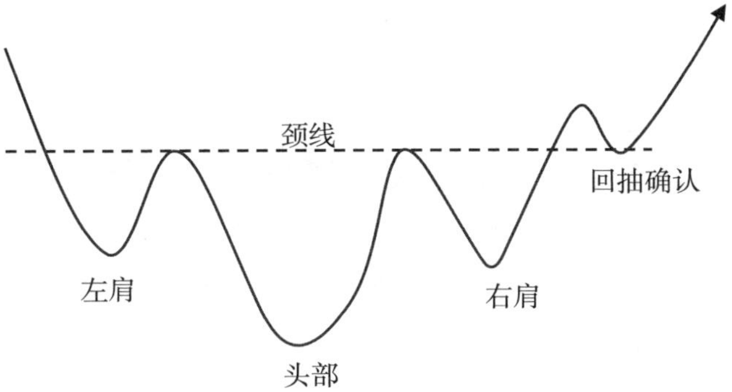

图 6-31　头肩底的扩展形态

（4）股价完成向上突破后，原来的阻力位就变成了支撑位。所以，参照头肩底形态买入股票的投资者，应该将止损位设在头肩底的颈线位置上。

（5）成交量是表示头肩底形态信号强弱的一个重要指标。如果在形成左肩和头部的过程中成交量极度萎缩，在冲破颈线形成右肩的过程中成交量却显著放大，说明看涨信号的可靠性更高。

（6）一般来说，头肩底形态较为平坦，需要较长的时间来完成。而形成头肩底所用的时间越长，后市上涨的空间就可能越大。

（7）头肩底形态可能演变成多个头部或多个肩部形态，但是其基本的技术含义并没有改变，并不影响作为头肩底形态来进行研判。

下面来看一下璞泰来的案例，如图 6–32 所示。

图 6–32　璞泰来（603659）日 K 线走势图

2021 年 2 月到 3 月，璞泰来的股价走势图上出现了头肩底形态。

2021 年 1 月中旬，璞泰来进入下跌行情。进入 2021 年 2 月中旬，该股连续形成三个波谷，其中 2021 年 3 月 15 日，该股收出小阴线后，反弹向上构成头部，两边的低谷就构成了左右两肩。

2021 年 3 月 29 日，该股放量突破了头肩底的颈线，至此，头肩底形态正式构筑完成，这是一个明确的买入点，投资者可果断买入。

四、头肩顶及卖点

头肩顶出现在上涨行情中，由三个高峰组成，左右两个高峰相对较低，基本处在同一水平位置上，中间一个高峰的高点明显高于左右两个高峰的高点，其形态就像一个人的头部和两肩，如图 6-33 所示。

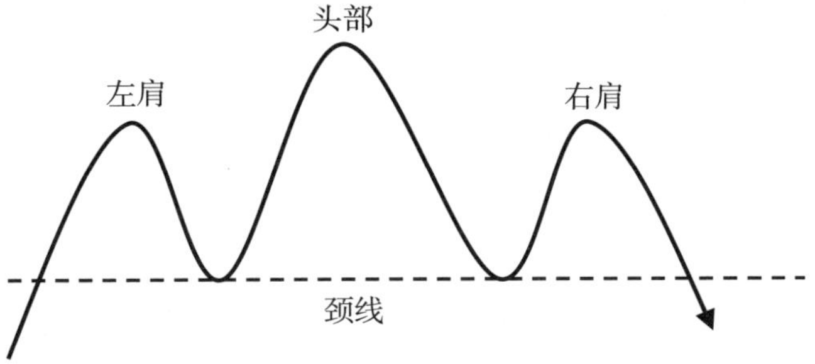

图 6-33　头肩顶形态

头肩顶形态是这样形成的：股价上涨到一定高度后开始回落，当下降到一定程度后又出现回调，形成了“左肩”；接着再度上冲创出新高后回落，构筑了“头部”；之后又下跌到前一次回调的位置附近再次向上，这次回升的高点低于头部的高点，形成了“右肩”。在两次回调的过程中，股价基本在同一价位受到支撑，这个价位上的直线就是颈线。

头肩顶形态是一种较为强烈的反转形态，表示多方力量被不断消耗，空方逐渐占据主动。

（1）头肩顶形态是较为可靠的熊市信号，此形态出现后常常会有一波较为显著的下跌行情，因此，投资者看到头肩顶形态后，应果断卖出股票，持币观望。

（2）如果第二个高点的成交量较第一个高点大幅缩减，就暗示了头肩顶出现的可能性，“先知先觉”的投资者可以在右肩形成的过程中卖出股票。

（3）当股价跌破了支撑线（颈线）位置，表示头肩顶形态构筑完成，这是头肩顶形态的第一个较为明确的卖出信号。如果颈线向下倾斜，表示后市下跌的可能性更大，投资者更应该选择离场。

（4）股价跌破头肩顶的支撑线（颈线）后，往往会在不久之后回抽到颈线附近，如图 6–34 所示。如果股价上探回落，则向下突破的有效性便得到了确认，这是第二个明确的卖出信号。但是这样的回抽有时不会出现，因此，投资者切不可把它作为自己唯一的卖出点，以免被深度套牢。

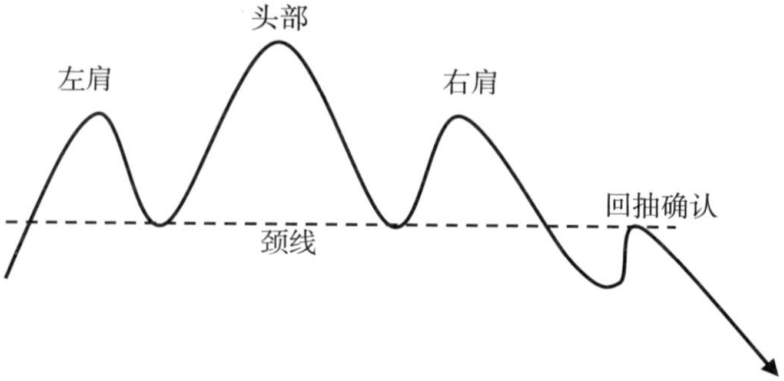

图 6–34　头肩顶的扩展形态

（5）股价完成向下突破后，原来的支撑位就变成了阻力位。当股价上升到这一位置时，投资者应加倍小心。

（6）成交量是表示头肩顶形态信号强弱的一个重要指标。如果在形成左肩和头部的过程中成交量显著放大，在冲破颈线形成右肩的过程中成交量却出现萎缩，说明看跌信号的可靠性更高。

（7）一般来说，头肩顶形态较为平坦，需要较长的时间来完成。而形成头肩顶所用的时间越长，后市下跌的空间就可能越大。

下面来看一下三祥新材的案例，如图 6–35 所示。

2020 年 7 月到 9 月，三祥新材的股价走势图上出现了头肩顶形态。

2020 年 7 月，三祥新材随着大盘牛市行情而一路上涨。

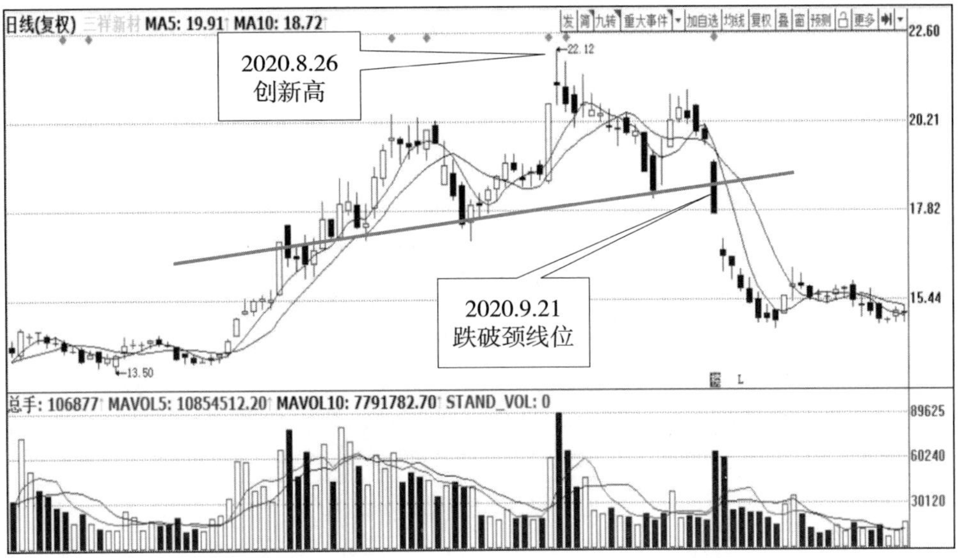

图 6-35　三祥新材（603663）日 K 线走势图

2020 年 8 月初，该股股价到达相对高点后回落，从而形成了头肩顶的左肩。

经过短暂回调后，该股再次上冲并于 8 月 26 日创出 22.12 元的新高，之后股价又一次回落，从而形成了头肩顶形态的头部。

2020 年 9 月中旬，该股在下跌过程中出现反弹走势，不过反弹仍然乏力，仅仅 4 个交易日就偃旗息鼓了。这时，拥有丰富经验的投资者已经能够研判出股价走势将可能出现头肩顶形态，因此在右肩形成的过程中就选择逃顶。

2020 年 9 月 21 日，该股股价跌破支撑线（颈线），至此，头肩顶形态构筑完成，第一个明确的卖点出现，投资者应该将所持的股票果断出手。

五、上升三角形及买点

上升三角形通常出现在上涨途中或下跌末期，该形态具有这样的特征：股价在反复震荡过程中，每次上涨的高点基本处于同一水平位置，而每次回落的低点却不断上移。随着形态发展，股价波动的幅度越来越小，即高点和低点逐渐靠拢。

如果将这些高点和低点分别用直线连接，就形成了一个向上倾斜的三角形，如图 6-36 所示。

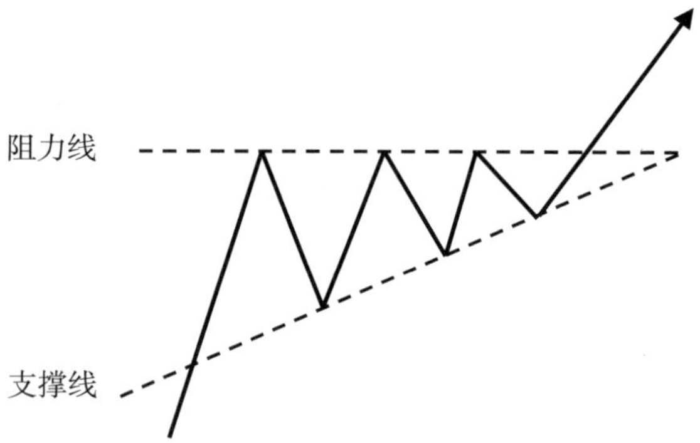

图 6-36　上升三角形

上升三角形的形成一般经历了这样的过程：股价每次上升到某一价位后，便会因上方抛压沉重而出现回落，从而在上方形成了一根阻力线。但由于市场看好该股，所以股价每次都会在低点反弹，且这些低点的位置越来越高，这一态势瓦解了空方的斗志。最终，股价在多方的强力推动下实现了对阻力线的突破，上升三角形形态正式形成。

上升三角形是一种常见的整理形态，该形态的出现说明买方力量在不断加强，而卖方力量在逐渐衰弱，预示着市场有可能进入多头行情。

（1）上升三角形在上涨行情中出现，通常表现为中继信号；而在下跌行情中出现，则具有一定的转势意味。因此，一旦股价放量突破上升三角形的上边线，投资者就应该果断买入。

（2）上升三角形的上边线一开始是阻力线，被突破后就变成了对股价的支撑线。因此，参照形态买入股票的投资者，应该将止损位定在上升三角形上边线上。

（3）有时候，股价向上突破上升三角形后会有一次回抽，以确认突破是否有效，如图 6-37 所示。如果股价在三角形的上边线止跌回升就证明突破有效，投资者可在股价回升时迅速介入；如果股价又重新回到三角形之内，则表示形态失败，投资者应及时止损。不过，这种回抽动作有时并不会出现。

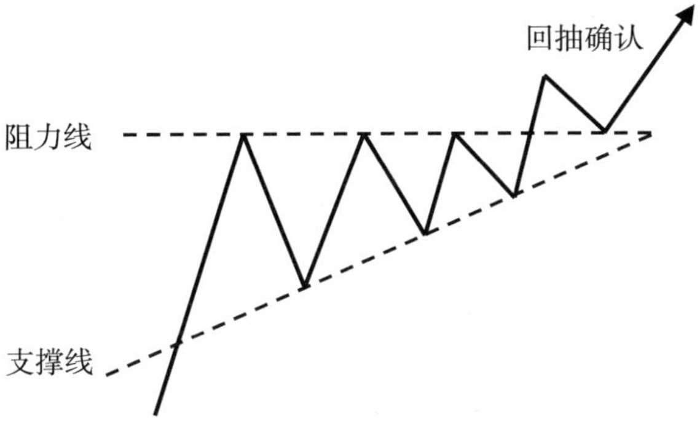

图 6-37　上升三角形的扩展形态

(4) 通常在上升三角形形成的过程中，成交量会不断萎缩；但在向上突破时，成交量会明显放大。如果在突破时没有成交量的配合，那么看涨信号的可靠性将减弱，投资者最好仍保持观望。

(5) 上升三角形形态常被庄家用来故意打压股价，目的是在震荡走势中更多地吸收浮筹。

(6) 一般情况下，上升三角形高点与低点之间的最大垂直距离越大，后市上涨的空间相应地也会越大。

(7) 上升三角形完成时间不应过长，也不应在股价达到三角形上边线时才发生突破，否则，股价突破后上升空间会十分有限，甚至可能演化成横盘整理走势。

(8) 上升三角形在绝大多数情况下是向上突破的，但少数情况下也可能会跌破支撑位。一旦向下形成破位，持币的投资者不宜介入，而持股的投资者可暂时离场。

(9) 当在高价位区域出现上升三角形，股价却迟迟不能突破上边线，走势极有可能演变成 M 顶或三重顶等类型的顶部三角形形态，这时投资者应实施减仓操作以回避风险。

下面来看一下诺德股份的案例，如图 6-38 所示。

图 6-38　诺德股份（600110）日 K 线走势图

2020 年 10 月到 12 月，诺德股份的日 K 线图上出现了上升三角形形态。

2020 年 11 月初，处于上涨途中的诺德股份进入了横盘整理行情。在此阶段，股价上涨到某一位置附近时会遇到强大的阻力，因而上方形成了一条水平的阻力线；而股价回落所接触的低点却呈现逐渐升高的趋势，将它们连起来近似一条向上的斜线。从形态上看，股价具有形成上升三角形的潜质。

2020 年 12 月 21 日，该股跳空高开后放量拉升，当股价突破三角形上边线时，投资者应该果断买入。次日，该股在前一日大阳线的基础上跳空高开，盘中虽偶有回调，但很快重归上涨通道，此时投资者可以加仓买入。

六、下降三角形及卖点

下降三角形通常出现在下跌途中或上涨末期，该形态具有这样的特征：股价在反复震荡过程中，每次下跌的低点基本处于同一水平位置，而每次反弹的高点却不断下移。随着形态发展，股价波动的幅度越来越小，即高点和低点逐渐靠拢。

如果将这些高点和低点分别用直线连接，就形成了一个向下倾斜的三角形，如图6–39所示。

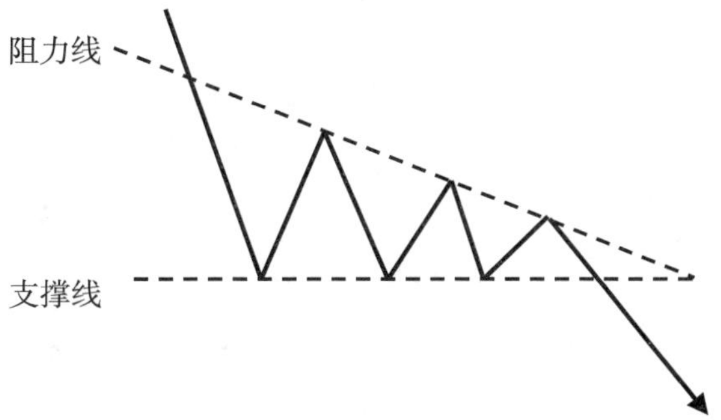

图 6–39　下降三角形

下降三角形的形成一般经历了这样的过程：股价每次下跌到某一价位后，便会因获得支撑而出现回升，从而在下方形成了一根支撑线。但由于市场看淡该股，所以股价每次都会在高点回落，且这些高点的位置越来越低，这一态势严重打击了多方的意志。最终，股价在空方的强力打压下跌破了支撑线，下降三角形形态正式形成。

下降三角形是一种常见的整理形态，该形态的出现说明卖方力量在不断加强，而买方力量在逐渐衰弱，预示着市场有可能进入空头行情。

（1）下降三角形在下跌行情中出现，通常表现为中继信号；而在上涨行情中出现，则具有一定的转势意味。因此，一旦股价跌破下降三角形的下边线，投资者就应该坚决卖出离场。

（2）下降三角形的下边线一开始是支撑线，被突破后就变成了对股价的阻力线。之后，股价一旦上升到该线附近，便有可能遇阻回落。

（3）有时候，股价向下突破下降三角形后会有一次回抽，以确认突破是否有效，如图6–40所示。如果股价在三角形的下边线受阻回落就证明突破有效，这时仍持有股票的投资者应该选择清空仓位；如果股价又重新回到三角形之内，则表示形态失败，但这时投资者最好保持观望，不要贸然介入。不过，这种回抽动作有时并不会出现。

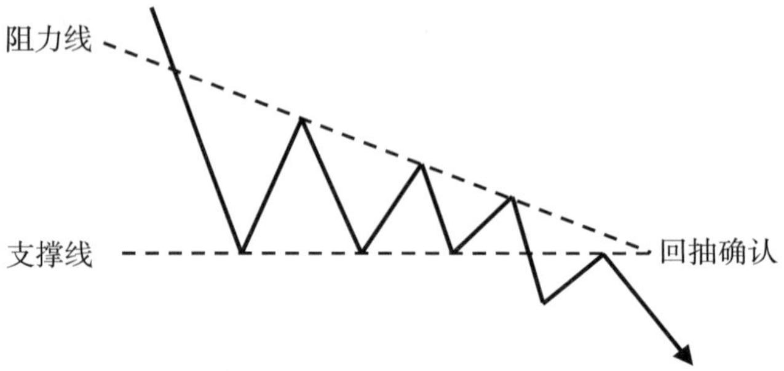

图 6-40　下降三角形的扩展形态

（4）通常在下降三角形形成的过程中，成交量不会出现极度萎缩情况，有时候甚至会出现量价背离。在向下突破时，成交量也不会有太大的变化。

（5）一般情况下，下降三角形高点与低点之间的最大垂直距离越大，后市下跌的空间相应地也就越大。

（6）下降三角形在绝大多数情况下是向下突破的，但也有例外。一旦股价向上突破，持股的投资者不宜再卖出，而持币的投资者仍应以观望为佳。

（7）下降三角形完成时间一般不会太长，如果股价持续整理，迟迟没有向下突破，那么走势极有可能演变成 W 底或三重底等类型的底部三角形形态。这时候，投资者最好不要轻易卖出股票。

下面来看一下学大教育的案例，如图 6-41 所示。

2021 年 1 月到 3 月，学大教育的日 K 线图上出现了下降三角形形态。在这段时间内，处于下跌途中的学大教育进入了震荡下跌行情。在反复震荡的过程中，股价几乎在同一价位上获得支撑，而反弹所形成的高点却越来越低，说明多方已经有些力不从心了。

2021 年 3 月 10 日，学大教育的股价跌破了下降三角形的下边线（支撑线），这预示着股价将继续走出下跌之路，投资者应及时卖出股票。

其后的 3 月 25 日，学大教育的股价虽出现了强力反弹，但反弹的高点在触及三角形下边线后迅速下跌，而这两次反弹的高点就是投资者最后的出货机会。

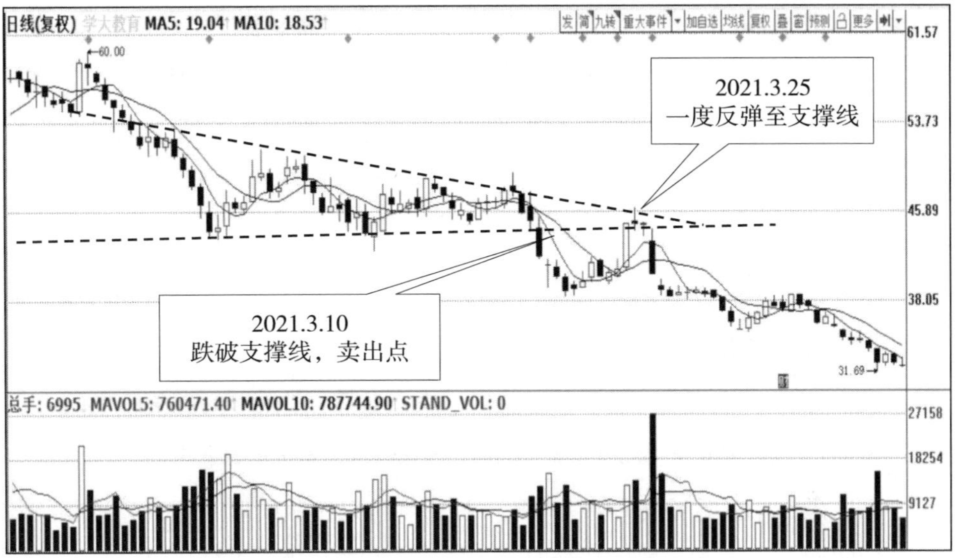

图 6-41 学大教育（000526）日 K 线走势图

七、上升楔形及卖点

上升楔形又称上倾楔形，通常出现在下跌行情中，该形态表现为：在股价下跌过程中出现了一小段向上的震荡整理行情，将反弹的高点和回落的低点分别用直线相连，两条直线方向相同且呈收敛状，从而形成一个向上倾斜的楔子形态，如图 6-42 所示。

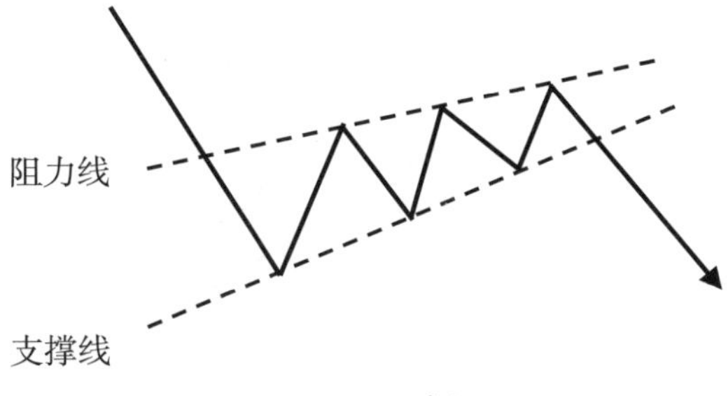

图 6-42 上升楔形

与三角形形态一样，楔形形态的股价走势同样是逐渐收敛的，所不同的是，楔形的上下两条边界线的方向相同,而三角形的上下两条边界线的方向并不一致。

上升楔形虽然是向上倾斜的，似乎说明上方抛压并不严重，但新的反弹较前面的反弹波幅呈缩小的态势，表示买盘力量正在被消化，同时成交量的逐渐萎缩也有效证明了多方上攻意愿不强。因此，可以认为这种形态只是下跌途中的一种技术性反弹，并没有强力的多头想要抬升股价。

有时候，上升楔形会成为庄家制造诱多陷阱的一种手段。庄家会利用这一形态故意拉高股价诱骗散户投资者买入，以达到出货的目的。

在下跌行情中出现上升楔形，一般只是投资者低位补仓或短线操作所致，一般不会影响下跌趋势的发展。因此，该形态通常表现为下跌中继信号。

（1）在上升楔形形成的前半阶段，投资者可以按照楔形的上下边线进行高抛低吸操作，即在股价跌到下边线时买入，而等到股价涨到上边线时再卖出。但是到了后半阶段，波动幅度已经很小，这时投资者最好不要进行波段操作。

（2）当股价逐渐接近顶点，成交量也越来越少，这种价升量减的背离现象说明上涨势头不会持久，看到这种情形，持股的投资者可以考虑逢高卖出股票。

（3）当股价跌破上升楔形的下边线时，表明上升楔形正式完成，投资者应该尽快将手中的股票抛空。

（4）上升楔形完成向下突破后，股价往往会急速下跌，但有时也会出现向上的回抽动作，如图 6-43 所示。出现回抽时，空仓的投资者不宜介入，仍然持股的投资者则应该抓住这一机会将剩余的股票全部卖出。

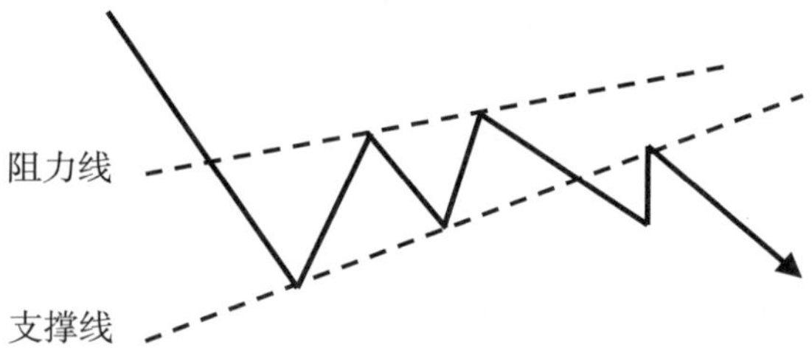

图 6-43　上升楔形的扩展形态

（5）上升楔形在形成过程中，成交量一般会呈持续萎缩状态。在向下突破时可能会有成交量的配合，也可能没有。如果股价上升的过程中，成交量持续放大，则不能看作上升楔形，而应该视为反转形态。

（6）上升楔形形成的时间较长，一般至少需要 3 周（15 个交易日），有时甚至会持续 3 ～ 6 个月。持续的时间越长，下跌信号的可靠性越高，之后股价下跌的力度也会越强。

下面看一下海尔智家的案例，如图 6-44 所示。

图 6-44　海尔智家（600690）日 K 线走势图

2021 年 2 月到 5 月，海尔智家的日 K 线图上出现了上升楔形形态。

2021 年 2 月 18 日，海尔智家开启了一波下跌行情。3 月 9 日，该股收出一根带长下影线的中阳线，然后股价进入了整理行情。在波动中，该股反弹的高点和回落的低点都有逐渐上升的趋势，且高点的连线和低点的连线呈收敛状，从而形成了一个上升楔形形态。

这一上升楔形的上边线比下边线更趋于水平，且形态形成过程中成交量一直维持在较低的水平。

2021 年 4 月底，该股股价连续向上拉升，成交量随之放大，给人一种即将大涨的感觉，但股价向上触及上升楔形的上轨后，立即反转向下，并于 5 月 7 日跌破上升楔形的下轨，这说明之前的上攻纯属主力的诱多行为，此时，投资者宜卖出手中的股票。

八、下降楔形及买点

下降楔形又称下倾楔形，通常出现在上涨行情中，该形态表现为：在股价上升过程中出现了一小段向下的震荡整理行情，将反弹的高点和回落的低点分别用直线相连，两条直线方向相同且呈收敛状，从而形成一个向下倾斜的楔子形态，如图 6–45 所示。

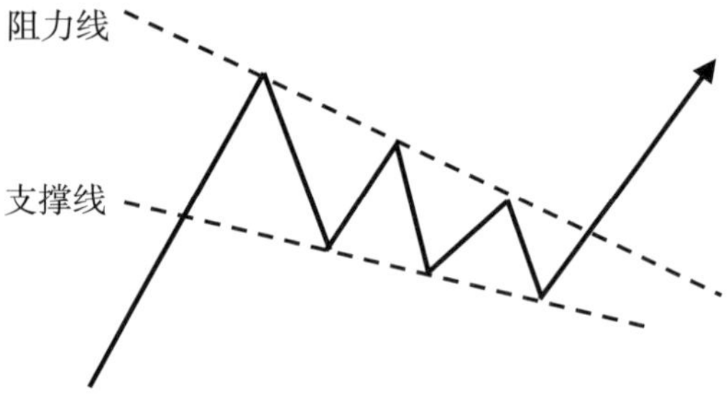

图 6–45　下降楔形

下降楔形虽然是向下倾斜的，似乎说明市场的承接力不强，但新的回落较前面的回落波幅呈缩小的态势，说明卖盘力量正在被消化，同时成交量的逐渐萎缩也有效证明了上方抛压在减弱。因此，可以认为这种形态只是上涨行情中的获利回吐，并没有强力的空头想要打压股价。

有时候，下降楔形会成为庄家制造诱空陷阱的一种手段。庄家会利用这一形态清洗掉市场中的浮筹，将大部分股票集中在自己手中，以达到为股价的大幅上扬夯实基础的目的。

在上涨行情中出现下降楔形，一般只是前期获利的投资者的卖出行为所致，一般不会影响上升趋势的发展。因此，该形态通常表现为上涨中继信号。

（1）在下降楔形形成的前半段，投资者可以按照楔形的上下边线进行高抛低吸操作，即在股价涨到上边线时卖出，等到股价跌到下边线时再买入。但是到了后半段，波动幅度已经很小，投资者就必须捂牢股票了。

（2）在下降楔形的后半段，也就是形态快要完成之前，投资者无论是持股还是持币，都应该保持观望的态度，最好不要轻举妄动。日后，一旦发现股价突破下降楔形的上边线，投资者便可以积极买入。

（3）下降楔形完成向上突破后，可能会出现一次向下回抽，如图 6-46 所示。如果股价在楔形的上边线获得支撑，则证明突破有效，投资者可再度买入股票。如果股价跌破这一位置，投资者则需要考虑斩仓止损。

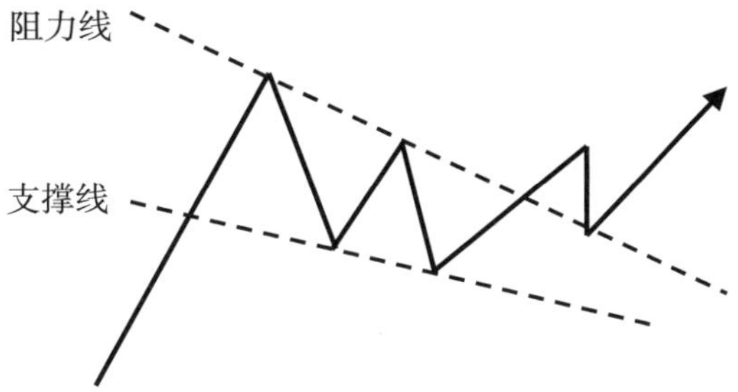

图 6-46　下降楔形的扩展形态

（4）参照下降楔形买入股票的投资者，应该将止损位定在楔形的上边线上。

（5）下降楔形在形成过程中，成交量一般会呈持续萎缩状态，但是在突破上涨时，应该有成交量的放量配合，否则会影响看涨信号的可靠性。

（6）下降楔形的形成时间较上升楔形稍短一些，但是也至少需要两周（10 个交易日）的时间。

下面来看一下 *ST 东海 A 的案例，如图 6-47 所示。

2021 年 3 月到 4 月，*ST 东海 A 的日 K 线图上出现了下降楔形形态。

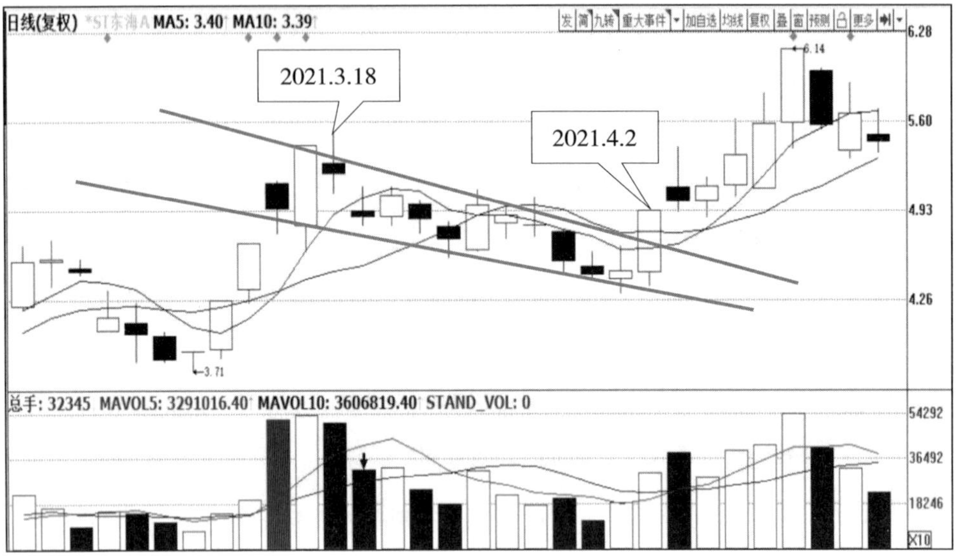

图 6-47 *ST 东海 A（000613）日 K 线走势图

2021 年 3 月 18 日，处于上涨行情中的 *ST 东海 A 在前一交易日涨停的前提下高开高走，但盘中遭到空头的打压，在 K 线图上留下了一根带长上影线的小阴线，这说明多方力量有所不足。

此后，该股股价进入了整理走势。在波动中，该股反弹的高点和回落的低点都有逐渐下降的趋势，且高点的连线和低点的连线呈收敛状，从而形成了一个下降楔形形态。

下降楔形的下边线比上边线更趋于水平，且在形态形成的过程中成交量逐渐萎缩，因而可以认为下方存在较强的支撑力，股价很可能在调整结束后重回上升轨道。这时，持股的投资者不宜将股票卖出，而持币的投资者应该对其保持关注。

2021 年 4 月 2 日，该股股价放量突破下降楔形的上边线，买点出现。投资者应该把握机会，积极买入。之后，该股出现了短期的横向移动，而没有出现回抽现象。经过短暂调整后，该股重新进入了上升通道。

九、矩形整理及买卖点

矩形整理又称箱型整理，是股市中最典型的整理形态，可以出现在任何行情中。该形态表现为：股价在一定的价位区间内上下波动，将上涨的高点和下跌的低点分别相连，就形成了两条平行的水平直线，如图 6-48 所示。

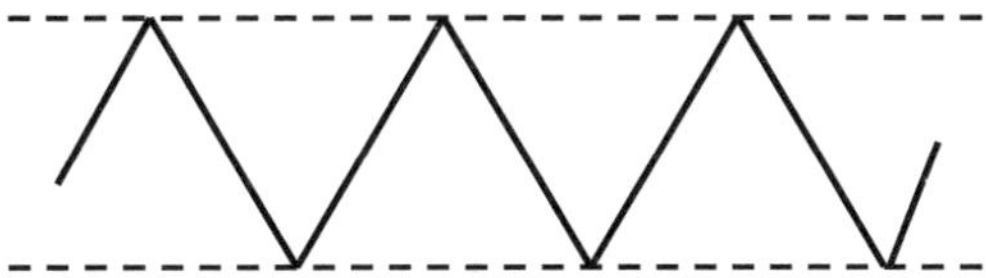

图 6-48 矩形整理形态

矩形整理的形成经历了这样的过程：股价在上涨或下跌了一段时间之后出现了横向移动，当股价上涨到某一高点时遇到阻力而回落，但下跌到某一低点时获得支撑而回升，然后每次回升到前一个高点附近都会受阻回落，而每次回落到前一个低点附近又止跌反弹，如此反复，便形成了一条水平的整理通道。

矩形是一种冲突均衡整理形态，显示多空双方虽然互不相让、你争我夺，但由于双方实力相当，所以基本在这个范围内达到了均衡状态。当然，出现这种形态有时也可能是庄家为了吸筹或出货有意控制波动幅度。

矩形的上边线是股价的阻力线，下边线是股价的支撑线，一旦股价有效突破了其中的任何一条线，都标志着矩形整理形态构筑完成。

矩形整理形态的出现，表示多空双方在战斗中互有胜负，保持着势均力敌的僵持局面。如果某一方力量削弱，而另一方力量加强，这种僵局便会被打破。

（1）绝大多数情况下，矩形整理形态表现为一种中继形态，表示股价经过整理后仍然会按照原来的趋势运行。但是投资者仍需要根据股价的历史走势和其他技术指标来判断其是否有演变成反转形态的可能。

（2）矩形整理形态常常在庄家强行洗盘下形成，上方的阻力线是庄家预定的洗盘位置，下方的支撑线是护盘底线。因而，该形态出现在上涨途中的概率较高，也是最具有价值的。

（3）当矩形整理形态出现在深跌之后的低价位区域，通常表现为反转形态，是潜伏底的变形。

（4）在矩形整理形态没有形成有效突破之前，如果矩形的上下边线距离较远，那么投资者可以在前期采取高抛低吸的短线策略，但如果矩形的波动幅度较小，那么投资者最好保持观望姿态。

（5）经过一段时间的横向整理后，当股价向上有效突破矩形的上边线时，表示多方开始占据优势，投资者可以考虑买入股票，并将止损位设在矩形的上边线上；当股价向下有效突破矩形的下边线时，表示空方开始占据优势，投资者应该考虑卖出股票。

（6）股价形成有效突破的标准是，股价突破边界线后的涨幅或跌幅不小于3%，或者股价连续三天没有重新回到矩形区域之内。

（7）在矩形整理形成的过程中，成交量应该不断减少。特别是从高点回落时，成交量必须呈现逐渐萎缩态势。

（8）股价向上突破矩形的上边线时，必须是伴随成交量的放大才有意义；而向下突破时，则不必有成交量的配合。

（9）矩形作为中继形态出现，股价在突破后可能会有一个回抽动作，如果在回抽过程中，股价没有回到原来的矩形整理区间，则是投资者第二个买入或卖出的机会，如图 6-49 所示。不过，这一回抽动作有时候并不会出现，所以投资者不能把它作为唯一的买卖点。

（10）矩形形成的过程中，成交量一直持续在较高的水平，则有可能是庄家托盘出货，即使之后向上突破也可能是一个诱多陷阱，投资者对此要多加提防。

（11）根据经典理论，矩形整理完成之后，股价的上升或下跌空间至少应该等于矩形的高度，但实战操作中会有一定的出入。不过，可以确信的是，这一高度越高，后面的上涨或下跌的空间越大。

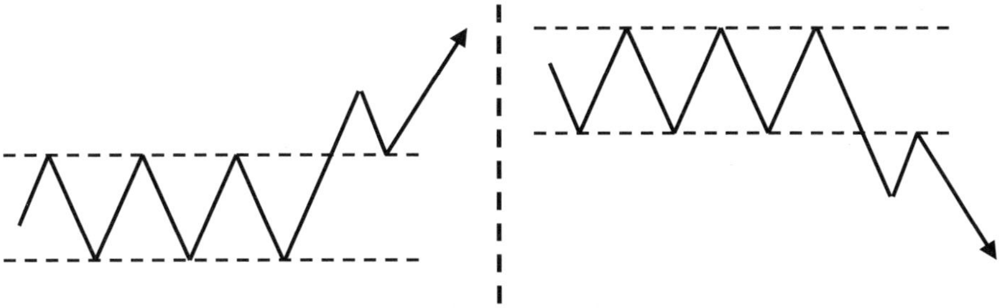

图 6-49 矩形整理扩展形态

下面来看一下德展健康的案例，如图 6-50 所示。

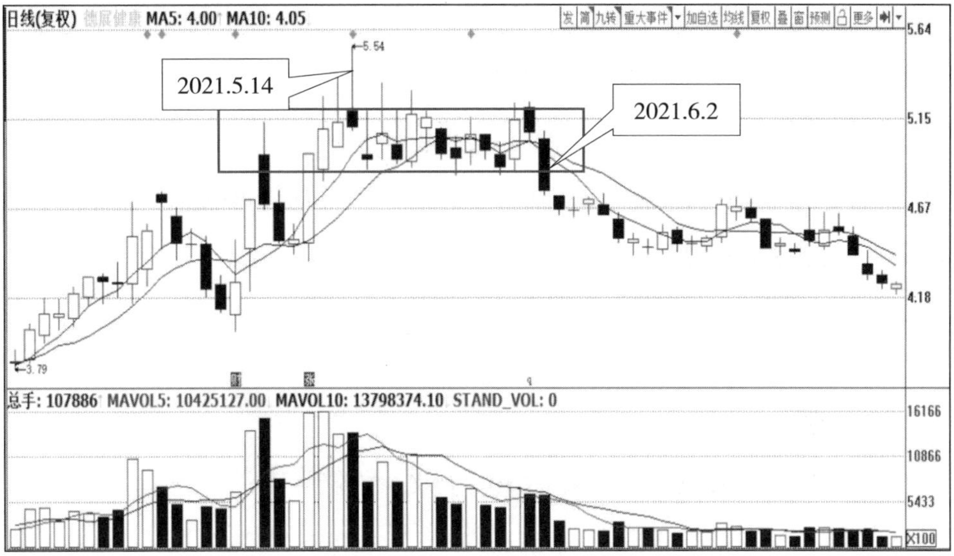

图 6-50 德展健康（000813）日 K 线走势图

2021 年 5 月到 6 月，德展健康的日 K 线图上出现了矩形整理形态。

2021 年 5 月 14 日，德展健康收出一根带上影线的阴线，这天的最高价也成为短期内的一个高点。之后该股开始回落，并在前期的密集成交区域受到支撑而反弹，从而形成一个低点。然后，股价便一直在高点和低点之间的水平通道中运行，形成矩形整理形态。

2021 年 6 月 2 日，该股放量跌破矩形的下边线。此时，投资者可以卖出股票。

第七章

量价分析

量在价前。市场上，投资者对股价走势的研判，从来都不会脱离成交量。通过将股价走势与成交量放大与萎缩进行组合分析，可以更加准确地判断股价运行的方向，特别是突破的真实性和有效性。

第一节
成交量的表现：成交数量与成交金额

成交数量和成交金额是成交量最主要的表现形式。

一、成交数量

成交数量（VOL）就是通常意义上的成交量，是指一定的单位时间内个股或大盘的成交总手数（1 手为 100 股，是最小的交易单位）。无论是 K 线图还是分时走势图，投资者都可以观察到走势图下面由一条条线柱所表示的成交数量，这些线柱被称为“量柱”。

成交数量忽略了各个股票流通量大小的差别，难以对不同股票做横向比较，但是适合对于个股进行纵向比较，即通过观察个股历史上成交量放大或缩小的相对情况来分析股价走势。因而，它也是个股分析时最常用到的指标。

K 线图的上半部分是股价，下半部分是成交量。每条成交量线柱对应一根 K 线，表示在该 K 线所代表的时间内的总成交数量。当 K 线为红色（或空心黑框）时，成交量柱线为红色（或空心黑框）；当 K 线为绿色（或黑色）时，成交量柱线也为绿色（或黑色），如图 7-1 所示。

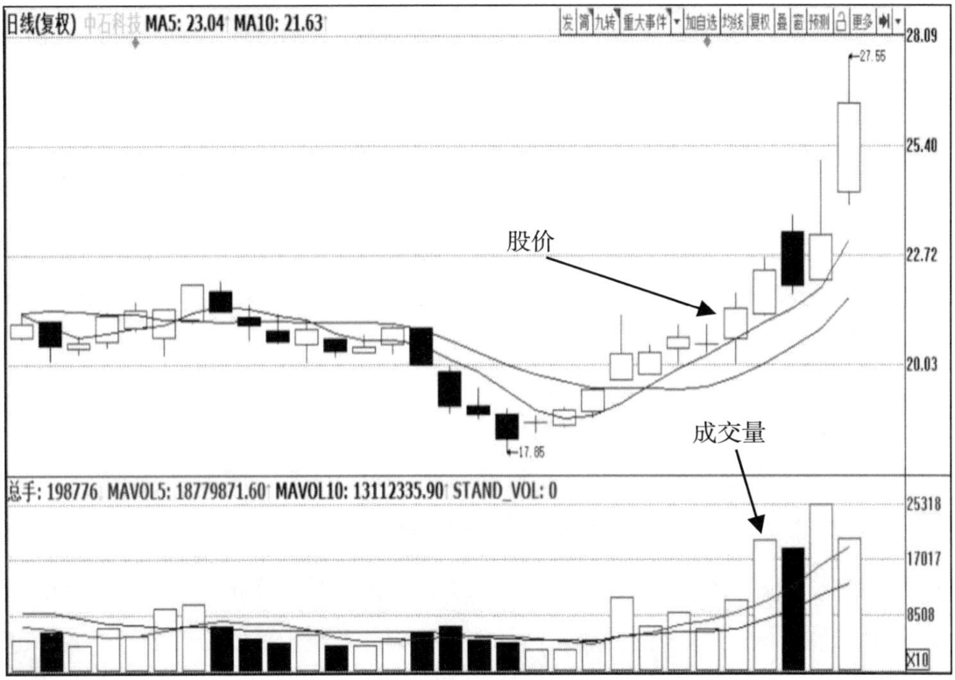

图 7-1　K 线图上的成交量柱线

（1）K 线与成交量线柱是一一对应的关系。

（2）K 线的周期就是每条量柱所表示的单位时间。

（3）K 线的实体颜色和与之对应的量柱颜色相同。

在分时走势图上，上半部分是股价分时线与均价线；下半部分是黄色的成交量线柱，表示每一分钟内股票的成交手数，如图 7-2 所示。

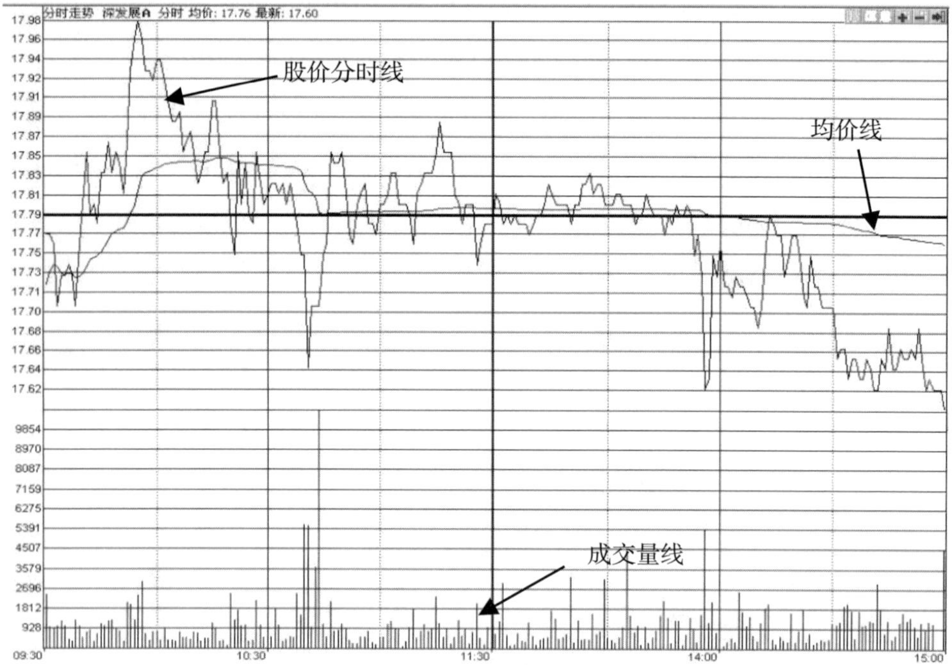

图 7-2 分时走势图上的成交量柱线

（1）上半部分中的白色曲线表示分时股价；黄色曲线表示平均价格。

（2）下半部分的黄色线柱表示每一分钟内该股的成交手数。

个股计算成交量时，多采用成交手数作为标准。对于个股来说，每只股票的流通盘是一定的，这样通过比较每日买入卖出股票的数量变化，就可以更好地识别主力的动向。而由于个股的股价波动幅度较大，若采用成交金额的计量方法可能无法精确反应股票成交数量的变化，例如，同样是成交 100 手股票，股价在 10 元价格时，成交金额可能为 10 万元（忽略佣金与税费）；而当股价上升到 20 元时，成交金额就会变成 20 万元（忽略佣金与税费）。成交金额的变化给人一种成交量翻番的感觉，其实成交的股票总量没有发生变化。

二、成交金额

成交额（AMOUNT），指的是参与市场交易的资金量的多少。这一指标常用于大盘分析，它排除了大盘中各种股票价格高低不同的干扰，因而能够对市场或行业的整体交易情况进行纵向比较。因此，我们常会听到“两市的成交金额达 ×× 万亿”“创业板成交金额 ×× 亿元”等信息，如图 7-3 所示。

图 7-3　上证指数（000001）日 K 线走势图

对于大盘指数或行业指数来说，观察成交金额的变化，比成交数量更有意义，因为成交金额能反映股价涨跌后所应支出的实际金额，而成交数量无法达到这一点。成交金额越大，表示该行业或股票交易越活跃。因此，投资者可以通过成交金额有效识别市场中的热点行业和热门股票。

第二节
成交量常见形态：缩量

缩量，即成交量逐渐缩减的一种成交量组合形态，如图 7-4 所示。

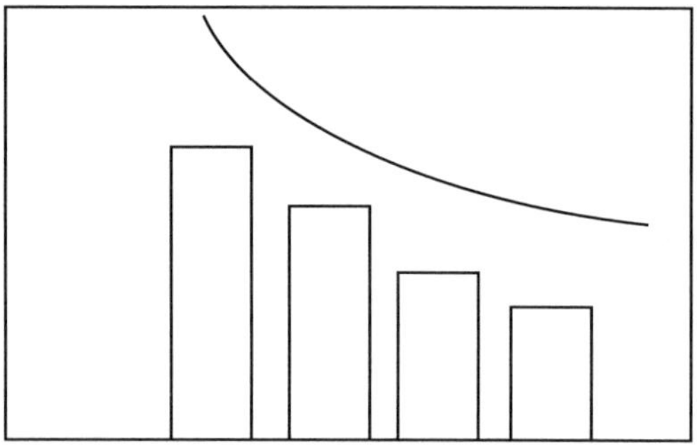

图 7-4　缩量形态

缩量的出现，表明大部分人交易意愿不强，持有股票者不愿意卖出或持币者不愿入场。缩量形态出现的时机不同，意义也有所区别。

一、上升趋势中的缩量

上升趋势中的缩量，被称为量缩价涨或价升量减、缩量上涨，是指在成交量萎缩的情况下，股价反而出现较大涨幅的量价背离现象。

通常情况下，股价上涨时，成交量萎缩属于一种非良性量价形态，但在上升趋势的前期出现缩量和后期出现缩量的含义也有所不同。

1. 上升趋势初期的缩量

股价上升启动初期，若成交量出现缩量状态，则说明主力控盘程度较高，散户卖出意愿不强。该时段的缩量上升很可能是主力锁仓拉升形成的，未来股价继续上攻的概率极高，如图 7-5 所示。

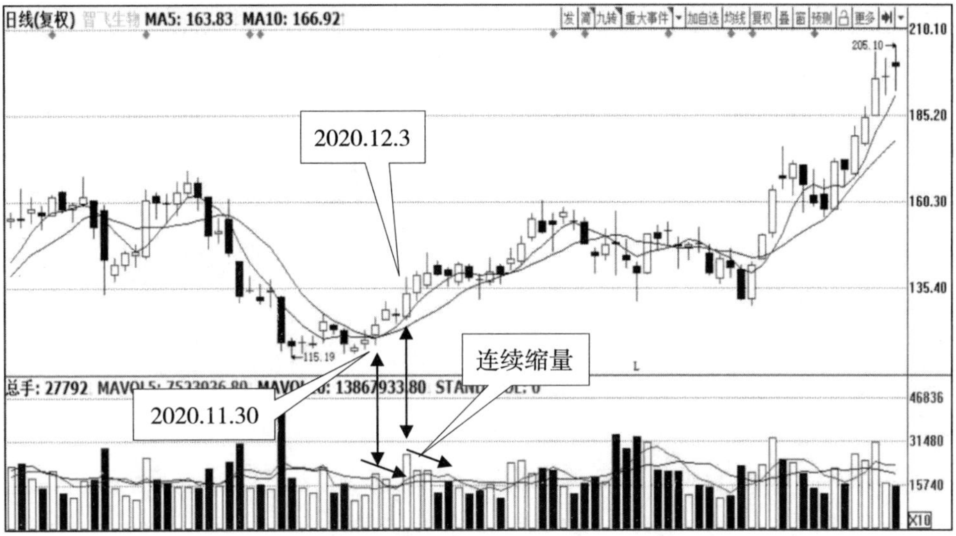

图 7-5　智飞生物（300122）上升趋势初期缩量走势图

2020 年 11 月底，智飞生物的股价自底部区域启动了上攻走势。在连续多个交易日小幅反弹的基础上，又拉出了多个中到大阳线。2020 年 11 月 30 日，该股放量收出中阳线，此后，随着股价的上涨，成交量逐步萎缩；12 月 3 日，该股再度收出中阳线，此后，股价上升，成交量再度萎缩，说明主力控盘程度较高，未来继续走高的可能性较大，投资者可考虑追涨买入。

2. 上升趋势末期的缩量

在一段较长时间的上涨之后，股价往往已经处于高价位区间，此时，如果股价不断创出新高，成交量却未能跟上，就在技术面上形成了量缩价涨的背离现象。这通常是行情难以持续的反转信号，投资者应保持警觉。投资者最适宜的操作是趁势减仓，如果由于贪心而死捂着股票不放，则很有可能被套在顶峰上，如图 7-6 所示。

2021 年 5 月 6 日到 5 月 17 日，康泰生物经过一番急速上涨之后出现了量缩价涨现象，说明上涨的动力正在逐渐被耗尽，后市有出现回落的可能。持股者应该在此期间主动减仓，将部分股票获利回吐；而持币者仍应以观望为宜。

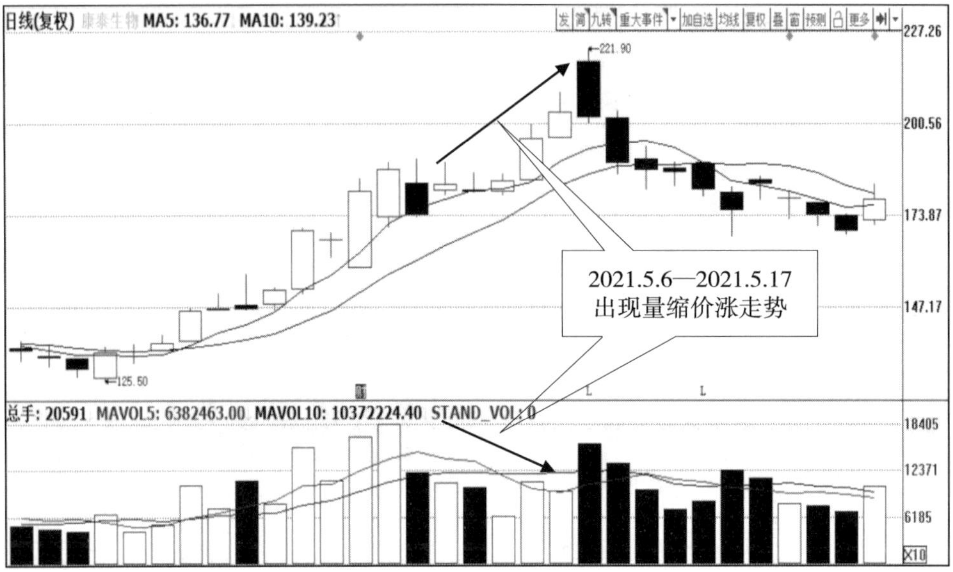

图 7-6 康泰生物（300601）上涨趋势末期缩量走势图

二、下降趋势中的缩量

下降趋势中的缩量，又称为量缩价跌或价量齐跌，是指在成交量萎缩的同时，股价也同步出现下跌的量价配合现象。量缩价跌多出现在下跌行情中，也可能出现在上涨行情的回调过程中。成交量是股价上涨的原动力，在原动力不足的情况下，股价通常会随之回落。量缩价跌代表股价与成交量的方向同步，是量价关系的常态，说明多方力量减弱且人气涣散，所以，做多者不宜马上介入，应保持观望姿态。

1. 下降趋势初期的缩量

在下跌初期或途中，如果股价走势因成交量的递减而下跌，是十分正常的现象，表示股价将持续下跌，通常在下跌之后，上方卖压减轻，股价会进入短暂的反弹周期，但是整体向下的趋势基本是确定的。所以，看到这种走势后，投资者最好选择离场观望，如图 7-7 所示。

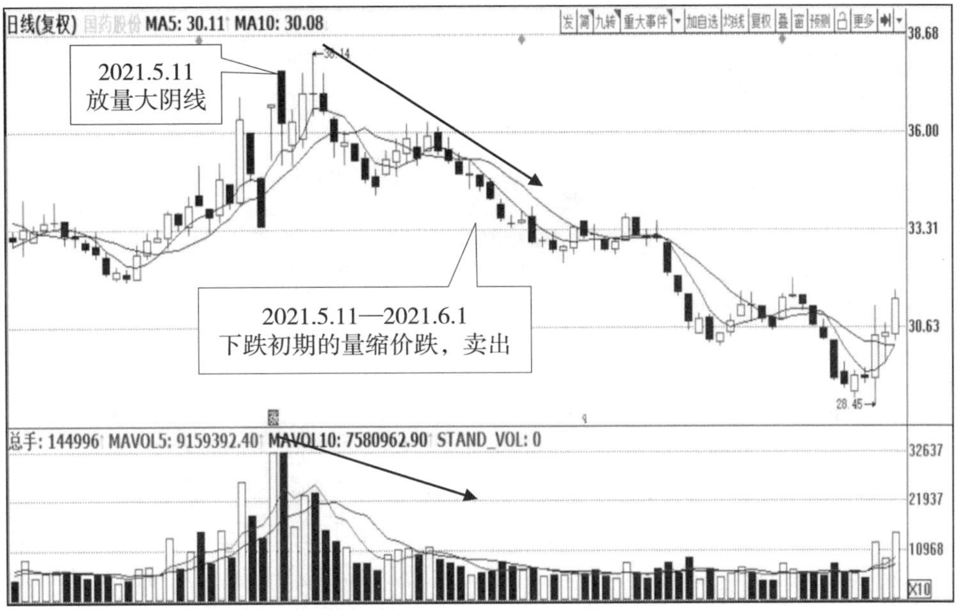

图 7-7　国药股份（600511）下降趋势初期缩量走势图

2021 年 5 月 11 日，国药股份收出放量阴线。其后的几个交易日，股价也创出近年来的最高价。但之后，该股开启了一波下跌行情。在下跌初期的 2021 年 5 月 11 日—6 月 1 日，国药股份出现了量缩价跌走势，说明众多投资者都看淡后市。看到这样的走势后，投资者最好选择离场观望。

2. 下降趋势末期的缩量

在低价位区域或股价经过较长时间下跌之后出现了量缩价跌，表明空方力量正在逐渐减弱，是止跌回升的先兆。而且在深度下跌之后，量价关系有可能演化成“地量地价”。此时，持币投资者应该加大关注力度，而持股投资者不宜再卖出股票。如未来出现放量上涨行情或其他买入信号，则投资者可以适度建仓或补仓，如图 7-8 所示。

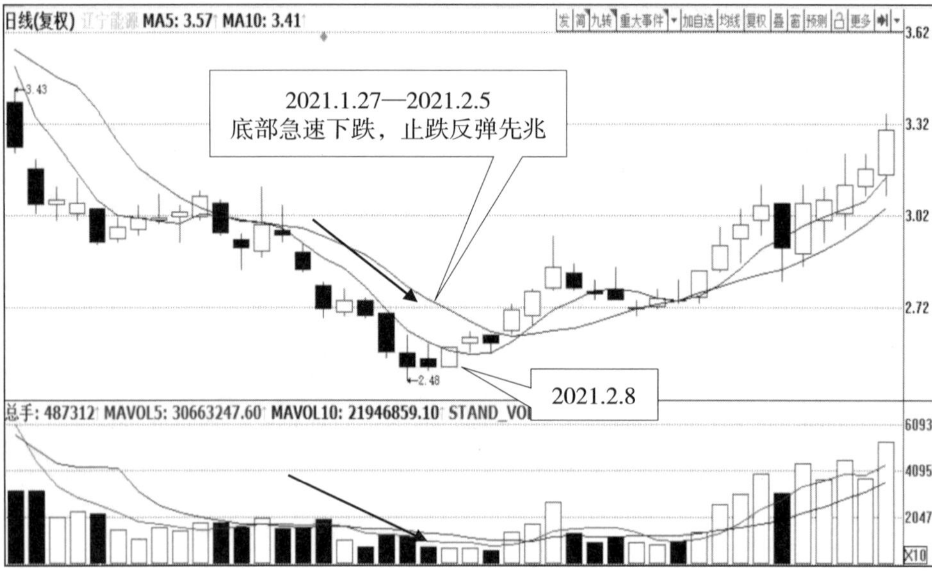

图 7-8　辽宁能源（600758）下降趋势末期缩量走势图

辽宁能源经过一段时间的下跌后，于 2021 年 1 月 27 日—2 月 5 日出现了量缩价跌走势。需要注意的是，在成交量逐步递减的同时，股价却呈现急速下跌的状态。这种缩量急跌很有可能是止跌反弹的先兆，投资者要密切关注。果然，2021 年 2 月 8 日，该股低开高走，投资者可以在当天积极买入。

第三节
成交量常见形态：放量

放量，即成交量逐渐放大的一种成交量组合形态，如图 7-9 所示。

放量的出现，表明大部分交易者交易意愿较强，持有股票者愿意卖出或持币者也愿意入场。放量形态出现的时机不同，意义也有所区别。

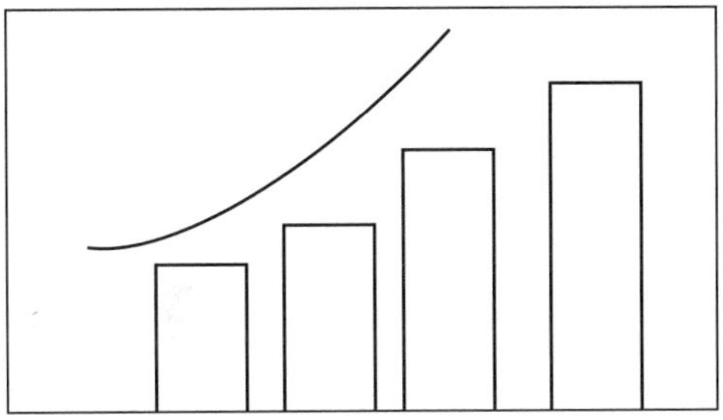

图 7-9 放量形态

一、上升趋势中的放量

上升趋势中的放量，被称为量增价涨，或价量齐升、放量上涨，是指在成交量放大的同时，股价也在同步上涨的量价配合现象。量增价涨是市场行情的正常特性，此种量价关系多出现在上涨行情中，且大部分出现在上涨初期或途中，表示股价将继续上涨。不过，当这种现象在高位出现时，投资者应提高警惕。

通常情况下，股价上涨时，成交量放大属于一种良性的量价形态，但在上升趋势的前期出现放量和后期出现放量的含义有所不同。

1. 上升趋势初期的放量

在上涨初期或上涨途中出现量增价涨，说明市场上多方力量强劲，投资者可及时跟进，大胆追涨。一般情况下，短期的量增价涨现象发出的是短期看涨信号，而长期的量增价涨现象发出的则是长期的看涨信号，如图 7-10 所示。

2021 年 7 月中旬，川能动力在从底部回升时出现了量增价涨走势，表明多方已经逐渐占据了主导地位，投资者可以考虑买入。之后该股进入了短暂的盘整期，盘整结束后，该股重新呈现量增价涨的态势。

2. 上升趋势末期的放量

当量增价涨现象出现在高价位区域或是大幅上涨之后，极有可能是庄家在对敲出货；如果市场过于狂热，则有可能演化成“天价天量”，这时，持币的投资

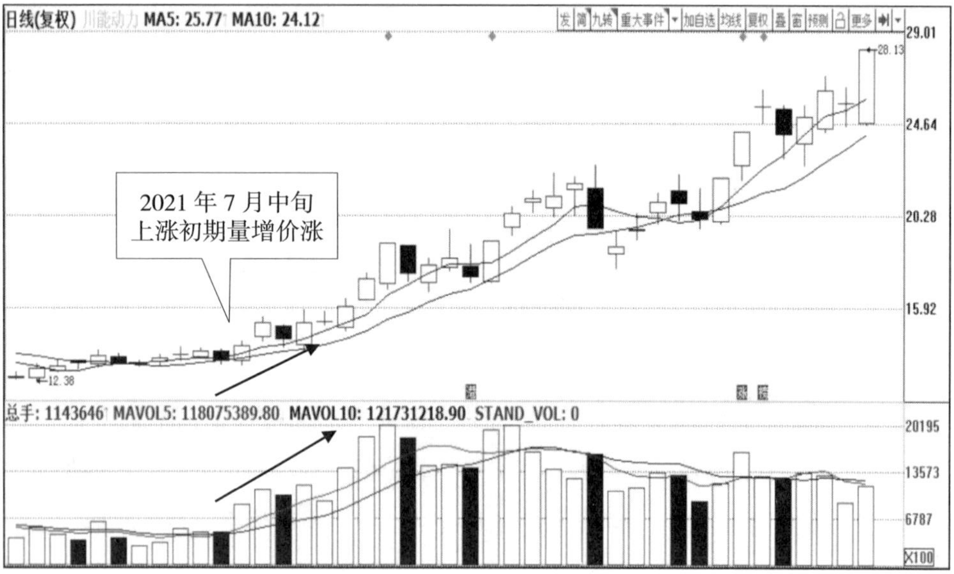

图 7-10　川能动力（000155）上涨趋势初期放量走势图

者不宜介入，而持股的投资者应该选择轻仓观望，如图 7-11 所示。

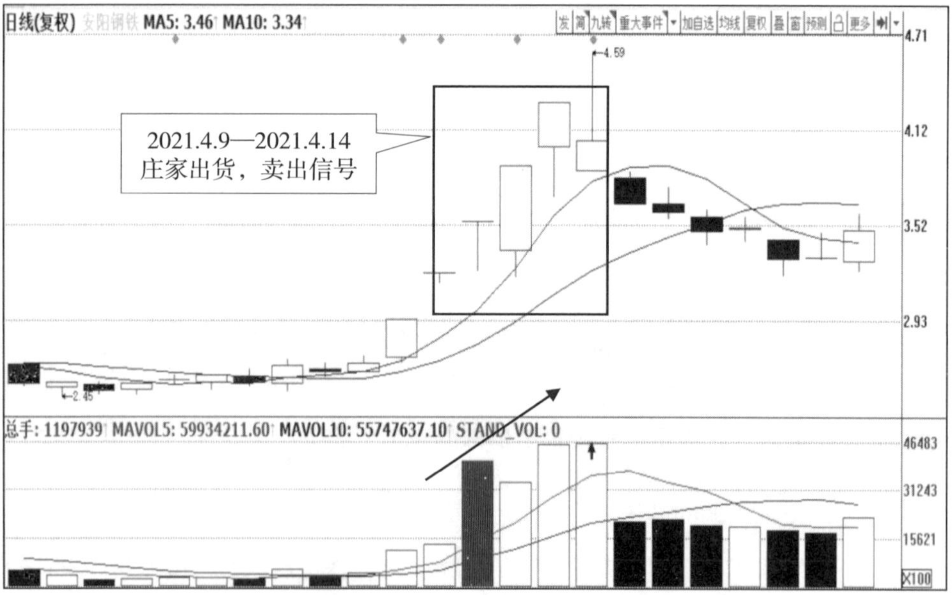

图 7-11　安阳钢铁（600569）上升趋势末期放量走势图

2021 年 4 月 9 日—4 月 14 日，安阳钢铁连续多个交易日出现上涨，同时放出巨量。这五天整体的上涨幅度很大，特别是 4 月 14 日当天，股价一度上攻至一段时间内的最高点，且成交量达到一段时间内的最高值。由于该股之前已经上涨了一段时间，所以在这时出现的量增价涨极有可能是庄家在高位出货。果然，该股之后开启了连续下跌走势。

二、下降趋势中的放量

下降趋势中的放量，又称量增价跌或价跌量增，是指在成交量放大的同时，股价反而出现较大幅度下跌的量价背离现象。这种走势一般出现在下跌行情中，其中大多出现在下跌行情的早期，有时候也会出现在上涨途中。量增价跌的出现可能由多种因素造成，一般而言，说明空方对后期的悲观预测超过了多方的乐观估计，因而纷纷加入抛售的行列，不过也可能是庄家在故意制造陷阱进行吸筹。所以，对后市的判断必须结合该现象的走势形态和所处位置来进行。

1. 下降趋势初期的放量

在下跌行情的初期出现量增价跌，表示股价经过一段较大的上涨之后，股价已经处于高价位区域，市场上的获利筹码也越来越多，于是投资者纷纷抛出股票获利回吐，股价开始下跌。这是强烈的卖出信号，投资者最好及时清空仓位，如图 7-12 所示。

从 2020 年 4 月下旬开始，新澳股份启动了一轮上涨行情，2020 年 7 月 21 日，该股股价曾一度达到 6.23 元的阶段最高价。2020 年 7 月 22 日—7 月 30 日，该股出现顶部量增价跌的现象，这是非常强烈的反转信号，此时空仓观望是最稳妥的选择。

2. 下降趋势末期的放量

当股价在深度下跌之后，正处于低价位区域，这时出现了量增价跌，表明股价离真正的底部已经不远了，是一种潜在的反转信号。投资者可以配合其他技术

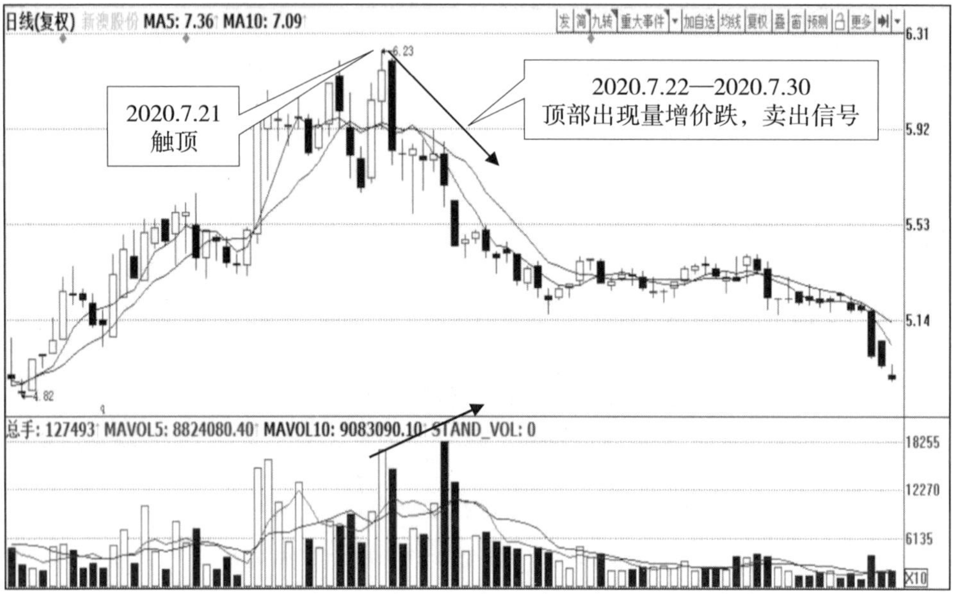

图 7-12　新澳股份（603889）下降趋势初期放量走势图

指标进行综合研判，适时建仓，如图 7-13 所示。

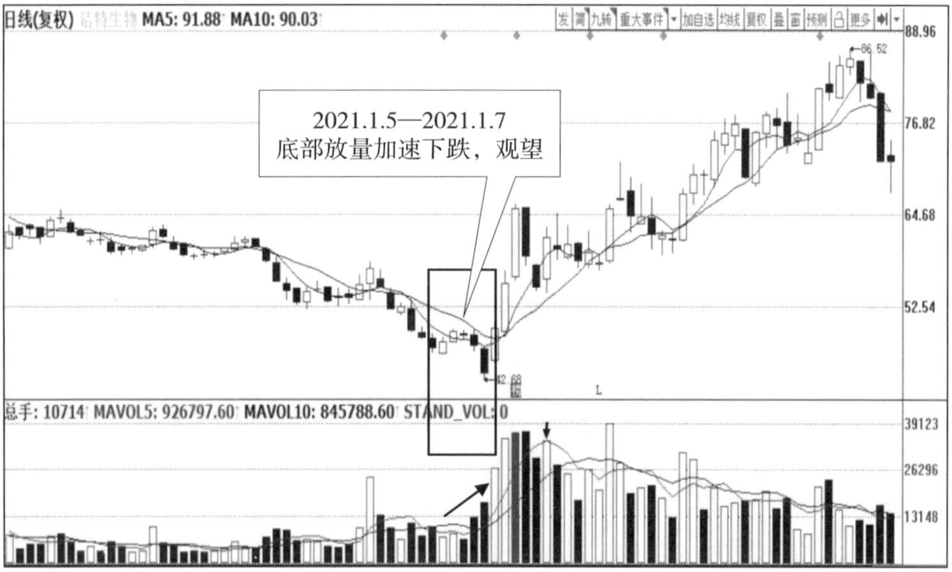

图 7-13　洁特生物（688026）下降趋势末期放量走势图

洁特生物经过一波较大幅度的跌势之后，2021 年 1 月 5 日—1 月 7 日，日 K 线图上出现了量增价跌走势。在这几个连续的交易日中，下跌速度越来越快，成交量却温和放大，有可能是庄家在底部吸筹，行情即将抵达阶段性底部。此时，投资者无论是持币还是持股都应该以观望为主。不久之后该股开始止跌回升，投资者可以在涨势基本确立后进行建仓或补仓。

第八章

认识技术指标

技术指标是证券市场中的专有名词，是人们通过对市场规律性的研究分析，依据一定的统计方法，运用一些复杂的数学模型或计算公式，通过计算机系统生成的某种指标值或图形曲线。它不仅是股市技术分析的研究成果，也是预测股价未来走势、指导投资者买卖的重要工具。通过技术指标研判股价未来趋势的方法，称为技术指标分析法。

目前，几乎所有的投资者在制订交易计划、交易决策前都需要技术指标给出的交易指示信号。投资者根据个人偏好和需求选择一种或一套技术指标分析系统作为交易决策的辅助，可以极大地提升投资交易决策的质量。

每种炒股软件中都提供了大量的技术分析指标。根据分析的方法和对象不同，技术指标大致可以分为以下 6 种类型，如表 8–1 所示。

表 8–1　技术指标的 6 种类型

序号	指标类型	用途	包含的主要指标	
1	趋向指标	又叫趋势跟踪类指标，主要用于跟踪并预测股价的发展趋势	◎ 移动平均线（MA） ◎ 指数平滑异同平均线（MACD） ◎ 趋向指标（DMI） ◎ 瀑布线（PBX）	◎ 平均线差（DMA） ◎ 动力指标（动量线）（MTM） ◎ 指数平滑移动平均线（EXPMA） ◎ 宝塔线（TWR）

（续表）

序号	指标类型	用途	包含的主要指标	
2	反趋向指标	又叫反趋势类指标，主要用于捕捉趋势的转折点	◎ 随机指标（KDJ） ◎ 变动速率（ROC） ◎ 威廉指标（W&R） ◎ 相对强弱指标（RSI）	◎ 乖离率（BIAS） ◎ 顺势指标（CCI） ◎ 震荡量（变动速率）（OSC） ◎ 动态买卖气指标（ADTM）
3	量能指标	通过成交量的大小和变化研判趋势变化	◎ 容量比率（VR） ◎ 能量指标（CR） ◎ 人气意愿指标（ARBR）	◎ 量相对强弱（VRSI） ◎ 量变动速率（VROC） ◎ 成交量标准差（VSTD）
4	量价指标	通过成交量与股价变动关系分析未来趋势	◎ 振荡升降指标（ASI） ◎ 能量潮（OBV） ◎ 主力进出指标（ABV）	◎ 价量趋势（PVT） ◎ 量价趋势（VPT） ◎ 威廉变异离散量（WVAD）
5	压力支撑指标	主要用于分析股价目前受到的压力和支撑	◎ 布林线（BOLL） ◎ 抛物转向（SAR）	◎ 麦克指标（MIKE） ◎ 薛斯通道（XS）
6	大盘指标	通过涨跌家数研究大盘指数的走势	◎ 涨跌比率（ADR） ◎ 绝对幅度指标（ABI） ◎ 新三价率（TBR）	◎ 腾落指数（ADL） ◎ 广量冲力指标（BIT） ◎ 指数平滑广量（STIX）

第一节 均线指标

均线，全称“移动平均线”（Moving Average），英文简称为 MA，以“平均成本概念”为理论基础，采用统计学中的“移动平均”原理，将一定时间周期内的股价或指数的平均值标在价格图表中连成曲线，用来显示股价或指数的历史波动情况，并以此来预测后市的趋势走向，为投资者提供操作依据。

在炒股软件中，均线指标与 K 线会同步在主图中显示，如图 8-1 所示。

图 8-1 所示的同花顺炒股软件中，默认提供的均线为 5 日均线、10 日均线和 30 日均线。

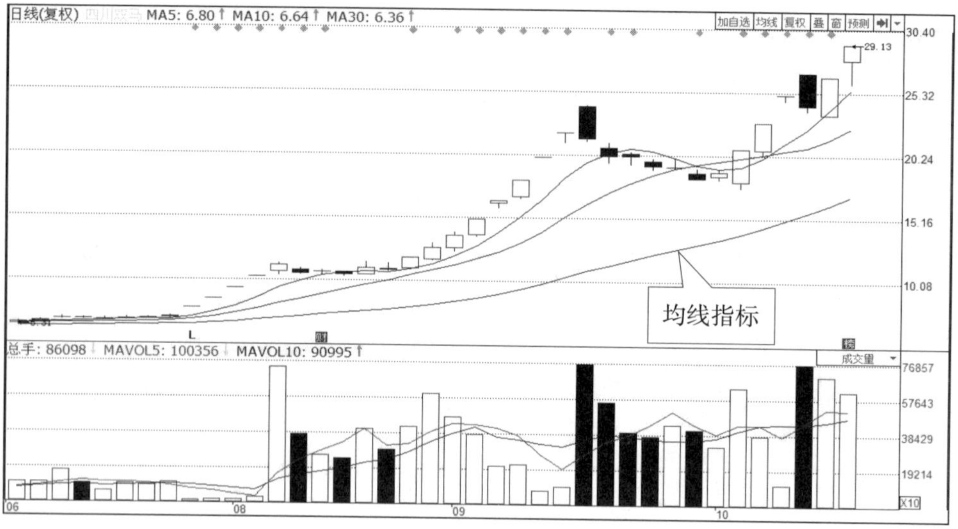

图 8-1　移动平均线（同花顺版）

一、葛兰碧均线操作八法则

在移动平均线的诸多理论中，以技术分析大师葛兰碧的均线操作八大买卖法最为著名，这也是单根均线应用的基本法则。

1. 买入法则

（1）均线从下降逐渐走平且略有向上方抬头迹象，而股价从均线的下方向上突破均线时，是买进信号，如图 8-2 中 A 点所示。

（2）均线处于上升之中，股价位于均线之上运行，若股价下跌到均线位置获得支撑后再度上涨，是买进信号，如图 8-2 中 B 点所示。

（3）均线处于上升之中，股价向下跌落至均线下方，但均线短期内依然保持上升势头，此时为买进信号。但如果股价水平已经相当高时，这一条只能做参考用，如图 8-2 中 C 点所示。

（4）股价在均线下方突然加速下跌，远离均线位置，这是超卖现象，股价自然有向均线靠拢的回升机会，此为买进信号，如图 8-2 中 D 点所示。

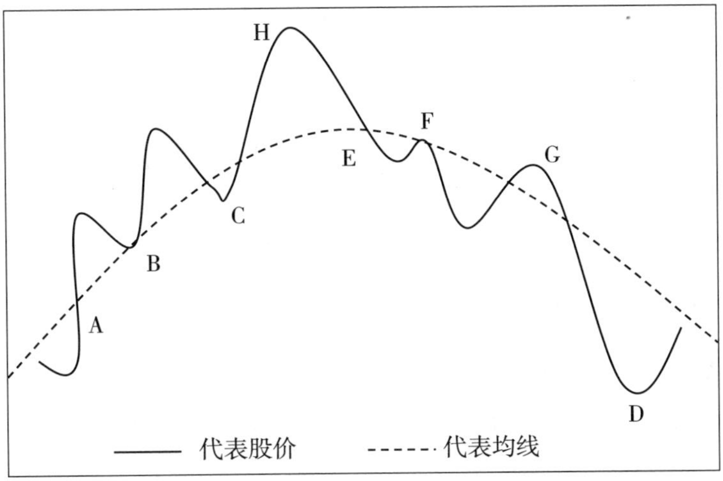

图 8-2　葛兰碧均线操作八法则示意图

2. 卖出法则

（1）均线从上升逐渐转为水平，而当股价从均线上方向下跌破均线时，说明沽售压力增大，为卖出信号，如图 8-2 中 E 点所示。

（2）均线处于下降趋势中，股价位于均线下方运行，之后股价曾一度反弹至均线附近，但遇到阻力再度下跌，此为卖出信号。一般来说，在下跌行情中常会出现这种短暂反弹现象，如图 8-2 中 F 点所示。

（3）均线缓慢下降，股价虽然一度上升至均线上方，但均线短期内仍保持下跌势头，此为卖出信号。通常股价会快速逆转，重新回到均线之下，如图 8-2 中 G 点所示。

（4）股价在均线上方运行时突然暴涨，离均线越来越远，表示近期买入的持股者皆有利可图，随时可能获利回吐，股价不久会回挡，此为卖出信号，如图 8-2 中 H 点所示。

以上八大法则中买入法则的第 3 条和卖出法则的第 3 条不易掌握，单独使用时风险较大，如未熟练掌握均线的用法，投资者应该放弃使用。

买入法则的第 4 条和卖出法则的第 4 条虽然可以使用，但没有明确股价距离均线多远才是买卖时机，因此投资者需要借助乖离率指标来解决这一问题。

二、股价对均线的突破

当股价向上突破均线时，通常为短线买入信号；当股价向下跌破均线时，通常是短线卖出信号。

1. 股价向上突破均线

股价向上突破均线有效性的判断包括以下几点。

第一，均线方向放平或向右上方倾斜，特别是中长期均线更佳。

第二，股价向上突破均线后，连续三个交易日位于均线上方，则可认定为有效突破。

第三，股价向上突破均线时，若成交量同步放大，则可增强突破信号的有效性。

以 10 日均线为例进行介绍，来看一下四方达的案例，如图 8-3 所示。

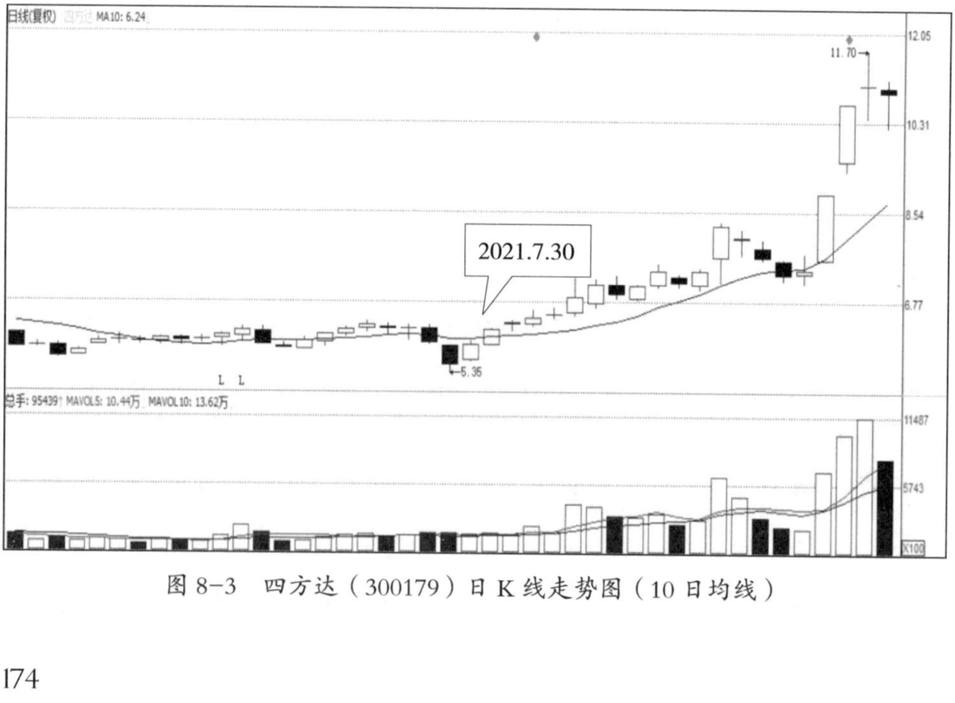

图 8-3　四方达（300179）日 K 线走势图（10 日均线）

2021 年 7 月 30 日，四方达的股价经过底部整理之后向上突破了 10 日均线。8 月 2 日、8 月 3 日（7 月 31 日、8 月 1 日周末休市）该股没有回到 10 日均线的下方，证明突破有效。投资者可以在 8 月 4 日这一天短线买入。需要说明的是，对 10 日均线的突破，要选择在股价处于相对低位时买入，而且必须要在验证其有效后方可介入。

2. 股价向下跌破均线

股价向下跌破均线有效性的判断包括以下几点。

第一，均线方向放平或向右下方倾斜。

第二，股价向下跌破均线后，连续三个交易日位于均线下方，则可认定为有效跌破。

第三，股价向下跌破均线时，通常并不需要成交量放大相配合。不过，若股价跌破均线时，成交量同步放大，则可提前卖出股票。

下面仍以 10 日均线为例介绍，来看一下梦百合的案例，如图 8-4 所示。

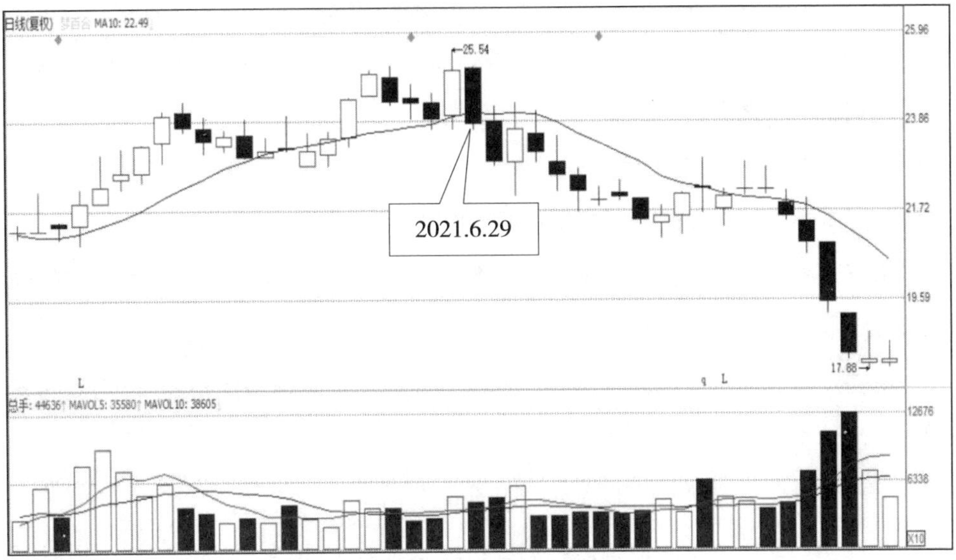

图 8-4 梦百合（603313）日 K 线走势图（10 日均线）

从2021年6月开始，梦百合的股价出现了一波上升行情。2021年6月下旬，该股进入了筑顶阶段。2021年6月29日，梦百合的股价放量向下跌破了10日均线，说明该股走势可能会发生变化。鉴于股价下跌时，成交量出现了放大，保守型投资者可在29日当天卖出该股，激进型投资者可继续持股。7月12日，该股出现了反弹，但并未向上突破10日均线，已经连续三个交易日位于10日均线下方，说明该股股价短线走弱已成定局，投资者宜卖出手中的股票。

三、均线的作用：支撑与阻力

均线对股价K线的支撑与阻力作用，是均线指标研判的核心内容之一。

1. 均线的支撑

当股价自上而下回落到某条均线处时，如果获得支撑开始回升，那么投资者就可以认定买入信号出现，宜进行买入操作。投资者利用均线支撑作用买入股票时，需注意以下几点。

第一，只有股价非有效跌破均线，才能说明均线对股价的支撑有效。股价K线自上而下回调到均线处时，要确保股价K线没有跌破均线，或者跌破均线后立即回到了均线之上。

第二，股价K线自上而下回调到均线处时，成交量要同步出现萎缩态势；当股价遇支撑重新上涨时，成交量最好能够放大。

第三，股价进入上行趋势时，均线都是向右上方倾斜的。因而，均线的方向要保持向上倾斜的姿态。均线方向如果向下倾斜则不应买入股票。

第四，相对而言，越是周期长的均线，支撑作用越强，比如30日均线的支撑作用普遍要强于5日均线和10日均线。

下面来看一下恒瑞医药的案例，如图8-5所示。

2020年12月3日，恒瑞医药的股价向上突破了30日均线。此后，该股股价沿 30 日均线震荡上涨。由于前期买入的投资者都处于获利状态，所以中途出现了获利盘卖出的缩量回调现象，不过当股价于 2020 年 12 月 10 日回落至 30 日均线附近时却获得了强力支撑，这表明上涨行情仍将继续，投资者可以在股价重新启动上涨之际加仓买入。

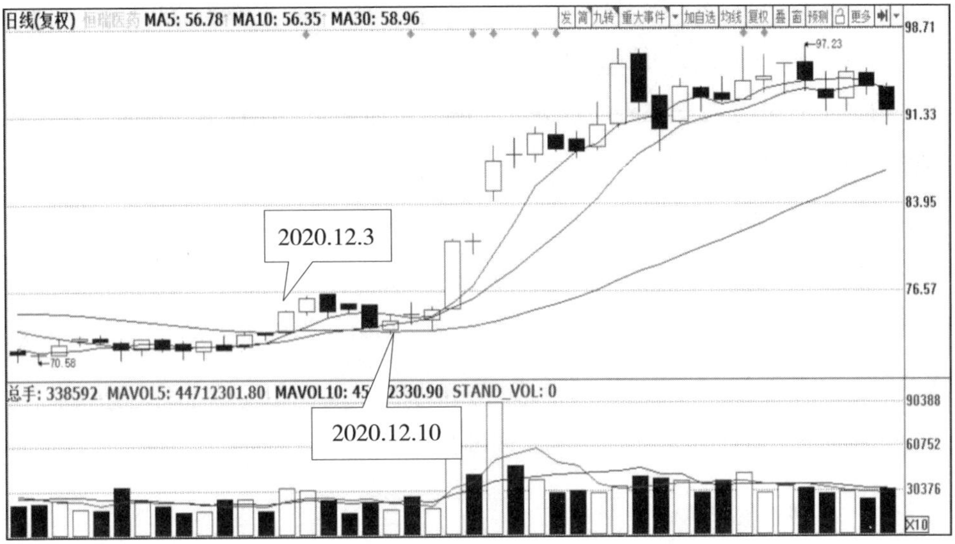

图 8-5　恒瑞医药（600276）日 K 线走势图

从图 8-5 中也可以看出，当股价遇 30 日均线支撑时，已经完成了对 5 日均线和 10 日均线的跌破，这也意味着，30 日均线的支撑作用要强于 5 日均线和 10 日均线。

在实战中，投资者可以根据自己的交易计划选择合适的均线周期。比如，短线或超短线交易者喜欢以 5 日均线和 10 日均线作为主要参考对象；而波段交易者则喜欢用 20 日均线和 30 日均线作为主要参考对象。

2. 均线的阻力

当股价自低点反弹至均线附近时，很多投资者就会将该位置看成一个较佳的离场或减仓时机，于是纷纷卖出股票，股价随之走低。这就是均线对股价的阻力作用。

当股价自下方上涨到某条均线处时，如果遇到阻力开始回落，那么，也就意味着卖出信号出现，宜卖出股票。投资者利用均线阻力作用卖出股票时，需注意以下几点。

第一，股价K线上涨到均线处时，没有突破均线，或者突破均线后立即回到了均线下方，则说明均线阻力较强。

第二，股价K线上涨到均线处时，成交量如果同步出现放大态势，投资者需保持观望，因量价齐升时，有成功突破均线的可能。

第三，股价进入下行趋势时，均线都是向右下方倾斜的。均线的方向如果是向下倾斜的，那么，均线对股价的阻力作用会更强。

第四，与支撑作用相似，越是长期均线，其阻力作用也越强，比如30日均线的阻力作用强于5日均线和10日均线。

下面来看一下智度股份的案例，如图8-6所示。

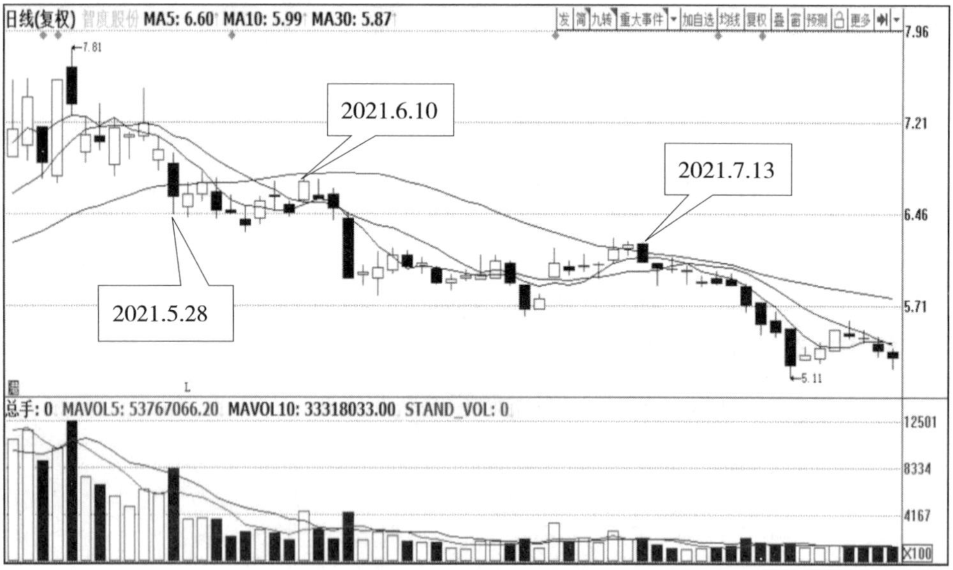

图8-6　智度股份（000676）日K线走势图

智度股份的股价自 2021 年上半年开始启动了一波下跌走势，股价自 2021 年 5 月 28 日跌破了 30 日均线后一直运行于均线系统的下方，这是非常不利于短线操作的一种情况。该股股价在下跌一段时间后，出现了反弹，并于 2021 年 6 月 10 日、7 月 13 日两次上涨至 30 日均线附近，不过，股价受 30 日均线的压力而重新下跌，由此可见，均线对股价具有很强的阻力作用。

四、均线的交叉：金叉与死叉

均线的金叉与死叉，也是投资者需要重点关注的一种形态。金叉的形成，意味着短期均线向上突破了中长期均线，即股价启动了上升走势；反之，死叉的形成，则意味着短期均线向下突破了中长期均线，即股价启动了下跌走势。

1. 均线金叉

均线金叉，即均线黄金交叉，是指由于股价的持续走高，带动短期均线自下而上穿过长期均线形成的交叉。金叉的出现，说明短期持仓成本超过了中长期持仓成本，近期买入股票者的成本在高于中远期买入者的同时，也处于盈利状态，这就比较有利于股价的进一步上涨。均线黄金交叉的买入操作要点如下。

第一，黄金交叉形成时，短期均线与长期均线的方向必须都是向上的，且股价一定要位于交叉点的上方。

第二，股价如果位于交叉点上方很远的地方，则投资者不宜买入，因为股价如果距离均线太远，很可能会出现回调。

第三，黄金交叉发生时，如果成交量能够随之同步放大，将增大股价进一步上涨的概率。对于投资者来说，均线金叉，尤其是较长周期的均线出现黄金交叉，通常会有一波股价的上涨，而这也是入场操作的最佳时机。

下面来看一下协鑫能科的案例，如图 8-7 所示。

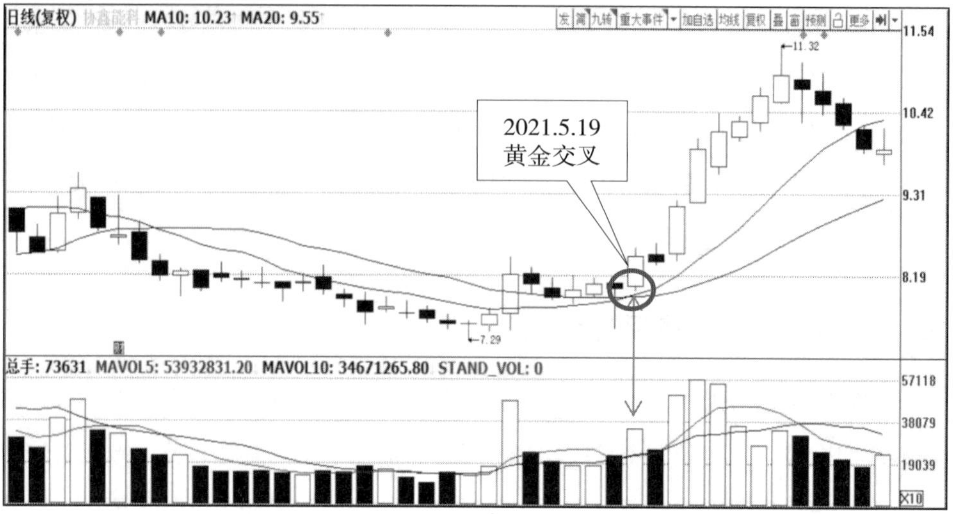

图 8-7 协鑫能科（002015）日 K 线走势图

2021 年 5 月初，处于整理走势的协鑫能科的股价开始反弹，从而带动 10 日均线、20 日均线向上移动。2021 年 5 月 19 日，10 日均线上穿了处于上升状态的 20 日均线，与此同时，该股股价 K 线位于黄金交叉点的上方，成交量也放大了很多，这属于比较明确的买入信号，投资者可考虑于此时买入该股。

其后，该股股价一路上行，由此可见，黄金交叉发出的信号准确性较高。

2. 均线死叉

均线死叉，即均线死亡交叉，是指由于股价的持续走低，带动短期均线自上而下穿过长期均线形成的交叉。死叉的出现，说明短期持仓成本低于中长期持仓成本，近期买入股票者的成本在低于中远期买入者的同时，也处于亏损状态，这就可能导致股价进一步走低。均线死亡交叉的卖出操作要点如下。

第一，死亡交叉形成时，短期均线与长期均线的方向必须都是向下的，且股价一定要位于交叉点的下方。

第二，股价如果位于交叉点下方很远的地方，则投资者不宜卖出，因为股价如果距离均线太远，很可能会出现反弹。

第三，死亡交叉发生时，如果成交量能够随之同步放大，将增大股价进一步下跌的概率。

第四，不同均线的死亡交叉往往会对行情有着不同的指导意义。短期均线出现死叉，而中长期均线依然向上，表示短期阶段上升行情结束，中期洗盘调整行情已经开始；中期均线出现死叉，而长期均线依然向上，表示中期波段上升行情结束，波段调整行情已经开始；长期均线出现死叉，短中期均线已经完全在长期均线以下，表示大级别上升行情结束，弱势或极弱势行情已经开始。

下面来看一下立讯精密的案例，如图 8-8 所示。

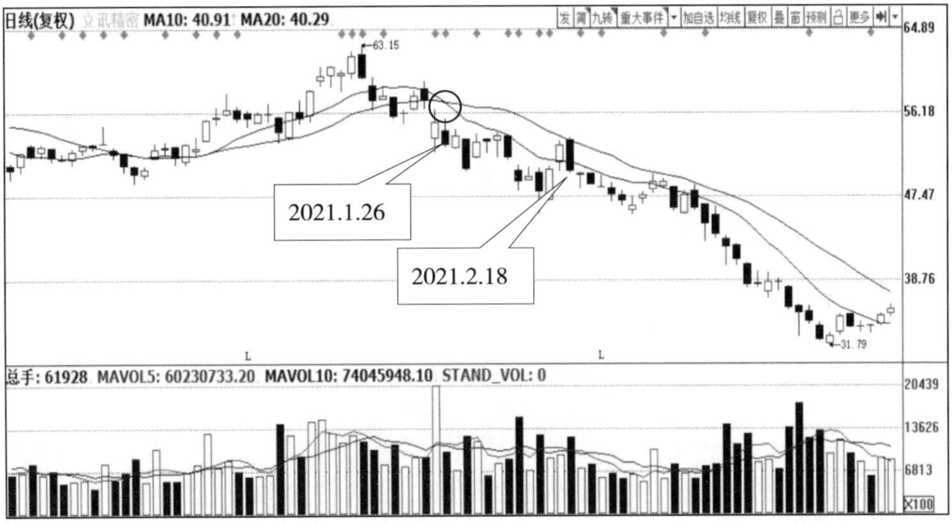

图 8-8 立讯精密（002475）日 K 线走势图

2021 年 1 月初，处于上涨行情末期的立讯精密出现疲软迹象。1 月 26 日，该股收出一根中阴线，且 10 日均线同步向下跌破了 20 日均线，形成了死亡交叉。这是较为明显的卖出信号。

其后，该股经过一段时间的下跌后出现反弹。2021 年 2 月 18 日，该股股价反弹至 20 日均线位置时，因受均线阻力而重新开始下跌。

至此，立讯精密下跌趋势已经确立，持有该股的投资者可执行清仓操作。

五、均线的排列：多头排列与空头排列

均线的排列方式也会对股价产生一定的助涨或助跌作用。均线的排列方式包括多头排列和空头排列两种。

1. 多头排列

多头排列，是指短期均线、中期均线和长期均线按照自上而下的顺序排列，三根均线均向上倾斜，如图 8-9 所示。均线的多头排列，表示多方力量强大，股价进入了一个稳定的上升期，通常是中线进场的机会。

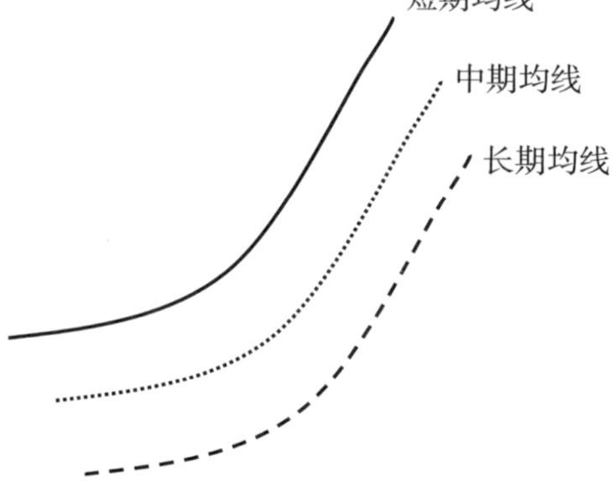

图 8-9　均线的多头排列

投资者在根据均线的多头排列进行操作时，应该注意以下几点。

第一，当均线呈多头排列时，投资者可以在前期和中期积极做多，尤其是多头排列刚形成的首个交易日，是最佳的介入时机。

第二，均线如呈多头排列，股价往往会在短期均线之上运行，如果股价回落，并在某条均线附近获得支撑再度上涨，投资者仍可适量买入。

第三，当股价上涨到高位后，均线虽然仍呈多头排列，但是已经有走平或掉

头向下的迹象，此时投资者应该对买入持谨慎态度。

下面看一下法拉电子的案例，如图 8-10 所示。

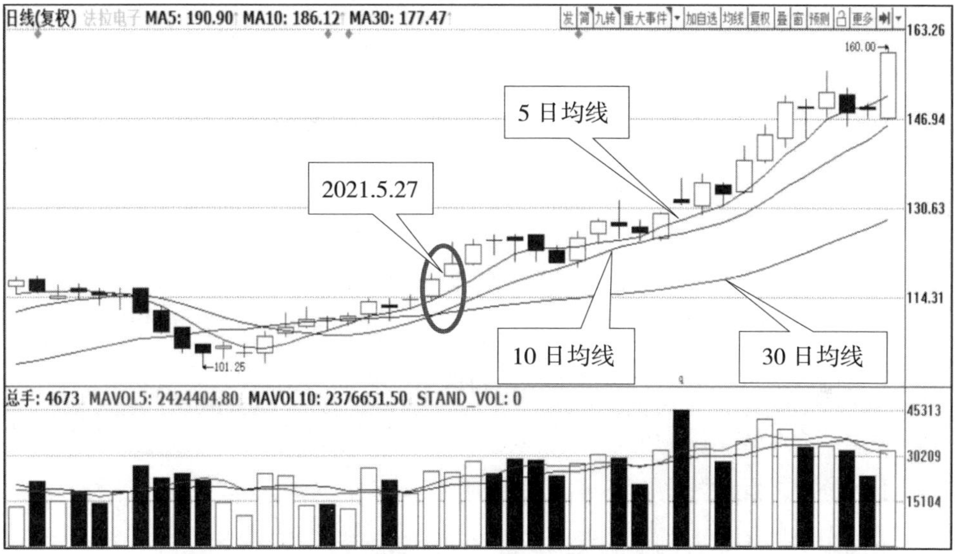

图 8-10　法拉电子（600563）日 K 线走势图

2021 年 5 月，法拉电子结束调整后开始启动，2021 年 5 月 27 日，股价 K 线放量向上突破多条均线，此时，10 日均线向上突破 30 日均线形成黄金交叉，且 5 日均线、10 日均线、30 日均线构成的均线系统进入多头排列状态，说明股价短期涨势基本确立，投资者可追涨买入该股。

2. 空头排列

空头排列，是指长期均线、中期均线和短期均线按照自上而下的顺序排列，三根均线均向下倾斜，如图 8-11 所示。均线的空头排列，表示空方力量强大，股价进入了一个持续的下跌期，通常是中线离场的信号。

投资者在根据均线的空头排列进行操作时，应该注意以下几点。

第一，当均线呈空头排列时，投资者可以在前期和中期积极做空，尤其是空头排列刚形成的首个交易日，是最佳的卖出时机。

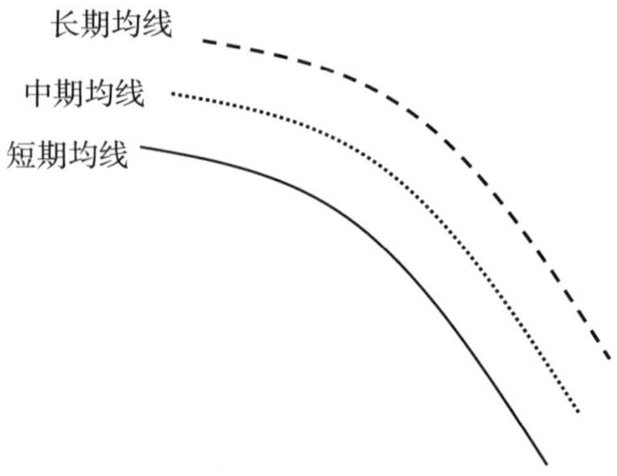

图 8-11　均线的空头排列

第二，均线如呈空头排列，股价大多会在短期均线之下运行，如果股价反弹，并在某条均线附近遇到阻力再度下跌，持股者应果断卖出。

第三，当股价下跌到低位后，均线虽然仍呈空头排列，但是已经有走平或掉头向上的迹象，此时投资者不应再盲目割肉。

下面来看一下东方国信的案例，如图 8-12 所示。

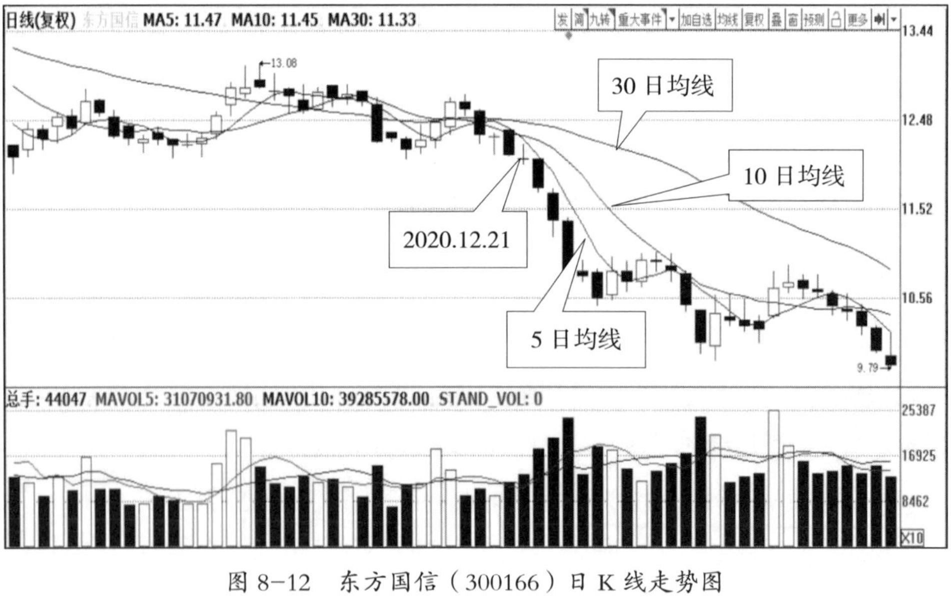

图 8-12　东方国信（300166）日 K 线走势图

2020 年 12 月 21 日，东方国信的股价跳空低开收出十字线，与此同时，5 日均线向下跌破 10 日均线，此后，5 日、10 日和 30 日均线形成了空头排列状态，这意味着该股已进入空头市场，股价的整体趋势将转弱。由于东方国信之前已有较大的涨幅，所以这次出现的空头排列会引发一波较大的下跌行情。

第二节 MACD 指标

MACD（Moving Average Convergence and Divergence，指数平滑异同移动平均线）指标，是由杰拉尔德·阿佩尔（Gerald Appel）在移动平均线的基础上重新发展出来的一种技术指标。

阿佩尔从 19 世纪 70 年代开始从事投资市场研究。MACD 指标是 1979 年在阿佩尔和福雷德·海期尔（Fred Hitschler）两人合著的《股市交易系统》一书中被首次提出的。

不过，阿佩尔所发明的 MACD 指标，实际上只有两根指标线和 0 轴，并没有 MACD 柱线。MACD 柱线是由美国人托马斯·艾利普利（Thomas Aspray）在 1986 年加入的。从此以后，MACD 指标才变成了我们今天看到的样子。

从 MACD 指标的全称 Moving Average Convergence and Divergence，可以看出该指标的核心设计思路。Moving Average，字面含义为移动平均线（MACD 指标是根据指数平滑移动平均线，即 EMA 为基础设计出来的）；Convergence and Divergence，指的是收敛和发散（异同）。也就是说，MACD 指标就是对 EMA 指标进行了一定的平滑异同处理。

目前，在大多数股票交易软件中，MACD 指标都是默认的首选指标，如图 8-13 所示。

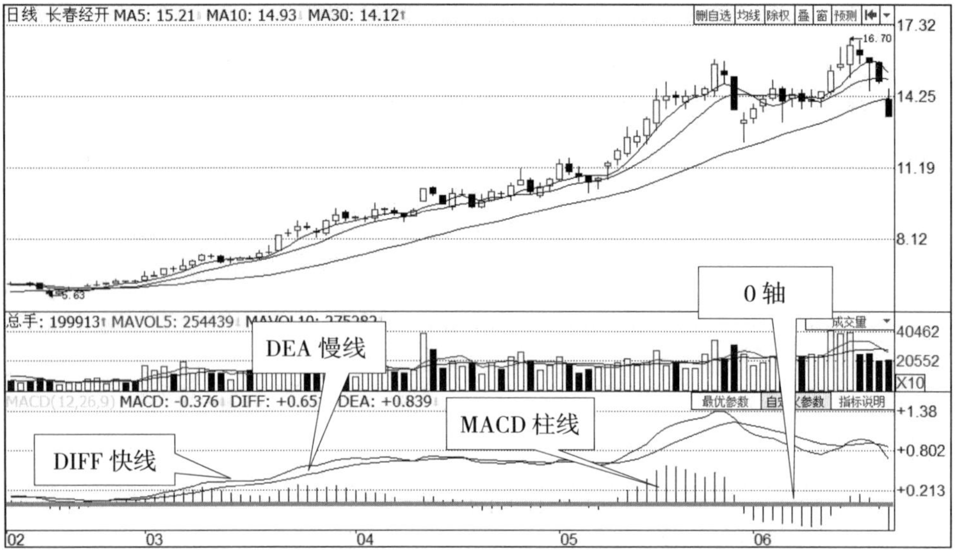

图 8-13 MACD 指标示意图

目前，MACD 指标主要由 DIFF 快线、DEA 慢线、MACD 柱线、0 轴四部分构成。

DIFF 是快速平滑移动平均线（EMA1）与慢速平滑移动平均线（EMA2）之间的差值，快慢只是时间参数不同，快速是短期的，慢速则是长期的。DEA 是 DIFF 的移动平均，也就是连续一段时间内 DIFF 的算术平均值，因此 DEA 有自己独自的时间参数，即平滑的天数（M）。

一、MACD 指标对 0 轴的突破

0 轴，是一条多空力量强弱的分界线，即 MACD 指标运行于 0 轴上方，意味着多方占据主导优势；当 MACD 指标运行于 0 轴下方，则意味着空方占据主导优势。MACD 指标中，DIFF 线每次穿越 0 轴都意味着多空力量的转变。

很多时候，MACD 指标在 0 轴上方出现死叉时，并不建议投资者一次性清空仓位，毕竟多方还占据优势地位，只有等到 MACD 指标向下完成对 0 轴的突破后，才应该清空仓位；反之，也是同样的道理，即股价处于低位，MACD 指标在 0 轴以下出现金叉时，只是表示多方实力的增强，但空方仍占主导地位，因而，投资者此时也不应建立过高的仓位。

MACD 指标对 0 轴的突破包括自下而上突破和自上而下突破两类。

1. 向上突破 0 轴

MACD 指标自下而上穿越 0 轴，说明多空力量发生了逆转，市场由空头主导变成了多头主导。如果 MACD 指标线长期在 0 轴下方运行，而一旦在某一时刻向上突破 0 轴，则看涨的交易指示作用更强，投资者可考虑加大仓位。

下面来看一下紫光国微的案例，如图 8-14 所示。

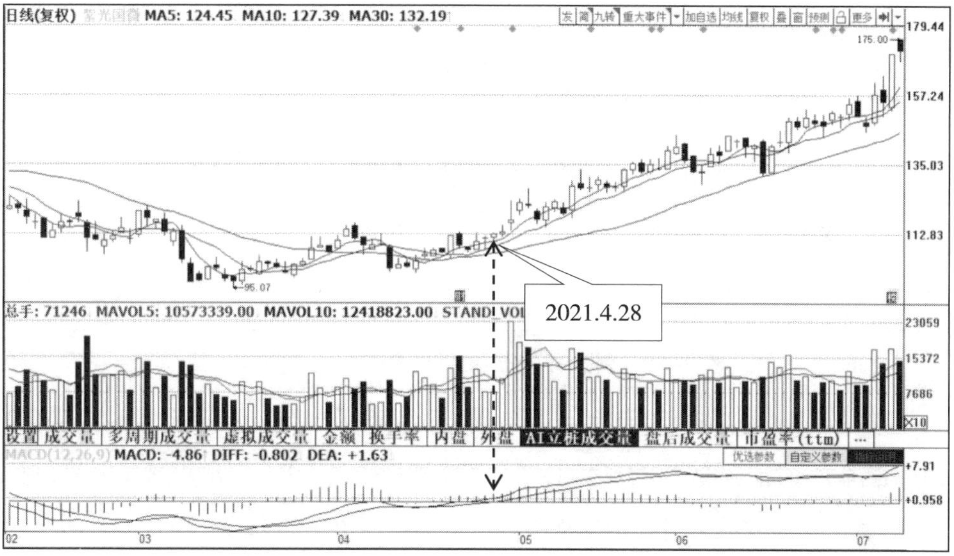

图 8-14　紫光国微（002049）MACD 走势图

紫光国微的股价在 2021 年 4 月中旬以后，随着大盘指数的回暖而出现了一波快速震荡上涨行情。MACD 指标也随之不断走高，DIFF 快线和 DEA 慢线同步向上运行，4 月 28 日，MACD 指标中的 DEA 慢线向上突破了 0 轴，这更加说明市场已经进入强势区间，投资者宜加仓买入该股。

2. 向下跌破 0 轴

MACD 指标自上而下穿越 0 轴，说明多空力量发生了逆转，市场由多头主导变成了空头主导。如果 MACD 指标线长期在 0 轴上方运行，而一旦在某一时刻跌破 0 轴，则看跌的交易指示作用更强，投资者可考虑清空仓位。

下面来看一下科大讯飞的案例，如图 8-15 所示。

图 8-15 科大讯飞（002230）MACD 走势图

科大讯飞的股价在 2021 年 6 月中旬之后出现了一波快速下跌行情，MACD 指标也随之不断走低。7 月 30 日，MACD 指标中的 DEA 慢线跌破了 0 轴，整个 MACD 指标完成了对 0 轴的跌破，这更加说明市场的弱势，投资者宜清空手中的股票。

从图 8-15 的案例可以看出，MACD 指标线自上而下穿越 0 轴时，股价已经下跌了一定的空间。该点位相对于高点来说，已经有了一定的下跌幅度，不过相对于该波段启动上涨时的价格还是有很大的获利空间。因而，利用这种方法选择卖点比较适合中线波段操作，不适宜短线操作。

二、MACD 指标金叉形态

MACD 指标金叉，是指随着股价的上行，DIFF 线自下而上与 DEA 线交叉，属于典型的看涨形态。如果将 DIFF 线看成股价，那么，DEA 线就是均线。如果股价自下而上穿越均线，那么，未来股价继续上涨的概率无疑会增大很多。因此，我们通常将这种 DIFF 线自下而上穿越 DEA 线的交叉，叫作黄金交叉，如图 8-16 所示。

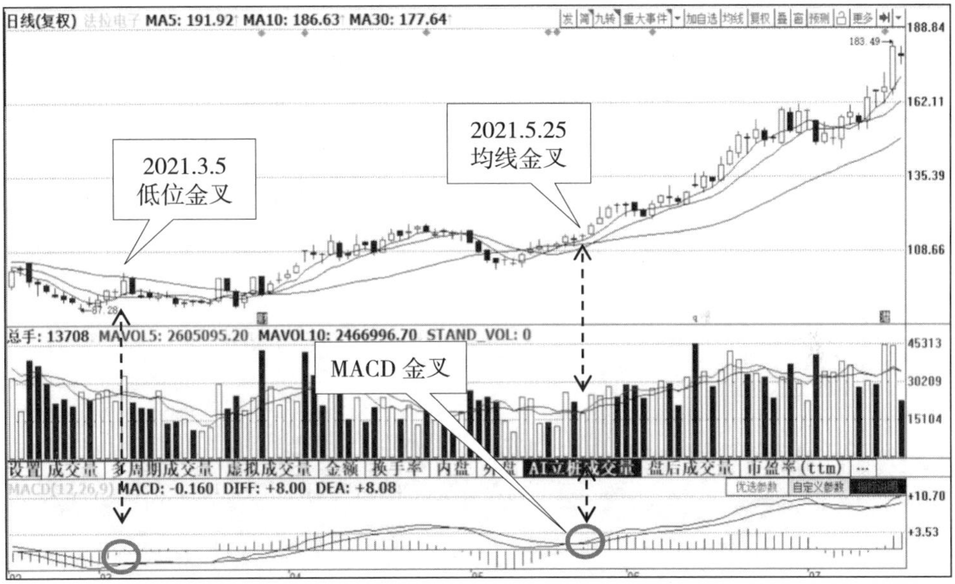

图 8-16　法拉电子（600563）MACD 黄金交叉示意图

2021 年 3 月随着大盘趋势向好，法拉电子的股价也同步出现了上涨态势。MACD 指标自底部反弹向上，3 月 5 日，该股股价出现了小幅反弹，MACD 指标形成了黄金交叉形态，不过，此交叉点位于 0 轴下方较远位置，这意味着此时的上攻可能属于超跌反弹。此后，该股股价重新进入底部盘整区间。

尽管大家习惯将 DIFF 快线自下而上穿越 DEA 慢线的情况都称为黄金交叉，但不可否认，其中有大量的交叉并没有带来股价的上涨。因此，只有质量较高的黄金交叉，才是投资者需要关注的形态。

三、MACD 指标死叉形态

MACD 指标死叉，是指随着股价的下行，DIFF 线自上而下与 DEA 线交叉，属于典型的看跌形态。如果将 DIFF 线看作股价，那么，DEA 线就是均线。如果股价自上而下穿越均线，那么，未来股价继续下跌的概率无疑会增大很多。因此，我们通常将这种 DIFF 线自上而下穿越 DEA 线的交叉，叫作死亡交叉，如图 8-17 所示。

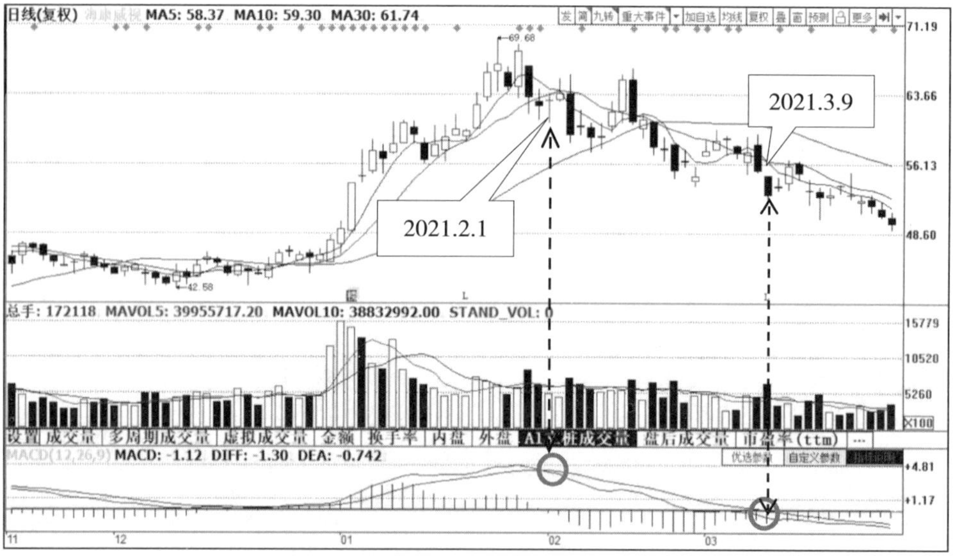

图 8-17 海康威视（002415）MACD 死亡交叉示意图

海康威视的股价在 2021 年年初走出了一波上涨行情。MACD 指标中的 DIFF 快线和 DEA 慢线也同步上升。2021 年 2 月 1 日，该股股价连续几个交易日出现回调，DIFF 快线自上而下穿越 DEA 慢线，形成了高位死亡交叉形态，这意味着股价后市下跌的概率很大，由于此时 DIFF 快线和 DEA 慢线仍位于 0 轴上方，投资者可卖出大部分股票，留少许筹码。

此后，海康威视的股价经过一段时间的震荡下跌，在 2021 年 3 月 9 日，一根大阴线将股价直接打压到很低的水平。DIFF 快线与 DEA 慢线跌破 0 轴，投资者宜清空手中股票。

通常情况下，大家习惯将 DIFF 快线自上而下穿越 DEA 慢线的情况都称为死亡交叉，但不可否认，其中有大量的交叉并没有带来股价的大幅下跌，有的可能只是很短暂的回调整理。在实战中，投资者需要结合市场环境，对死叉出现的位置进行综合判断。

四、MACD 指标的底背离

底背离，是指股价在下跌过程中，创下的低点一个比一个低，但 MACD 指标没有创出新低的现象。

通常情况下，股价进入下行趋势后，由于越来越多的投资者认可了这一运动趋势，于是卖盘就会占据主导地位，且越来越多，这就使得 MACD 指标与股价同步走低。但是，随着股价下跌趋势的延续，卖盘消耗殆尽，且无法再继续放大，此时，MACD 指标线就会出现触底反弹迹象，而此时股价还处于继续下跌态势，这就使得股价创新低时，MACD 指标反向走高，从而形成了底背离。

底背离的出现具有如下几个交易含义。

第一，通常情况下，底背离的出现，是一种股价下行趋势难以长久持续的信号。但这并不意味着股价会立即止跌反弹。有时候，底背离可能出现一次，股价就会反弹；有时候，这种背离需要出现两次，甚至三次后才迎来股价的反弹。

第二，股价与 MACD 指标出现底背离的次数越多，越能说明股价反弹的可能性非常大。

第三，成交量的变化。若股价与 MACD 指标出现底背离时，又同步与成交量指标出现底背离，则意味着股价反弹的可能性非常大。

第四，底背离形成后，MACD 指标出现金叉时，投资者可少量建仓；MACD 指标自下而上突破 0 轴后，可加仓入场。

下面来看一下建科院的案例，如图 8–18 所示。

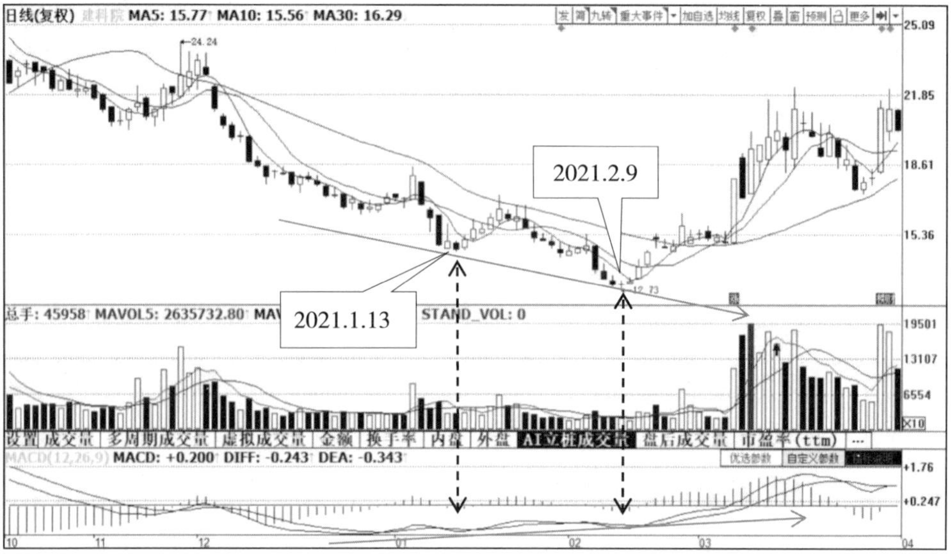

图 8–18 建科院（300675）MACD 指标底背离示意图

建科院的股价在 2021 年 1 月到 2 月期间走出了一波震荡下跌行情。该股股价在 1 月 13 日和 2 月 9 日分别创下了两个短期低点，且后一个低点远远低于前一个低点，与此同时，DIFF 快线所创下的两个低点却没有形成一个比一个低的态势，这说明股价与 MACD 指标出现了底背离，未来股价反弹的概率很高。

此后，该股迅速触底反弹向上，开启了一波上升走势。

五、MACD 指标的顶背离

顶背离，是指股价在上涨过程中，创下的高点一个比一个高，但 MACD 指标没有创出新高的现象。

通常情况下，股价进入上行趋势后，由于越来越多的投资者认可了这一运动趋势，于是买盘就会占据主导地位，且越来越多，这就使得 MACD 指标与股价同步走高。但是，随着股价上涨趋势的延续，买方资金势必无法持续放大，此时，MACD 指标线就会出现触顶回落迹象，而此时股价还处于继续上涨态势，这就使得股价创新高时，MACD 指标反向走低，从而形成了顶背离。

顶背离的出现具有如下几个交易含义。

第一，通常情况下，顶背离的出现，是一种股价上升趋势难以长久持续的信号。但这并不意味着股价会立即下跌。有时候，顶背离可能出现一次，股价就会下跌；有时候，这种背离需要出现两次，甚至三次后股价才会下行。

第二，股价与 MACD 指标出现顶背离的次数越多，越能说明股价下跌的可能性非常大。

第三，成交量的变化。若股价与 MACD 指标出现顶背离时，又同步与成交量指标出现顶背离，则意味着股价回落的可能性非常大。

第四，顶背离形成后，MACD 指标出现死叉时，保守型投资者可立即清仓离场；激进型投资者可保留少量仓位，若 MACD 指标继续走低并跌破 0 轴，则应坚决清仓。

下面来看一下富满电子的案例，如图 8-19 所示。

富满电子的股价在 2021 年上半年走出了一波震荡上涨行情。该股股价在 7 月 8 日和 7 月 27 日分别创下了两个短期高点，且后一个高点高于前一个高点，与此同时，DIFF 快线所创下的两个高点却没有形成一个比一个高的态势，这说明股价与 MACD 指标出现了顶背离，未来股价下跌的概率很高。

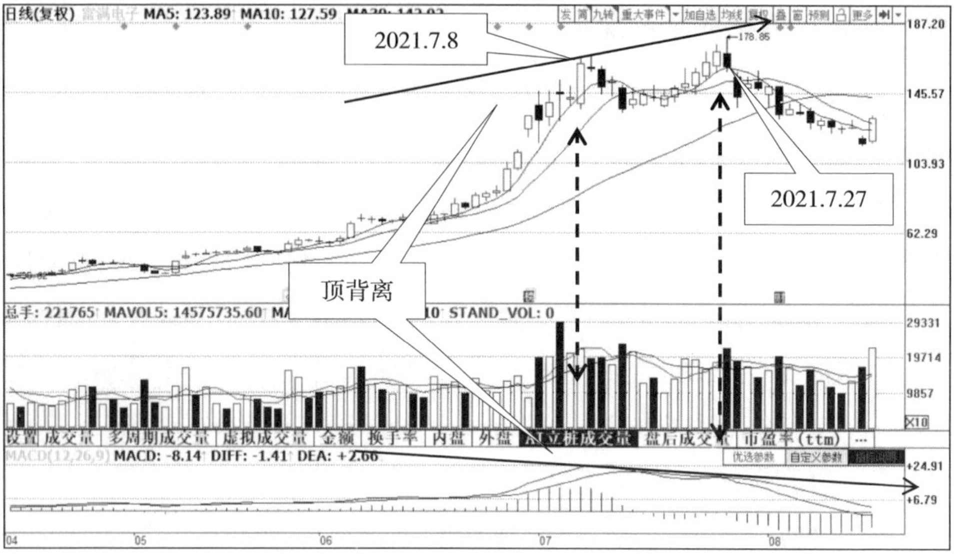

图 8-19　富满电子（300671，现为富满微）MACD 指标顶背离示意图

第三节
KDJ 指标

KDJ 指标由乔治・兰恩博士首创。创立初期，KDJ 指标主要应用在期货市场上。该指标是根据统计学原理，将某个周期内出现过的最高价、最低价及最后一个收盘价作为基本数据，来计算最后一个计算周期的未成熟随机值 RSV，然后根据平滑移动平均的方法来确定 K 值、D 值与 J 值，并绘制成相应的曲线图来研判行情。不过，这里有一点需要注意，在乔治・兰恩发明 KDJ 指标时，只有曲线 K 和曲线 D 两条指标线，正因如此，很多外版书籍中，提及 KDJ 指标时，使用的都是“KD 值随机指标”这一称呼。

KDJ 指标又称随机指标，是一种在市场上应用非常广泛的技术分析工具。它主要被用来反映市场上买卖力量的强弱和超买超卖现象，能够在股价尚未上升或下降之前发出准确的买卖信号，如图 8-20 所示。

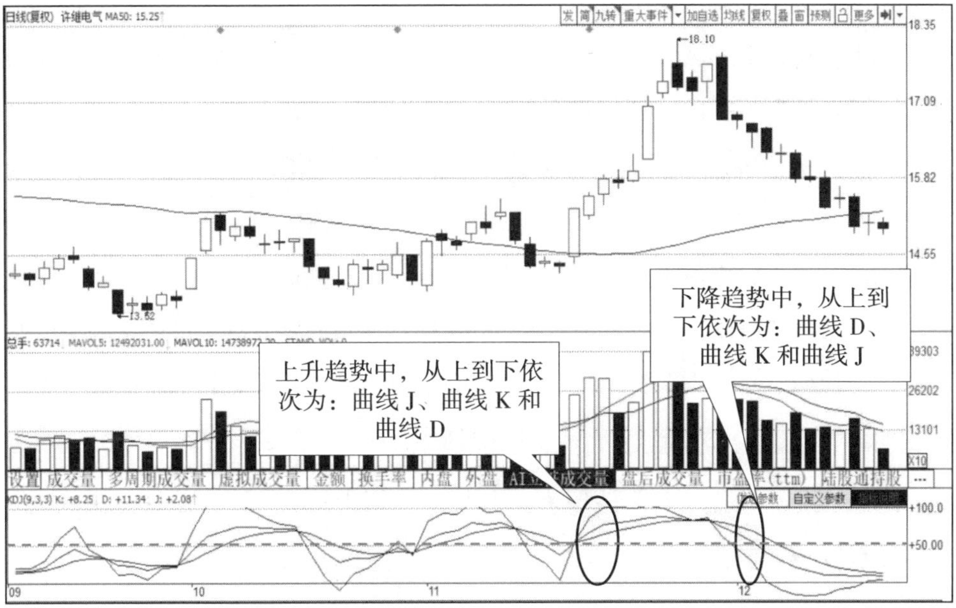

图 8-20 KDJ 指标示意图

KDJ 指标主要由曲线 K、曲线 D、曲线 J、中轴 50 线四部分构成。同时，因股价所处的短线趋势不同，KDJ 指标的三条指标线也会呈现完全不同的排列方式。

一、KDJ 指标超买形态

KDJ 指标超买，是指股价在上涨过程中，买盘逐渐放大，KDJ 指标逐步走高；当买盘放大到一定程度无法继续放大时，KDJ 指标上升的难度会越来越大，此时说明指标已经进入超买区域，未来有下跌的风险。

从 KDJ 指标设计的角度来看，当股价以接近某一阶段内最高价收盘时，就说明股价进入超买区域。那么，这种走势的股票往往具有如下几个特点。

第一，只有短线走强的股票，才会出现这种特征。

第二，一只股票无法长期保持以接近某一阶段最高价的价格收盘，也就意味着在未来股价很快会出现反转向下的态势。

因此，KDJ 指标超买的出现，说明上涨行情很难持续，股价未来有下跌的风险。通常情况下，KDJ 指标超买具有如下几个特征。

第一，股价经过一段时间的上涨后，KDJ 指标中的曲线 J、曲线 K 和曲线 D 先后进入超买区域，即 80 线上方区域。在大多数情况下，以曲线 K 进入 80 线以上区域为股价进入超买区域的标志。

第二，有些时候，当股价进入上升趋势时，投资者需要动态地调整超买区域的界限，比如，有时需要将曲线 K 进入 90 线以上区域才看成超买，或者将曲线 J 达到 100 线才认定为超买。

下面来看一下艾德生物的案例，如图 8-21 所示。

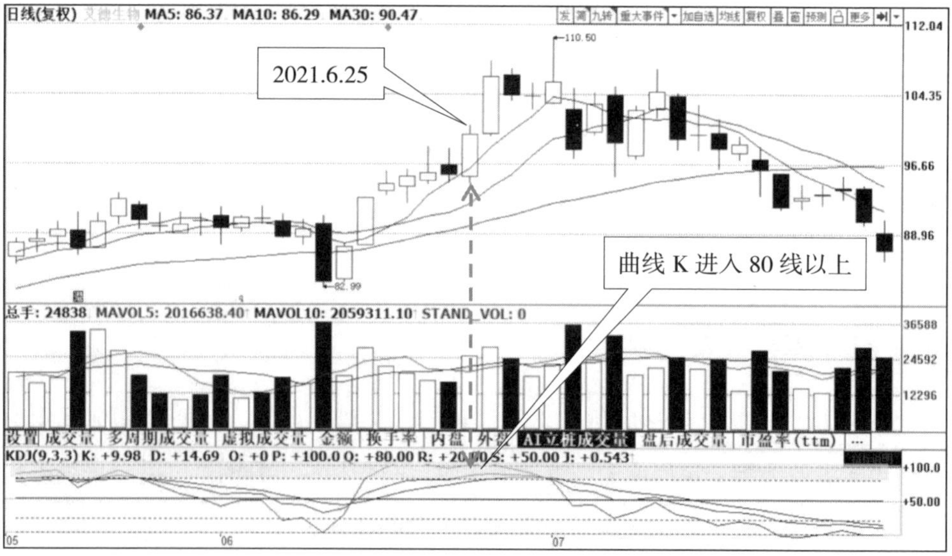

图 8-21　艾德生物（300685）KDJ 指标超买示意图

艾德生物的股价经过一段时间的盘整后，在 2021 年 6 月出现了一波快速拉升。随着股价的上涨，KDJ 指标中的各条指标线从 6 月 25 日开始先后进入超买区域，即 80 线以上区域。其中，曲线 J 一度达到 100 线以上区域，这说明股价短期可能会出现筑顶态势，投资者可做好卖出股票的准备。待有明确的卖出信号发出，则可考虑出货。

从图 8-21 中也可以看出，当 KDJ 进入超买区域时，其实也是股价上涨势头最猛的阶段。短线交易者应该尽可能地把握这一阶段的利润。

二、KDJ 指标超卖形态

KDJ 指标超卖，是指股价在下跌过程中，卖盘逐渐放大，KDJ 指标逐步走低；当卖盘放大到一定程度无法继续放大，KDJ 指标下行的难度会越来越大，此时说明指标已经进入超卖区域，未来有反弹的可能。

从 KDJ 指标设计的角度来看，当股价以接近某一阶段内最低价收盘时，说明股价进入超卖区域。那么，这种走势的股票往往具有如下几个特点。

第一，只有短线走弱的股票，才会出现这种特征。

第二，一只股票无法长期保持以接近某一阶段最低价的价格收盘，也就意味着在未来股价很快会出现反转向上的态势。

因此，KDJ 指标出现超卖，说明下降趋势很难持续，股价未来有反弹的可能。通常情况下，KDJ 指标超卖具有如下几个特征。

第一，股价经过一段时间的下跌后，KDJ 指标中的曲线 J、曲线 K 和曲线 D 先后进入超卖区域，即 20 线下方区域。在大多数情况下，以曲线 K 进入 20 线以下区域为股价进入超卖区域的标志。

第二，有些时候，当股价进入下降趋势时，投资者需要动态地调整超卖区的界限，比如，有时需要将曲线 K 进入 10 线以下区域才看成超卖，或者将曲线 J 达到 0 线才认定为超卖。

下面来看一下智动力的案例，如图 8-22 所示。

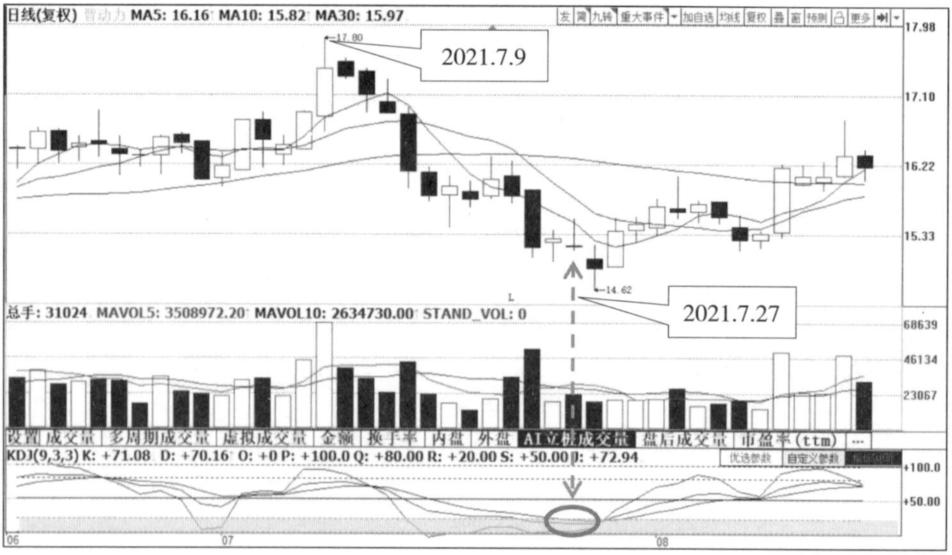

图 8-22　智动力（300686）KDJ 指标超卖示意图

智动力的股价在 2021 年 7 月中旬出现了一波快速下跌走势。随着股价的下跌，KDJ 指标中的各条指标线从 7 月下旬开始先后进入超卖区域，即 20 线以下区域。7 月 27 日，曲线 K 进入了 20 线以下区域，曲线 J 一度达到 0 线以下区域，说明股价短期可能会出现筑底态势，投资者可做好买入股票的准备。待有明确的买入信号发出，则可考虑少量建仓。

三、KDJ 指标的黄金交叉形态

通常情况下，大家习惯将曲线 K 自下而上穿越曲线 D 形成的交叉称为黄金交叉。这就如同股价 K 线自下而上穿越了均线，因而，股价 K 线未来继续上升的概率很大。一般而言，当曲线 K 向上穿越了曲线 D 形成黄金交叉后，股价都可能出现一波上升走势，当然，这种上升能够持续多久带有很大的不确定性。

下面来看一下澄天伟业的案例，如图 8-23 所示。

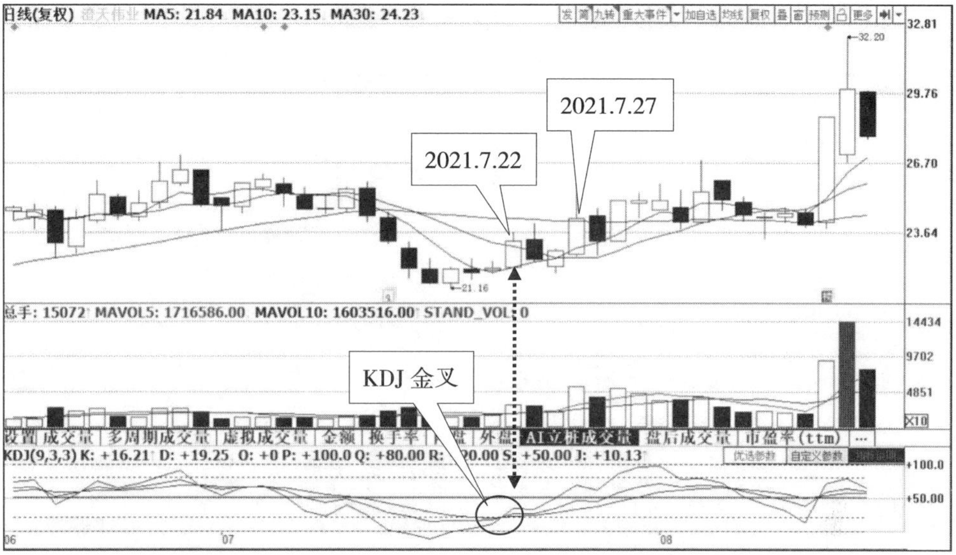

图 8-23 澄天伟业（300689）KDJ 指标金叉示意图

澄天伟业的股价在 2021 年 7 月突然出现大幅杀跌走势。随着股价下跌，KDJ 指标随之进入超卖区域，说明此时空头力量较强。

2021 年 7 月 22 日，澄天伟业的股价放量上攻，与此同时 KDJ 指标在 20 线上方附近位置形成黄金交叉，说明此交叉含金量很足，激进型投资者可考虑买入操作；保守型投资者可在 7 月 27 日，股价向上突破 5 日均线和 10 日均线，且各条均线呈多头发散排列时执行买入操作。

四、KDJ 指标的死亡交叉形态

与黄金交叉形态相似，大家习惯将曲线 K 自上而下穿越曲线 D 形成的交叉称为死亡交叉。这就如同股价 K 线自上而下穿越了均线，因而，股价 K 线未来继续下跌的概率很大。一般而言，当曲线 K 向下穿越了曲线 D 形成死亡交叉后，股价都可能会出现一波下跌走势，当然，这种下跌能够持续多久带有很大的不确定性。

下面来看一下万马科技的案例，如图 8-24 所示。

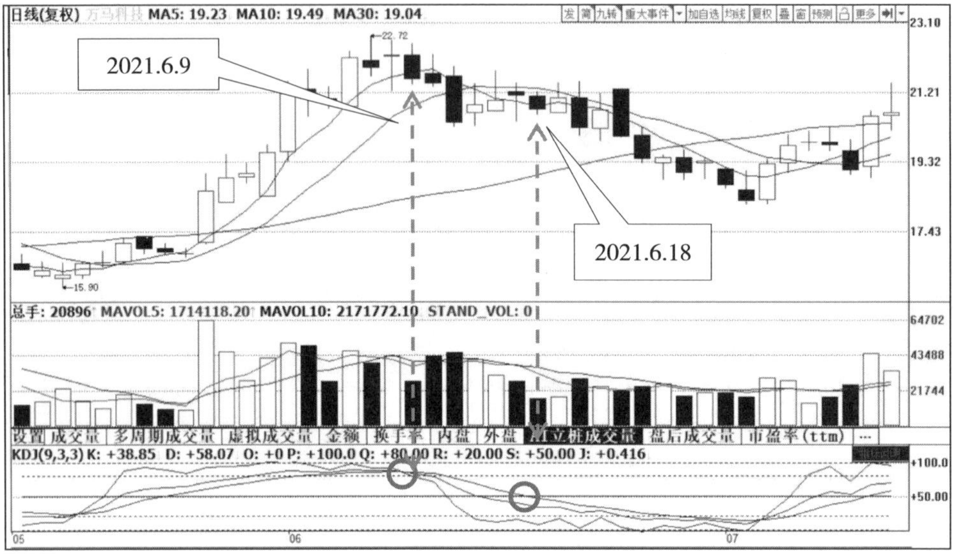

图 8-24　万马科技（300698）KDJ 指标死叉示意图

万马科技的股价在 2021 年 5 月经历了一波上涨走势，KDJ 指标也同步上升。

2021 年 6 月 9 日，该股股价出现下跌，曲线 K 自上而下穿越曲线 D 形成高位死叉，由于该死叉出现时，股价仍处于上升趋势，且回调时成交量出现了缩量，说明股价运行趋势尚佳，投资者可继续持股。保守型投资者可进行一定的减仓。

经过一段时间的小幅反弹后，该股股价再度出现滞涨。6 月 18 日，该股股价再度出现下跌，KDJ 指标跌破 50 线，这意味着股价将进入空方主导区域。

这也意味着股价将会开启下跌走势，投资者宜执行卖出操作。

第四节 布林线指标

布林线又称BOLL线，是由约翰·布林格（John Bollinger）在1983年发明，并以其名字命名的技术指标。

布林线通过三条轨道线为股价波动绘制了一个大致的运行通道（信道区间），并借以向投资者呈现股价正常的和非正常的波动情况，并对股价未来的运行趋势做出预测，如图 8-25 所示。

图 8-25 布林线（BOLL）指标示意图

从图 8-25 中可以看出，整个布林线指标就是由上轨线、中轨线和下轨线以及由上轨线和下轨线所划定的布林通道所组成。也就是说，整个布林线指标所发出的交易指示，都是以此为基础的。

一、布林通道喇叭口放大

按照布林线设计的理论，布林线的上轨线与下轨线会随着股价波动幅度的变化而不断调整，因而，当布林通道喇叭口出现放大与缩小时，往往意味着股价的运行态势可能会发生某种变化。

布林通道喇叭口放大，说明股价从低波动幅度转为高波动幅度，这往往也会成为股价重新选择突破方向的契机。因此，当布林通道喇叭口开始放大时，投资者需要密切关注此时股价的突破方向。这在很大程度上可能决定了未来一段时间内的股价运行趋势。

1. 布林通道喇叭口放大与股价上行

当布林通道经过一段时间的收缩，逐渐敞开时，布林线指标的上轨线会向上移动，下轨线会向下移动，呈现敞口喇叭形态，表示股价的波动幅度正在增大，会引发一波较大的行情。此时，投资者应该注意观察股价与中轨线的方向，如果股价与中轨线同步向上，而且成交量同步放大，表示股价会进入上涨行情，是买入信号。

下面来看一下森霸传感的案例，如图 8–26 所示。

森霸传感的股价在 2021 年 5 月出现了由盘整转为上涨的反转走势。该股的布林通道逐渐由放大转为收缩后，又由收缩变为放大。

2021 年 6 月 16 日，该股股价自中轨线位置启动上涨，成交量同步放大，同时，中轨线也开始拐头向上运行，说明股价有上涨的可能。此时，布林通道的宽度指标也开始触底反弹，这说明布林通道喇叭口开始放大，股价波动幅度开始加大，鉴于股价已经启动上涨，可以预判未来股价上涨的概率非常高，投资者可考虑追涨买入股票。

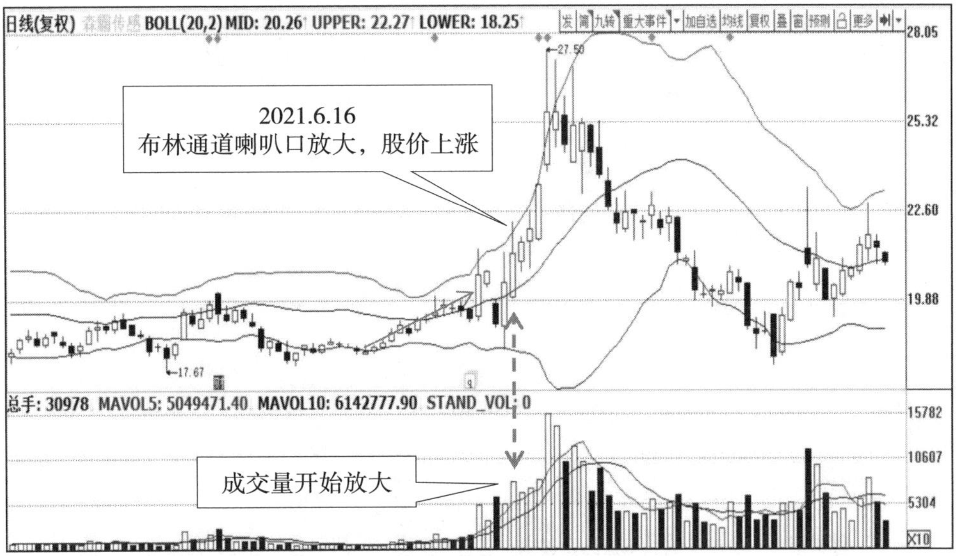

图 8-26 森霸传感（300701）布林线指标走势图

2. 布林通道喇叭口放大与股价下跌

当布林通道经过一段时间的收缩，逐渐敞开时，布林线指标的上轨线会向上移动，下轨线会向下移动，呈现敞口喇叭形态，表示股价的波动幅度正在增大，会引发一波较大的行情。此时，投资者应该注意观察股价与中轨线的方向，如果股价与中轨线同步向下，表示股价很可能会进入下降行情，是卖出信号。

下面来看一下天宇股份的案例，如图 8-27 所示。

天宇股份的股价在 2020 年 3 月出现了横向盘整走势，股价波动范围逐渐变小，布林通道也逐渐收缩。

2021 年 4 月 7 日，该股股价自中轨线位置启动下跌，同时，中轨线也开始拐头向下运行，说明股价有下跌的可能。

此后，布林通道喇叭口逐渐放大，股价一路下跌，说明股价已经进入下跌趋势，先前的上升只是庄家的一个陷阱。

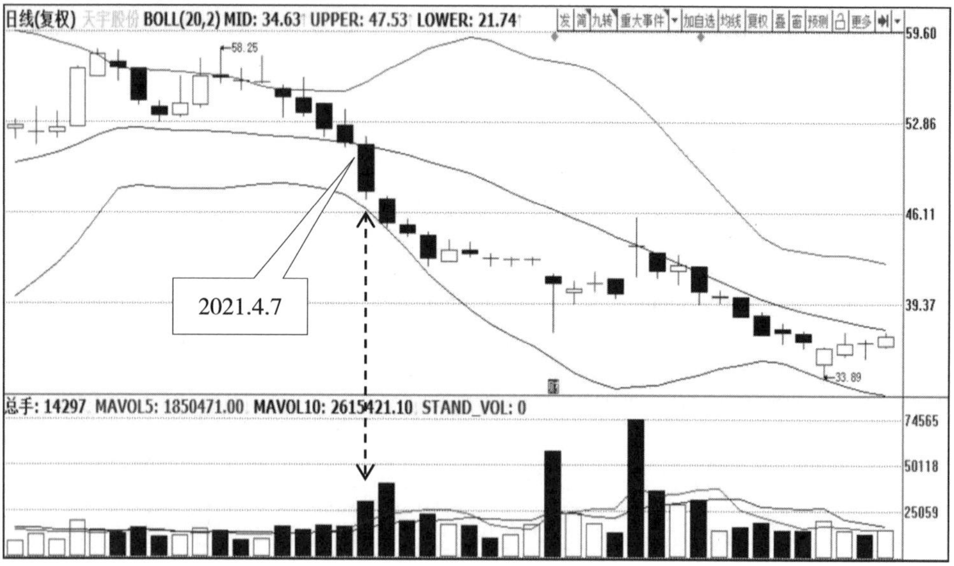

图 8-27　天宇股份（300702）布林线指标走势图

二、布林通道喇叭口收缩

布林通道喇叭口收缩，通常是由于股价波动幅度变小而引发的。随着股价上涨或下跌趋势的减弱，布林通道的上轨线和下轨线开始收缩，这往往属于对先前某种运行趋势的修正和调整。当布林通道的喇叭口重新放大时，就是股价重新选择突破方向的时候。

一般情况下，布林通道的喇叭口开始收缩，投资者很难预判股价是会延续先前的行情，还是出现与之相反的走势。投资者需要在喇叭口重新放大时，再进行判断。

1. 上升趋势终结与喇叭口收缩

通常情况下，股价处于上涨趋势时，布林线的上轨线和下轨线会呈现发散状态，布林通道的喇叭口会敞开。不过，随着股价逐渐接近于顶峰，上涨势能逐渐减弱，布林通道的喇叭口就会逐渐收缩。这属于典型的股价上攻乏力的迹象，未来股价出现调整的概率极高，投资者可考虑减仓或清仓操作。

下面来看一下西菱动力的案例，如图 8-28 所示。

图 8-28　西菱动力（300733）布林线指标走势图

西菱动力的股价在 2020 年 10 月中旬启动一波下跌行情。

该股股价在下跌过程中，布林线的喇叭口越开越大，说明股价波动幅度逐渐拉大，鉴于股价处于下跌途中，投资者可判断出股价持续下跌的可能性较大。

2020 年 11 月 19 日，该股股价触底反弹，投资者可继续观察该股其后的走势。与此同时，布林线喇叭口越来越小，说明股价波动幅度还在萎缩，未来股价将会出现盘整状态。

此后，该股一直在横盘调整，股价波动范围极为有限，投资者可保持观察，静待股价选择突破方向后再入场。

2020 年 11 月 27 日，该股股价开始启动下跌，且股价 K 线跌破中轨线。此后，布林线喇叭口重新开始放大，说明股价将启动下跌行情，持有该股的投资者宜立即清仓。

2. 下降趋势终结与喇叭口收缩

与上涨情形相似，股价处于下降趋势时，布林线的上轨线和下轨线会呈现发散状态，布林通道的喇叭口会敞开。不过，随着股价逐渐接近于底部，下跌势能逐渐减弱，布林通道的喇叭口就会逐渐收缩。这属于典型的股价下跌动力不足的迹象，未来股价出现调整的概率极高。当然，这种情况只能说明股价下跌趋势有所缓解，至于能否出现反转，还需要其他买入信号的出现。

下面来看一下全信股份的案例，如图 8-29 所示。

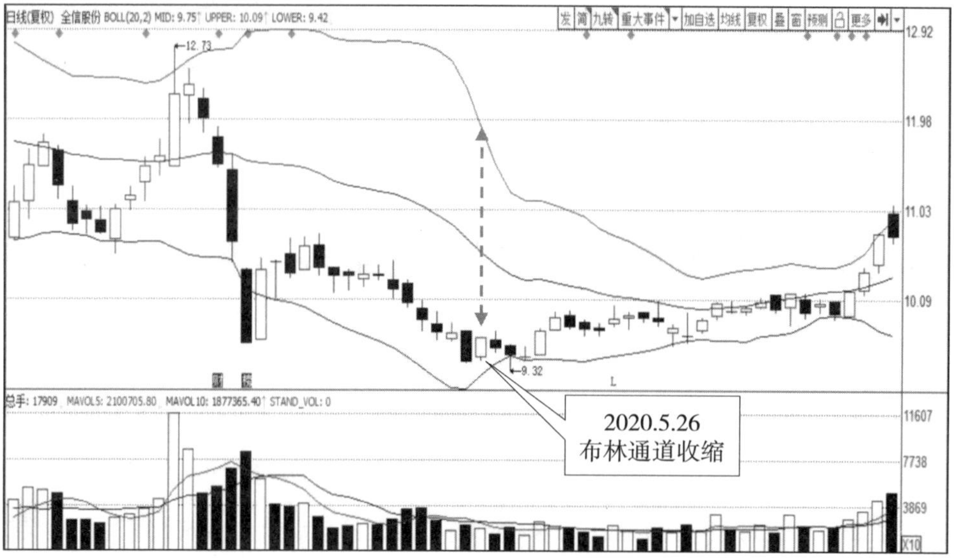

图 8-29　全信股份（300447）布林线指标走势图

全信股份的股价自 2020 年 4 月下旬出现了震荡下跌走势。到了 5 月下旬，该股股价的下跌态势有所减弱。

5 月 26 日，该股股价收出一根中阳线，与此同时，布林通道的喇叭口开始收缩，这说明股价的下跌态势有终结的可能。未来，该股股价存在进入盘整区间的可能，投资者可密切关注该股股价其后的走势。

对于持币的投资者来说，布林通道的喇叭口收缩并非买入信号，只是股价下跌的缓解信号。有时候，这种收缩还可能只是股价下跌途中的片段。股价在经历短暂休整后，也有重新进入下降通道的可能，此时，布林通道的喇叭口又会重新敞开。

总之，在没有明确的买入信号出现时，投资者都不宜入场交易。

三、股价 K 线向上穿越中轨线

股价 K 线经过一段时间的调整后启动上升，当股价 K 线放量向上突破布林线中轨，则意味着股价即将启动一波上升行情，其操作要点如下。

第一，股价经过一段时间的震荡上升后，出现了加速上攻的态势。从 K 线形态上来看，这属于典型的触底回升走势。股价的触底回升能否最终演化为股价运行趋势的反转，其实主要就是看能否完成对中轨线的有效突破。

第二，股价 K 线对中轨线的有效突破需要具备几个特征：其一，成交量温和放大；其二，股价突破中轨线后能够站稳中轨线（连续三个交易日没有跌破中轨线）。

第三，当股价突破中轨线时，布林通道的喇叭口迅速放大，这也是股价进入高波动区间的一个显著特征。投资者可借助布林通道宽度指标来观察布林通道喇叭口的波动情况。

第四，从成交量方面来看，当股价向上突破时，成交量出现了明显的放大，这也是股价进入上行通道的显著特征。

第五，当股价完成对中轨线的突破后，中轨线的方向也会呈现拐头向上的态势，这说明股价中线运行趋势已经进入上升通道，比较有利于投资者进行中线交易。

下面来看一下百邦科技的案例，如图 8-30 所示。

百邦科技的股价自 2021 年 2 月出现横向震荡走势，成交量随之出现萎缩态势，布林线喇叭口出现收缩状态。2021 年 5 月 14 日，百邦科技的股价向上突破中轨线，喇叭口同步出现放大态势且向右上方倾斜，成交量同步放大，这属于典型的买入信号。激进型的投资者可考虑执行买入操作。

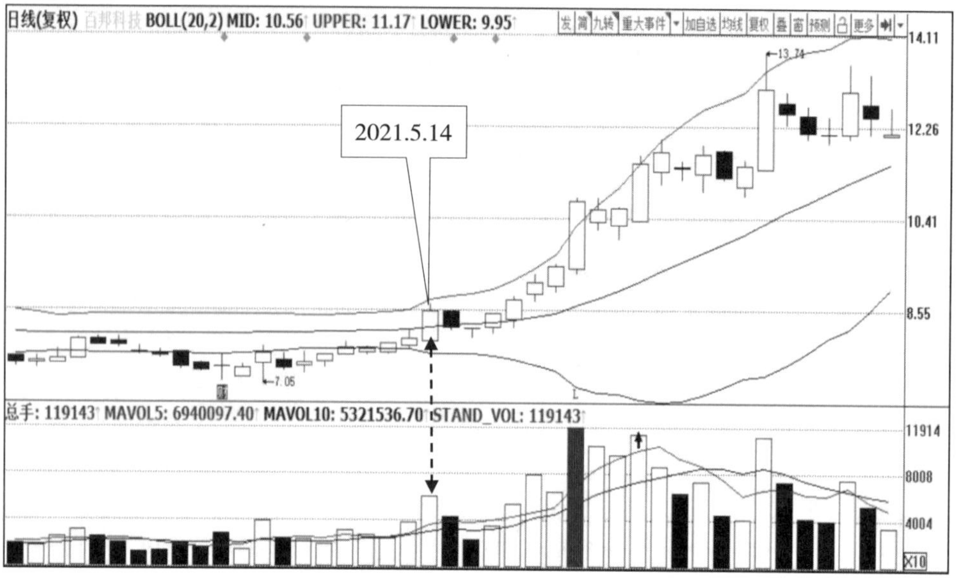

图 8-30　百邦科技（300736）日 K 线走势图

四、股价 K 线遇下轨线支撑反弹

股价 K 线经过一段时间的下跌后遇到布林线下轨线获得支撑，而此时布林线的喇叭口同步开始由放大转为收缩，则可认为布林线下轨对股价支撑有效，未来有反弹向上的可能，其操作要点如下。

第一，股价经过一段时间的下跌后，在触及下轨线后反向上攻，并突破了中轨线，说明该股股价存在中线走强的可能。

第二，股价上攻过程中，成交量出现了明显的放大，这是股价上行的基本保障。

第三，股价触及下轨线反弹时，布林通道的喇叭口同步收缩，而当股价突破中轨线后，布林通道的喇叭口重新开始放大，说明股价即将进入上攻趋势，投资者可考虑积极入场。

由于股价 K 线对中轨线的突破，本身就可以看成买入信号，此时，股价触及下轨反弹向上突破中轨，其实只是一种买入信号的强化，比较适合保守型投资者。

下面来看一下明阳电路的案例，如图 8-31 所示。

图 8-31　明阳电路（300739）日 K 线走势图

明阳电路的股价自 2021 年 4 月出现回调走势，成交量随之出现萎缩态势，布林线喇叭口放大，说明该股股价正处于下行趋势，此时不利于入场操作。

2021 年 6 月 15 日，该股股价脚踩下轨线反弹向上，成交量温和放大，布林线喇叭口开始收缩，说明股价有可能结束下跌态势。此后，该股股价 K 线向上突破了中轨线，激进型投资者可考虑少量建仓。

2021 年 7 月 26 日，该股股价再度回撤布林线下轨后放量向上突破中轨线，投资者可考虑加仓买入。

五、股价 K 线脚踩上轨线上行

股价 K 线经过一段时间的上升后，向上突破布林线上轨，脚踩上轨线上行，则说明该股股价有加速上升的态势，其操作要点如下。

第一，股价经过一段时间的震荡上升后，出现了加速上攻态势。从 K 线形态上来看，这属于典型的慢牛加速形态，因而，股价的上涨趋势非常明显。

第二，股价 K 线突破布林线上轨之前，已经在很长时间内出现了沿上轨线运行的态势，这本身也是一种强烈的看涨信号。

第三，当股价加速上攻后，布林通道的喇叭口迅速放大，这也是股价进入高波动区间的一个显著特征。

第四，从成交量方面来看，当股价向上突破时，成交量出现了明显的放大，这也是股价进入上行通道的显著特征。

第五，股价脚踩布林线上轨固然是强势的显著特征，但也很可能属于最后的疯狂。一旦股价重回布林通道内部，则很可能会出现一波调整，甚至是反转。

基于以上判断，激进型短线交易者更可以在股价向上突破上轨线时入场追涨，并在股价回归布林通道内，执行减仓操作。

下面来看一下斯迪克的案例，如图 8-32 所示。

斯迪克的股价自 2021 年 5 月 31 日突破布林线中轨后反弹向上，成交量随之出现放大态势，布林线喇叭口也出现放大状态，说明该股股价结束下跌开始反弹向上。此后，斯迪克的股价经过一段时间的上升后出现加速态势。2021 年 7 月 19 日，股价 K 线突破布林线上轨，并脚踩布林线上轨线上行，这说明股价短期攻势较急，短期有结束上行的可能。

2021 年 7 月 28 日，该股股价跌破布林线上轨线，说明股价有结束上升的可能，投资者宜执行减仓或清仓操作。

图 8-32　斯迪克（300806）日 K 线走势图

第九章

玩转股票交易软件

目前，股票交易软件的功能极为强大，而且还在持续更新与升级过程中。对于投资者来说，利用股票交易软件不仅可以完成交易，更可以帮助投资者获取最新的市场交易信息，还能对短期股价走势的预判提供支持。

市场上主流交易软件很多，大致包括同花顺、大智慧、通达信、钱龙等。很多券商都有各自的股票交易软件，但这些软件多是属于上述几类软件的定制版。总之，各类股票交易软件的功能相差不多。

第一节
股票交易软件的安装与使用

投资者从券商网站下载的交易软件，也可以称为交易终端，当然，这些交易终端一般也具有一定的分析与预测功能。投资者也可以根据个人偏好另外下载自己喜欢的股票交易软件，然后将两者结合使用。

一、交易终端的下载与安装

一般情况下，投资者开户完成后，券商都会提供一个下载地址，让投资者去下载网络交易终端（交易软件）。投资者也可以通过网络搜索券商的官网，进入【软件下载】界面，完成交易软件的下载。下面以华泰证券为例进行说明。

1. 炒股软件下载

进入华泰证券官网后，找到【软件下载】按钮并点击进入，就会看到如图 9-1 所示的界面。

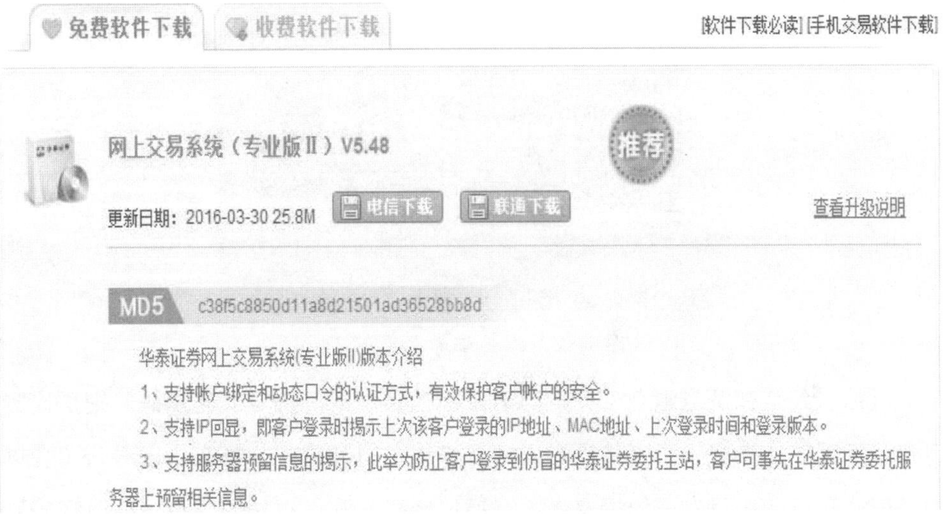

图 9-1　交易终端下载界面

投资者确定自己的网络服务商（若不知道网络服务商，随便选择一个也可）后，就可以直接点击下载按钮了。

2. 炒股软件安装

下载成功后，用鼠标双击软件程序图标，然后根据提示一步一步完成安装操作。

3. 第一次交易

炒股软件安装好后，点击该软件的图标，就进入了【用户登录】界面，如图 9-2 所示。

图 9-2　华泰证券登录界面

【账号】是在证券营业部开户时分配给投资者的，而【交易密码】则是投资者自行设置的。如果投资者是通过网络开户或手机开户的，那么，证券公司会以短信形式将资金账号发送给投资者。【通讯密码】则可以按照【重置通讯密码】的要求进行设置。

输入账号、交易密码和通讯密码之后，就可进入交易界面，左侧菜单栏中有一项【银证转账】，如果想从银行将钱转入股票资金账户，点击【银证转账】中的【银行 -> 券商】，然后在右侧就可以看到【银证转账】界面，如图 9-3 所示。

此时只需输入银行密码、资金密码和转账金额即可。同样，如果想把股票账户的资金转出，也可点击【银证转账】中的【券商 -> 银行】完成。

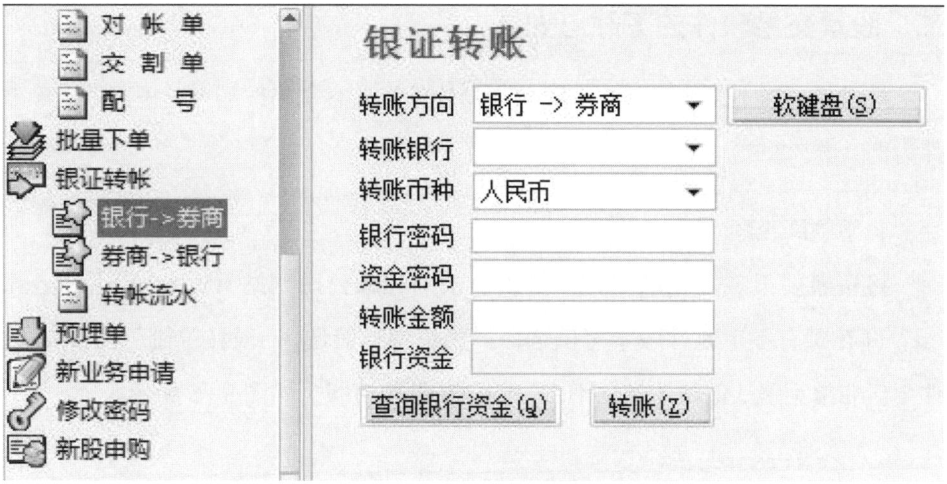

图 9-3 【银证转账】界面

点击左侧菜单中的【买入】，右侧就会出现【买入股票】界面，然后输入股票代码、买入价格和买入数量即可，如图 9-4 所示。

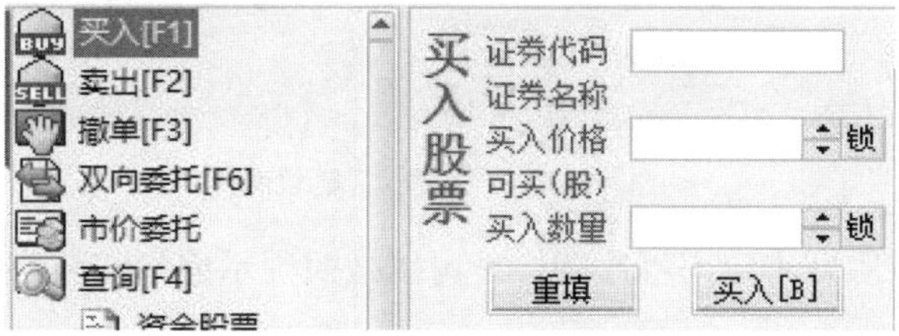

图 9-4 股票交易界面

如果想卖出股票，点击左侧菜单栏中的【卖出】，同样会出现【卖出股票】界面。

如果你的委托订单没有成交的话，可以点击【撤单】，选择要撤单的委托，点击交易信息栏上方的【撤单】按钮即可，如图 9-5 所示。

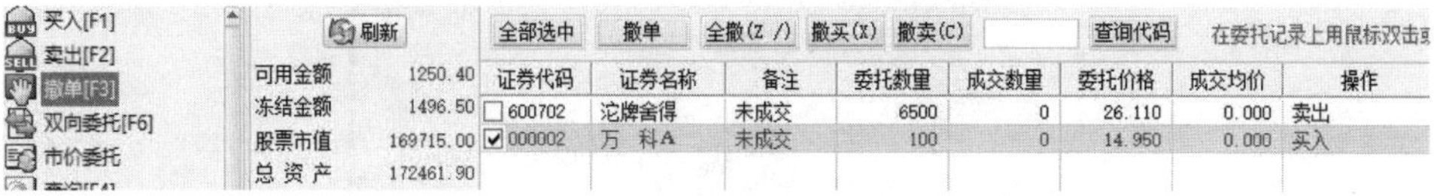

图 9-5 撤单操作

二、股票交易软件的下载与安装

投资者可以下载自己喜欢的股票交易软件来兼容交易终端。这里以同花顺软件为例。

1. 下载同花顺

投资者要下载同花顺软件，可以登录同花顺公司网站 www.10jqka.com.cn。同花顺有多个软件版本可供选择，投资者一般选择下载最新版（同花顺软件更新非常频繁，但整体变化不大）的同花顺免费版，如图 9-6 所示。

图 9-6 下载同花顺软件

在下载完成后双击应用程序图标，可以按照提示逐步安装软件。在软件安装结束时会弹出【选择网络运营商】对话框，这是为了以后的登录更加迅速，投资者可以根据自己的网络情况进行选择，如图 9-7 所示。

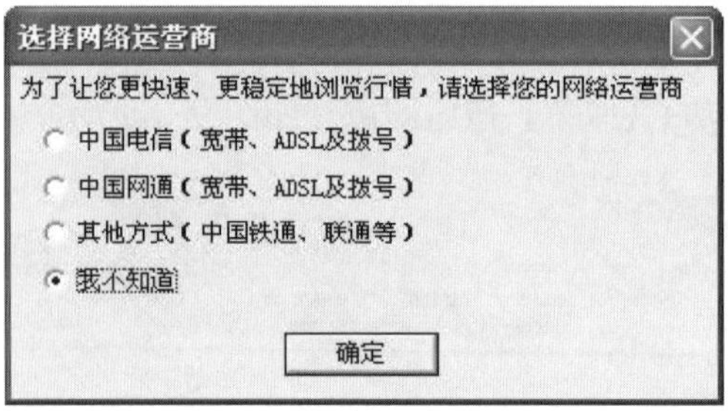

图 9-7 选择网络运营商

选好网络运营商并且点击【确定】按钮后，会直接弹出软件的登录窗口，这时同花顺软件已经安装完成。

2. 同花顺登录与注册

在第一次安装结束后，同花顺软件会自动启动。再次使用时，投资者可以通过桌面快捷方式、快速启动栏以及开始菜单等方式启动同花顺程序，如图 9-8 所示。

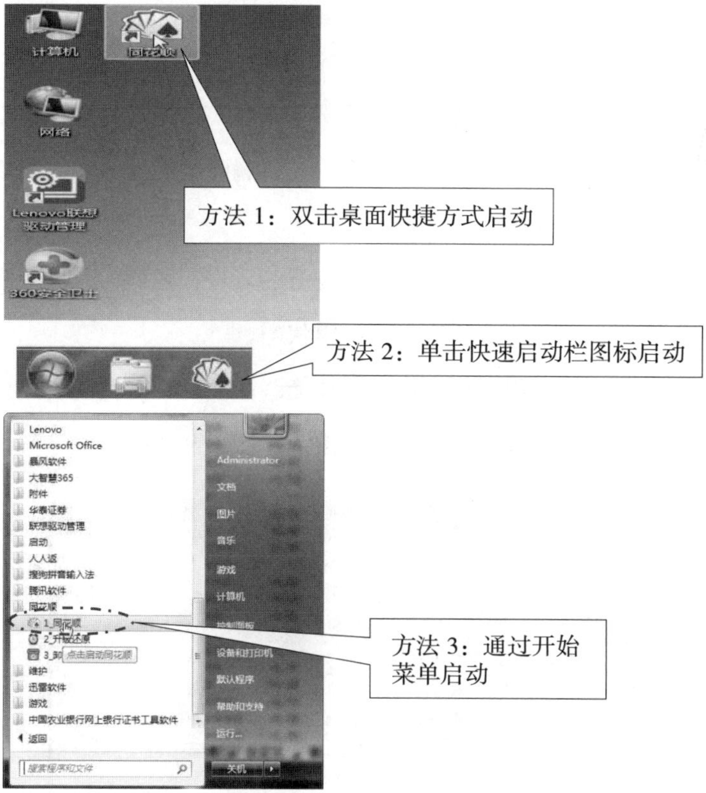

图 9-8　启动同花顺软件

同花顺启动后会进入登录窗口，投资者只有注册同花顺账号才能使用行情软件，如图 9-9 所示。

图 9-9　登录窗口

第一次使用同花顺的投资者需要注册一个账号，点击【免费注册】按钮可以打开注册窗口。同花顺账号的注册十分简单，只需要按照提示输入用户名、密码以及联系方式即可。

注册完成后可以在登录界面输入刚刚注册的账号和密码，这时【通讯设置】、【行情优选】等原来灰色的选项将变为可用状态。

在首次登录时最好使用【行情优选】功能，以便让系统自动选出连接最快的主站。选择结束后可以直接点击【登录】按钮，如图 9-10 所示。

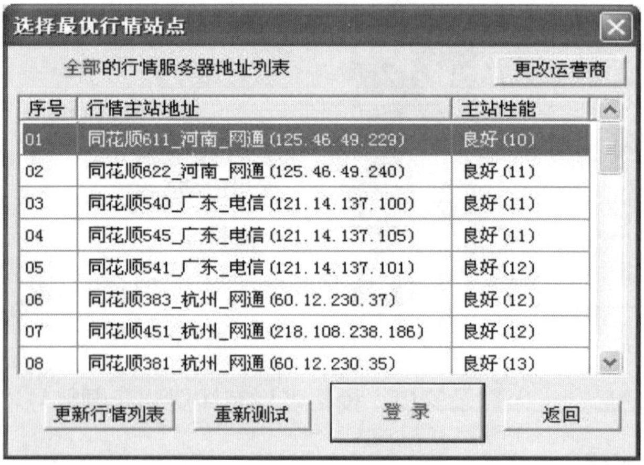

图 9-10　选择最优行情

3. 同花顺与交易终端绑定

从同花顺官网下载的炒股软件，需要与交易终端绑定，而后才能直接在同花顺软件平台进行交易，否则，该同花顺软件只能作为交易分析软件，而无法交易。

如果投资者以前没有将交易终端与同花顺绑定，那么可以按照以下步骤操作。

第一步：点击同花顺软件顶部菜单栏中的【委托】|【同花顺交易统一版】命令，如图 9-11 所示。

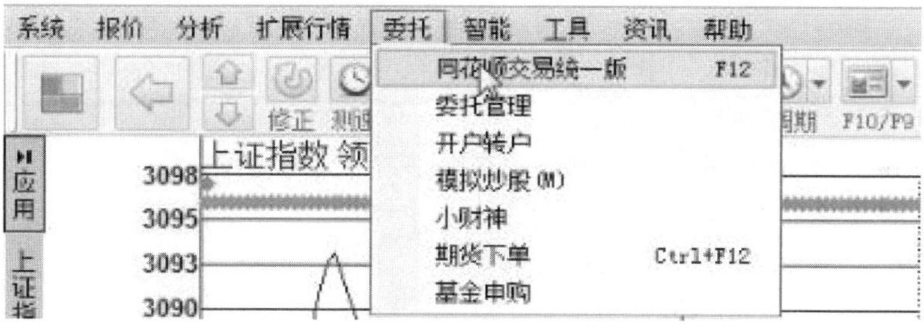

图 9-11　同花顺委托功能设置

第二步：在弹出的【委托下单】对话框中，点击【证券公司】后面的【添加】按钮，如图 9-12 所示。

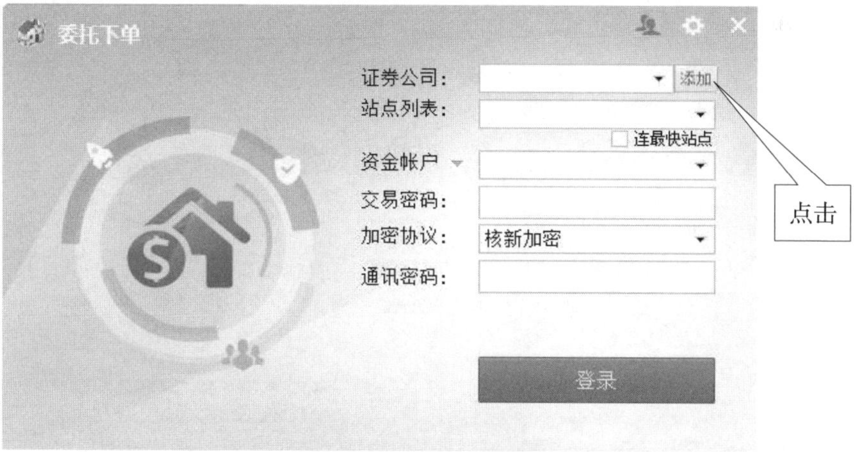

图 9-12　【委托下单】对话框

第三步：在弹出的【添加券商】对话框中，选中自己开户的证券公司后，点击对话框底部的【添加】按钮即可，例如点击“华泰证券”，如图 9-13 所示。投资者也可以通过在【选择券商】后面的搜索栏中输入券商关键字或拼音首拼的方式找到自己想要添加的券商。

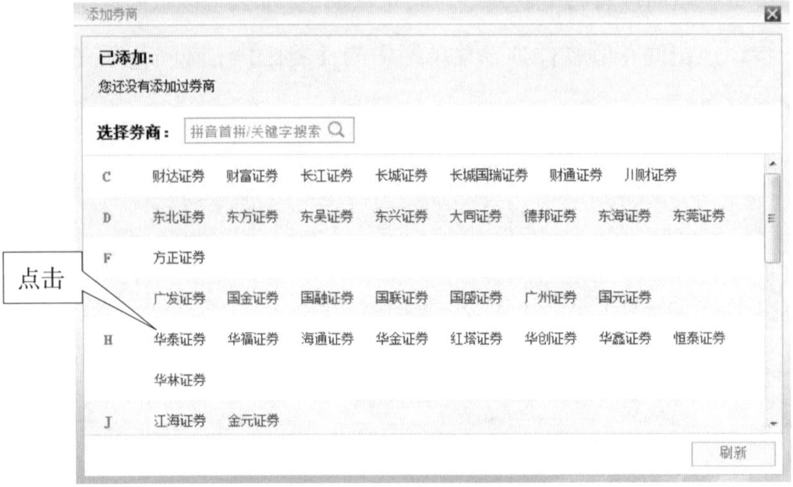

图 9-13 【添加券商】对话框

第四步：在重新弹出的【委托下单】对话框中，依次填入客户号、交易密码、通讯密码，即可进行交易，如图 9-14 所示。

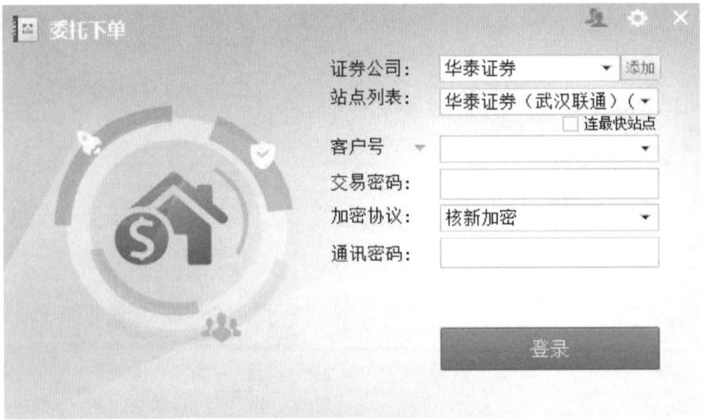

图 9-14 【委托下单】对话框

此后，投资者若再通过同花顺炒股软件进行交易，直接点击【委托】|【同花顺交易统一版】命令，系统就会自动弹出图 9-14 所示的对话框。

第二节
利用炒股软件寻找投资机会

消息面历来是投资者最为重视的项目。有些信息，可能会对某一板块走势造成影响；有些可能会对整个大盘短期走势构成影响；有些甚至会对大盘长期走势构成影响。这些信息中，投资者要特别注意热点财经资讯、外围股市异动信息以及大盘分析信息等内容。目前市场上的炒股软件都具备了即时提供投资消息的功能，随时会将市场热点信息推送给投资者。这里以同花顺软件为例进行介绍。其他炒股软件一般也会有类似的功能。

一、热点财经资讯解读

热点财经资讯，是投资者洞悉大盘走势的必读项目。投资者可通过查看同花顺【资讯】板块的【资讯首页】、【实时解盘】、【操盘总纲】等子栏目查看最新的财经动态。图 9-15 为 2021 年 8 月 18 日【资讯】板块【资讯首页】的内容。

【资讯首页】给出了 2021 年 8 月中旬大盘下跌的原因分析以及预测，同时还给出了一些投资建议，这样，投资者通过阅读这些信息就可以对未来大盘走势有一定的认识。投资者若想自己对大盘的走势做出判断，还可以阅读一下宏观经济分析的内容，毕竟股市是经济的晴雨表。只有经济强劲复苏，股市才会大涨，否则即使是股市启动了一波上涨，也多半属于反弹行情。

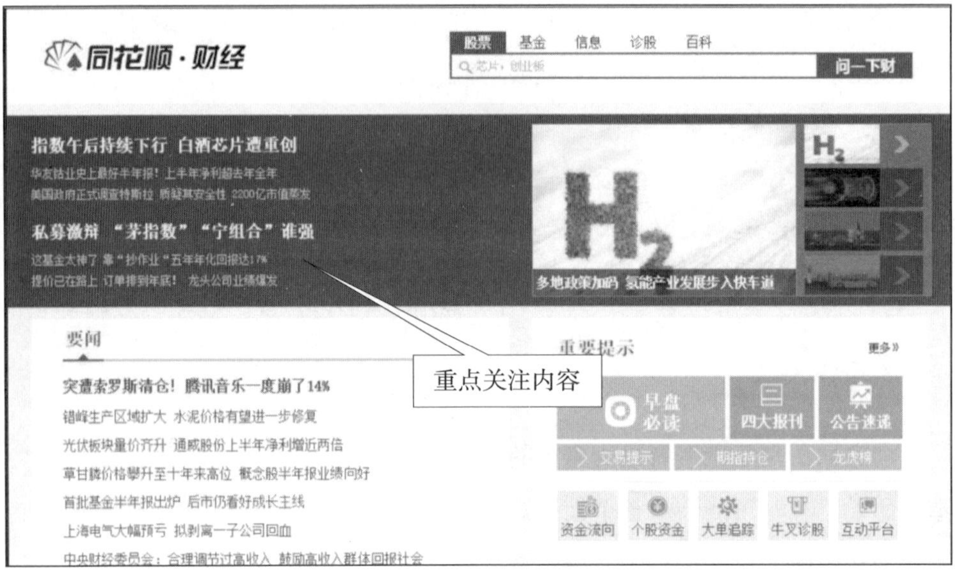

图 9-15 【资讯首页】内容

图 9-16 为 2016 年 5 月 10 日【资讯】|【财经】|【实时解盘】板块的内容。

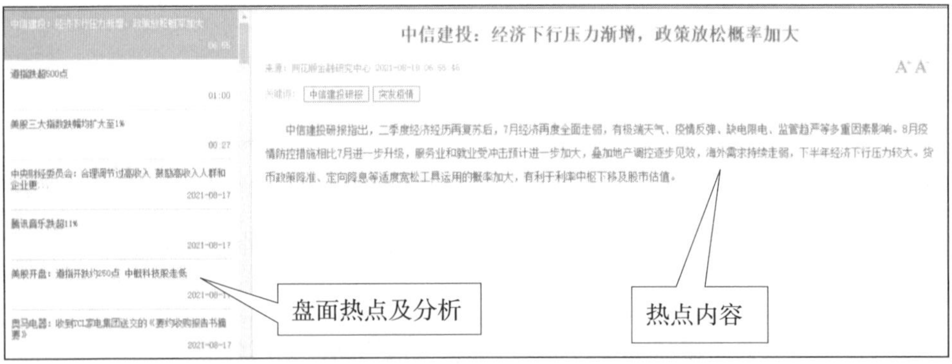

图 9-16 【实时解盘】内容

通过对【实时解盘】内容的阅读，投资者可以了解一些专家和学者对宏观经济走势的看法、境外股市波动情况、最新股市信息等，也可以查看近期主要的宏观经济数据以及这些数据对经济、股市的影响。这样，投资者就会对大盘未来的走势有一定的预判。当然，没有人能够百分百准确地预判出股市的走势，但这些分析对于提升投资决策质量是非常有帮助的。

通过解读财经信息预判大盘走势时，投资者需要注意以下几点。

第一，股市与经济走势密切相关，但并不会与经济完全同步。历史经验说明，当经济处于底部即将反弹时，股市总会先于经济启动反弹；而当经济处于快速上升期时，股市往往会率先筑顶回落。

第二，股评家或专家、学者对于宏观经济走势和股市走势的预测可以作为投资者制定投资决策的参考，但不能唯专家意见是从。任何专家都不是神，都只是个人对经济走势的一些看法和解读，并不能代表真实的情况，因而，投资者需要挖掘有用的信息，并回避无效信息。

第三，在财经信息中，有关政府制定的各类规划、政策信息往往具有非常重要的地位。

二、【F10】键信息一览

投资者若已经圈定跟踪的目标股票，就需要密切注意个股的动向。【F10】键是一个非常好的工具。投资者可以借助【F10】键将个股最新动态信息一网打尽。投资者可先选中个股，点击【分析】|【个股资料】或直接按【F10】键进入该页面，如图 9-17 所示。

【F10】键中的热点新闻是投资者每日需要重点关注的板块。在这一板块，除了公司临时发布的一些信息外，还有一些投资机构发布的与企业有关的分析信息和建议，这些都会对投资者制定交易策略有所帮助。

阅读【F10】键信息时需要注意以下几点。

第一，将客观信息与主观分析信息相区分。在这一板块，投资者能够看到一些与企业有关的客观信息，也有一些专家发表的主观看法。客观信息可以作为自己制定投资决策的依据；而主观信息只能作为参考，不能作为依据。投资者不能将二者混为一谈。

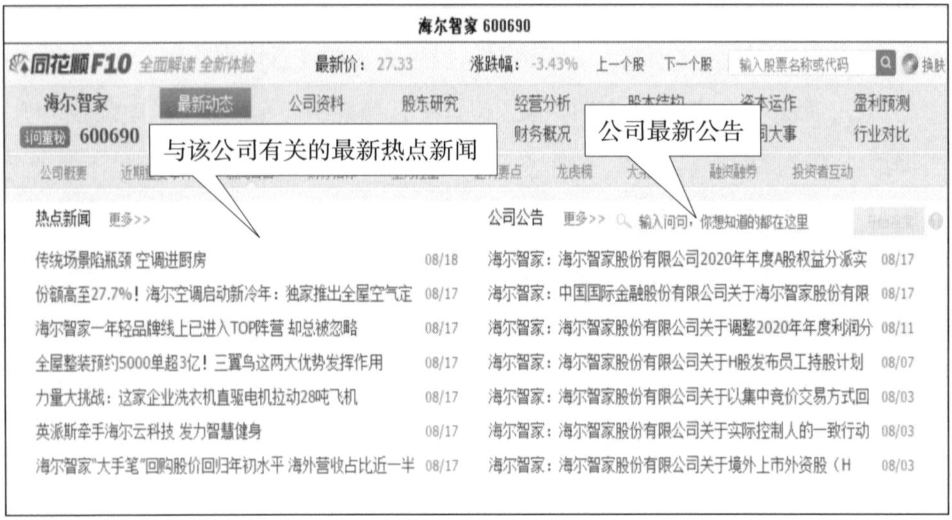

图 9-17 【个股资料】界面

第二，利好利空信息与当前股价走势相结合。当利好或利空消息出现时，若股价已经实现兑现，则可能出现利好兑现即利空或利空兑现即利好的情况。

三、【牛叉诊股】看股票潜力

投资者若想获得某只个股更加全面的分析诊断，可考虑借助【牛叉诊股】功能。投资者在选中某只股票后，点击左侧相应选项卡，即可进入该功能，如图 9-18 和图 9-19 所示。

通过【牛叉诊股】功能，投资者可以了解同花顺系统为该股做出的评价和投资评级。通常情况下，评级较高的股票，都属于长线绩优股，其价格与价值相符程度较高，股票价格也比较高；评级较低的股票，则价格相对较低，也有可能属于亏损股范畴。不过，这种价格与价值的关系，只是理论上的设定。在现实市场中，评级高的股票，价格不一定高；评级低的股票，价格也不一定低。

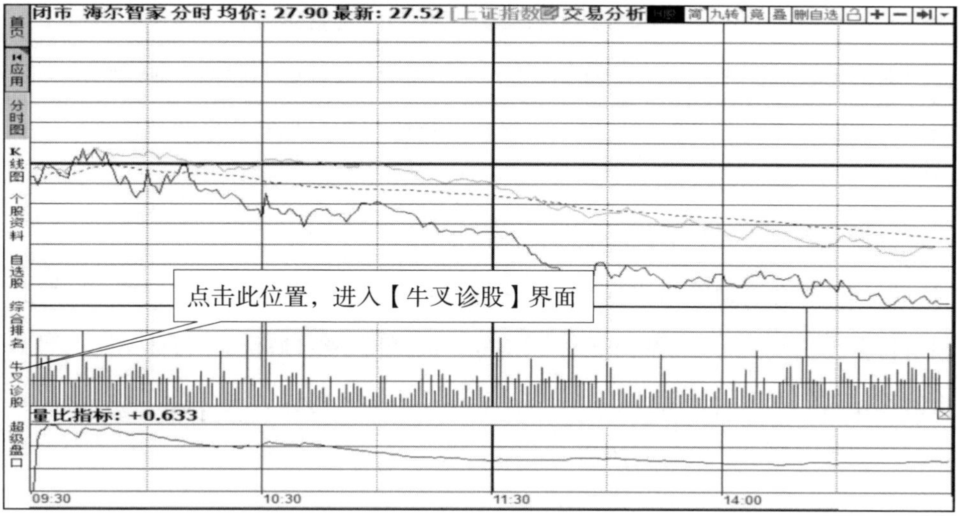

图 9-18　选择【牛叉诊股】功能

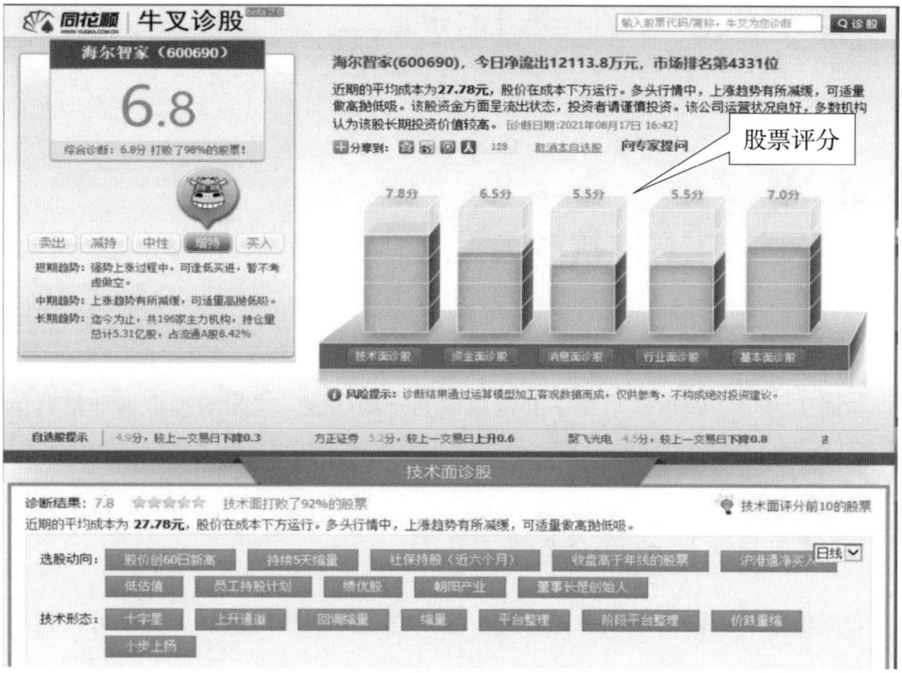

图 9-19　【牛叉诊股】界面

若从长线投资考虑，价格肯定会向价值回归，也就是说，评级高的股票，即使当前价格较低，未来也有上涨的空间；反之，评级较低的股票，则很可能会下跌。正因如此，投资者若想从事长线投资，就可以挖掘那些价格明显低于价值的股票。

阅读【牛叉诊股】信息时需要注意以下几点。

第一，综合股票所属的概念板块、评价与价格，研判股票投资价值。一只股票是否有投资价值，并不能单看某一指标，而是要系统地评估。行业不同，股票价值的评估依据也会有所区别，例如，若单从市盈率考虑，银行板块无疑是最具投资价值的，但是，银行板块很难大幅上涨，这一方面与银行股盘子较大有关；另一方面也与银行股市盈率普遍较低有关。

第二，【牛叉诊股】功能提供的分析项目较多，其分析结论可作为投资者的一项重要投资参考，但不能作为绝对交易依据。

第三节 用好画线工具，找准买卖点

画线工具是炒股软件系统中非常重要的一项功能，也是对投资者非常有价值的一项功能。

一、画线工具，研判股价走势的利器

对股价走势直接的观察总是存在一定的误差，而使用画线工具则可以避免这一问题。同时，炒股软件将各种股价运行理论很好地融合到画线工具当中，使得画线工具有了更广阔的舞台。投资者若想调出画线工具可以通过两种途径：其一，

每种炒股软件上方的标题栏都有画线功能按钮，投资者直接点击即可进入；其二，点击炒股软件【工具】板块，然后点击【画线工具】按钮，也可进入。

被调出的工具栏如图 9-20 所示。

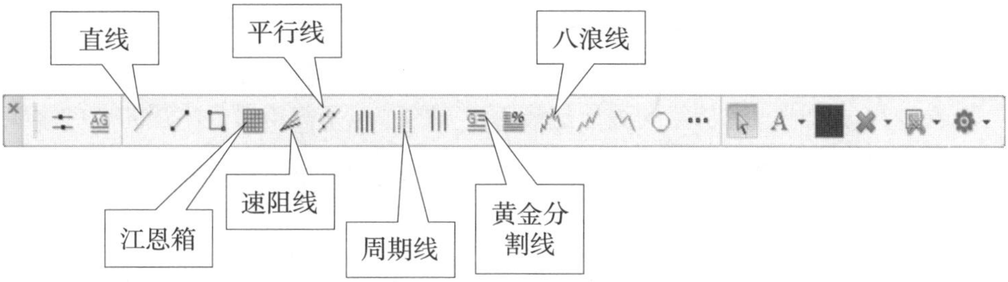

图 9-20 【画线工具】工具栏（同花顺）

下面对画线工具中比较经典的分析工具进行简单的介绍。

第一，直线。在画线工具中，直线包括直线、射线、水平线以及定点线等几种。其中，直线和水平线的使用频率最高，多是用于预判股价运行的支撑位与阻力位。

第二，平行线。在画线工具中，平行线包括平行线、通道线、线性回归线以及上行通道、下行通道等几种。平行线，多用于判断股价运行区间，即预判股价上涨时可能遇到的阻力位和股价回调时可能遇到的支撑位。

第三，八浪线。八浪线是以波浪理论为基础设计而成的，在画线工具中，八浪线包括八浪线、五浪线和三浪线三种。其实，无论是八浪线、五浪线还是三浪线，其核心精髓都是为了准确抓住第三浪——上升浪。

第四，黄金分割线。在画线工具中，黄金分割线、百分比线、水平平行线等几种测市工具，都是预测股价波动幅度与位置的工具。波浪尺中的几种工具都是按照上涨或下跌可能达到的一定幅度发生改变的原理设置的。其核心要义，也是要找到股价的支撑位、阻力位，并预测股价的阶段涨幅或跌幅。

第五，周期线。在画线工具中，周期线包含了斐波那契周期线、等周期线、卢卡斯周期线、自由费氏线等。周期线中的几种工具都是按照股价运行一段时间后，到达某一时间点可能发生行情反转而设计的。

第六，江恩箱。在画线工具中，江恩箱是按照股价运行到某一时间，可能在上涨或下跌到某一幅度时遇到支撑或阻力而设计的，反映了股价运行的时间、空间与价格之间的关系，其预测效果往往比较好。

二、上升趋势线与下降趋势线

在画线技术中，趋势线的画法是最为重要的，也是应用最为广泛的一种画线技法。趋势线是以道氏理论为基础演化而来的，是由交易者根据当前股价运行状态画出的一条能够对未来股价运行趋势做出预判的直线。

一般来说，趋势线主要包括上升趋势线和下降趋势线两类。

1. 上升趋势线的基本画法

画上升趋势线时，需要掌握以下几项要领。

第一，上升趋势线是以两个回调低点为关键点位所画的直线，因而，投资者所选择的第二个低点必须高于第一个低点。通常情况下，这两个下跌低点应该是股价两次回调后重新上涨的转折点。

第二，两个下跌低点之间必须有一定的距离，不能是两个紧紧相邻的低点。

第三，通过两个上升的低点连线所画的上升趋势线，必须经过第三个低点确认方可。该 K 线的实体或影线触及趋势线均可，稍有距离也不影响上升趋势线的有效性。

第四，画上升趋势线时，必须以 K 线实体最低点为出发点，即以阳线的开盘价或阴线的收盘价为基点。

下面以科伦药业为例进行说明，如图 9-21 所示。

科伦药业的股价自 2020 年 2 月初出现震荡下跌走势。该股在 2020 年 4 月 29 日触底后反弹向上，并于 6 月 30 日再次创下了一段时间内的回调低点。同时，6 月 30 日所形成的低点要高于 4 月 29 日所形成的低点，说明该股处于上升趋势。

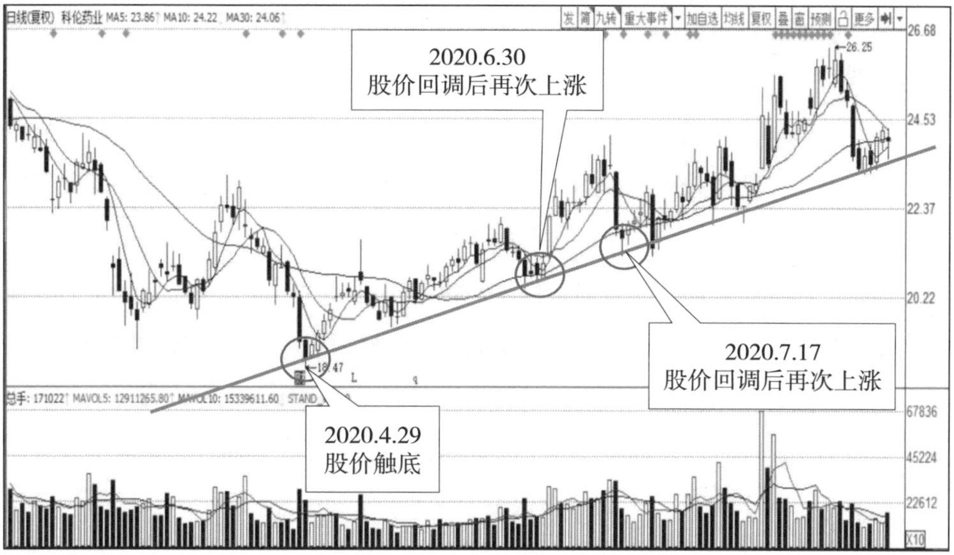

图 9-21 科伦药业（002422）日 K 线走势图

此时，投资者可以用 6 月 30 日所形成的低点与 4 月 29 日所形成的低点画出一条上升趋势线。2020 年 7 月 17 日，股价回调几日后到达趋势线附近时，因受趋势线支撑而重新上涨，说明此趋势线具有一定的支撑作用。

画上升趋势线时，还需注意以下几项要点。

第一，上升趋势线画好后，可能会穿越一根或多根 K 线实体，但只要该 K 线实体没有完整地位于趋势线以下，就可以认定该趋势线是有效的。事实上，股价在回调过程中形成的短期底部，往往相邻的几根 K 线价格趋近，这时，我们选择其中的最低点与其他的低点相连时，不可避免地会穿越某根 K 线的实体。图 9-21 中，我们选择了 4 月 29 日的 K 线收盘价（该价格为临近的几根 K 线实体的最低价）为基点，而趋势线事实上也穿越了后一个交易日 K 线的实体。

第二，在基准日价格的选择方面，历来有很多不同的意见。比如，有的投资者喜欢单纯地选择收盘价，包括阳线的收盘价，甚至是最低价（即下影线最低点）。

这些选择本身没有对错之分。不过，笔者仍倾向于使用实体的最低点（即阳线的开盘价或阴线的收盘价）。

第三，绘制上升趋势线时，还要考虑股价的除权、除息等问题。如果一只股票近期（即绘制趋势线所跨越的周期）出现除权或除息时，投资者在绘制股价的上升趋势线前，应该将其复权，然后再绘制上升趋势线。

第四，为了保险起见，针对一波上涨行情，投资者可画多条上升趋势线，而后随着股价的变动而修正、取舍，直至确认趋势线对股价确有支撑作用为止。

第五，绘制技术指标的上升趋势线时，可以直接以技术指标线两次回调后上涨的转折点为关键点位。同时，第二个转折点必须高于第一个，否则不能称之为上升趋势线。

2. 下降趋势线的基本画法

画下降趋势线时，需要掌握以下几项要领。

第一，下降趋势线是以两个反弹高点为关键点位所画的直线，因而，投资者所选择的第二个高点必须低于第一个高点。通常情况下，这两个反弹高点应该是股价两次反弹后重新下跌的转折点。

第二，两个反弹高点之间必须有一定的距离，不能是两个紧紧相邻的高点。

第三，通过两个下跌的高点连线所画的下降趋势线，必须经过第三个高点确认方可。该 K 线的实体或影线触及趋势线均可，稍有距离也不影响下降趋势线的有效性。

第四，画下降趋势线时，必须以 K 线实体为出发点，即阳线的收盘价或阴线的开盘价为基点。

下面以众应互联为例进行说明，如图 9-22 所示。

众应互联从 2020 年 4 月 23 日创下阶段高点后开始走出了一波下跌行情。

2020 年 7 月 9 日，众应互联延续了前几日的反弹行情，以涨停报收。其后，该股股价再度回归下跌通道。7 月 9 日所创的高点要明显低于 4 月 23 日所创下的高点。投资者可将 7 月 9 日的高点与 4 月 23 日的高点连接，绘制一条下降趋势线。

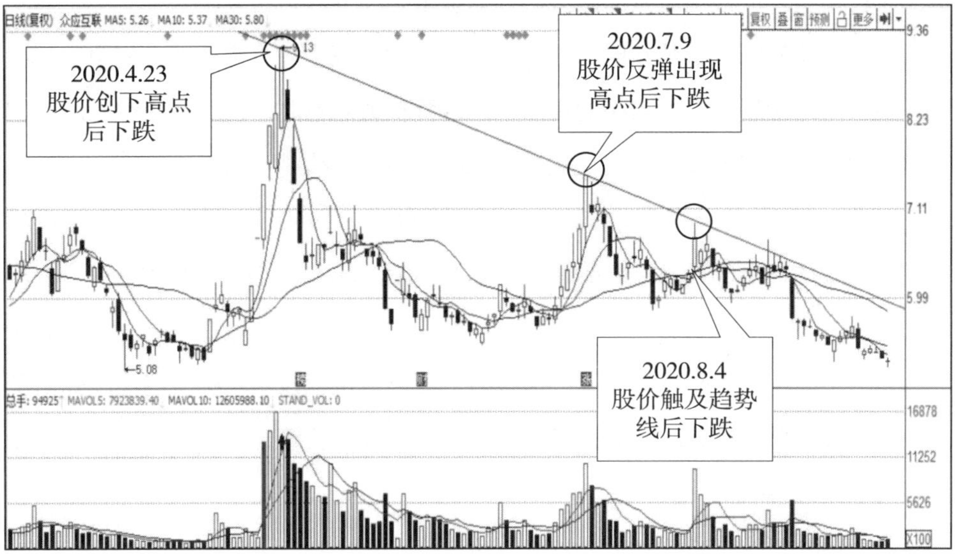

图 9-22 众应互联（002464，现为★ST 众应）日 K 线走势图

2020 年 8 月 4 日，股价盘整几日后再度上攻至趋势线位置，因受趋势线阻力而重新下跌，说明此趋势线具有一定的阻力作用。

此后，该股一路沿着趋势线下跌，且股价在回调到趋势线附近时，都因受趋势线的阻力而重新下跌。

画下降趋势线时，还需注意以下几项要点。

第一，与上升趋势线相似，下降趋势线画好后，可能会穿越一根或多根 K 线实体，但只要该 K 线实体没有完整地位于趋势线以上就可以认定该趋势线是有效的。事实上，股价在反弹过程中形成的短期顶部，往往相邻的几根 K 线价格趋近，这时，我们选择其中的最高点与其他的高点相连时，不可避免地会穿越某根 K 线的实体。

第二，与上升趋势线相似，在下降趋势线基准日价格的选择方面，也有很多不同的意见。比如，有的投资者喜欢单纯地选择收盘价，包括阴线的收盘价，甚至是最高价（即上影线最高点）。这些选择本身都没有对错之分。不过，笔者仍倾向于使用实体的最高点（即阴线的开盘价或阳线的收盘价）。

第三，绘制下降趋势线时，还要考虑股价的除权、除息等问题。如果一只股票近期（即绘制趋势线所跨越的周期）出现除权或除息时，投资者在绘制股价的下降趋势线前，应该将其复权，然后再绘制下降趋势线。

第四，为了保险起见，针对一波下降行情，投资者可画出多条下降趋势线，之后随着股价的变动而修正、取舍，直至确认趋势线对股价确有阻力作用为止。

第五，绘制技术指标的下降趋势线时，可以直接以技术指标线两次反弹后下跌的转折点为关键点位。同时，第二个转折点必须低于第一个转折点，否则不能称之为下降趋势线。

三、水平黄金分割线与垂直黄金分割线

黄金分割线，从本质上来讲，就是一条帮助投资者判断股价转折点的直线。在股市中，这个转折点可能成为股价的支撑位、阻力位等。因而，对黄金分割线的研判也主要是从阻力位、支撑位与转折点等几个角度入手的。

在画线技术领域，黄金分割线主要分为水平黄金分割线和垂直黄金分割线。

1. 水平黄金分割线的画法

水平黄金分割线，是指将股价的一段走势按照黄金分割的比率划分成若干个分位，用以观察这些黄金分割位对股价支撑和阻力作用的技术分析方法。

投资者在选中的 K 线走势图页面上，点击【画线工具】按钮，在弹出的对话框内选择【黄金分割线】即可。

投资者在点击【黄金分割线】后，先选择起点，一般选择一段行情的高点或低点，然后点击并按住鼠标左键不放，拖动鼠标至另一个低点或高点位置放开，即可得到相应的黄金分割线，如图 9-23 所示。

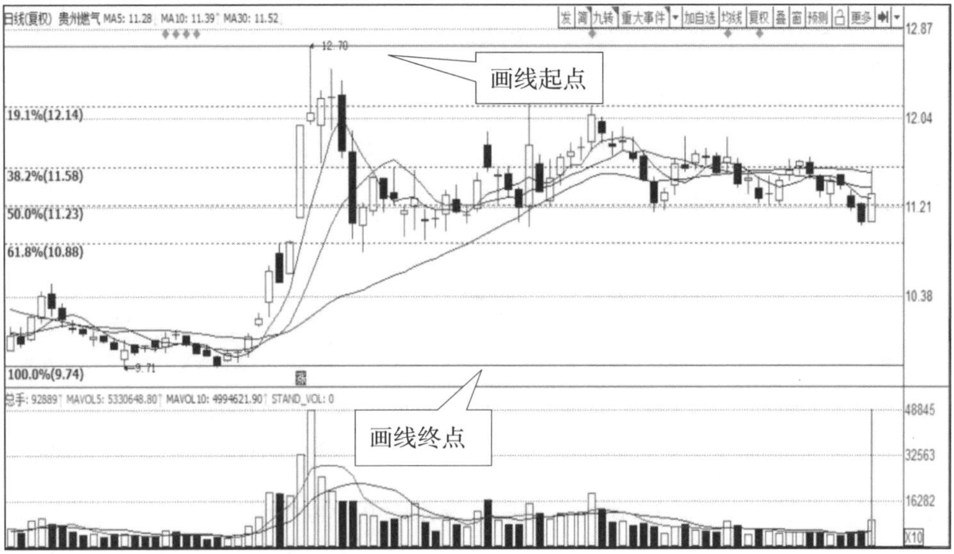

图 9-23　贵州燃气（600903）的水平黄金分割线

在同花顺软件中，系统不仅给出了黄金分割线的各个点位，与此同时，还给出了各个点位对应的股价，这样，投资者就更加便于寻找各个支撑位与阻力位的价格了。当然，投资者也可以截取一波上升趋势来画水平黄金分割线，如图 9-24 所示。

投资者可以选择哈高科一段上涨行情的低点和高点作为水平黄金分割线的起始点。而后，系统会自动给出黄金分割线向上的阻力位，这些点位对投资者未来研判股价的阻力位与目标位的帮助非常大。

投资者在画水平黄金分割线时，下面两种情况需要注意。

第一，画水平黄金分割线时，应该注意波段低点与波段高点的选择。投资者选择的低点和高点越重要，黄金分割线对股价的影响也就越大。

图 9-24 哈高科（600095，现为湘财股份）日 K 线走势图

第二，水平黄金分割线绘制完成后，投资者可以根据股价变化的规律适当地进行调整，使其能够更加准确地预测股价未来的支撑位与阻力位。

2. 垂直黄金分割线的画法

垂直黄金分割线，是指将股价的一段走势按照黄金分割的比率划分成若干个时间段，用以判断股价转折点的技术分析方法。概括来讲，垂直黄金分割线主要是针对股价的运行时间的分割。

投资者在选中的 K 线走势图页面上，点击【画线工具】按钮，在弹出的对话框内点击【垂直黄金分割线】按钮。

投资者在点击【画线工具】中的相应按钮后，先选择起点，一般选择一段行情的高点或低点，然后点击并按住鼠标左键不放，拖动鼠标至终点位置放开，即可得到相应的黄金分割线，如图 9-25 所示。

投资者绘制的垂直黄金分割线的起始点情况是这样的，起始点为 0，到投资者松开鼠标的终点为 1.00 点位，之后系统会自动给出后面的 1.191、1.382、1.5、

1.618 等点位，这些点位对预判股价的运行方向有重要的指导意义。

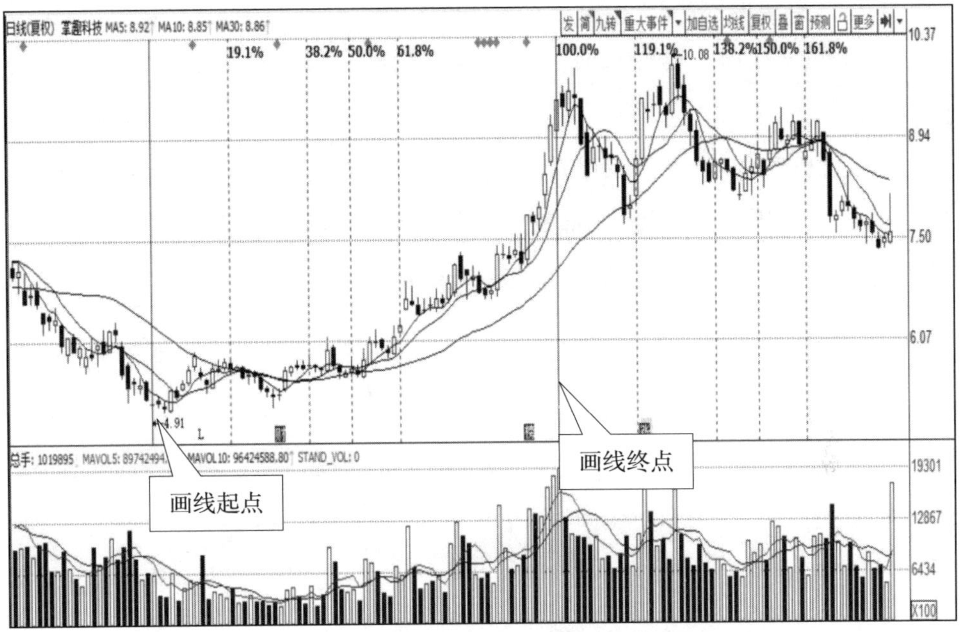

图 9-25 掌趣科技（300315）的垂直黄金分割线

投资者在画垂直黄金分割线时，下面两种情况需要注意。

第一，画垂直黄金分割线时，应该注意周期的选择，即从起点位置到终点位置的时间。周期越长，分割线预测未来股价走势的时间就越长。

第二，在垂直黄金分割线起点和终点的选择上，投资者选择的起点和终点越重要，分割线预测的未来股价的变盘时间点也会越准确。

四、上升江恩角度线与下降江恩角度线

江恩角度线又称作甘氏线，是江恩理论系列中的重要组成部分，是最能直观反映股价与时间、空间关系的工具之一。投资者利用江恩角度线所提供的趋势线，能够做出明确的趋势判断。

1. 上升江恩角度线的画法

上升江恩角度线给出了处于上涨行情中股票的一些重要的支撑位与阻力位，当股价运行到这些位置时，江恩角度线就会对股价的运行产生一定的影响。

当股价自底部向上震荡上涨时，投资者可以选择炒股软件画线工具中的【江恩角度线】，先用鼠标确定一个低点，然后沿着股价运动方向向右上方拖动鼠标，系统就会自动画出江恩角度线，如图 9-26 所示。

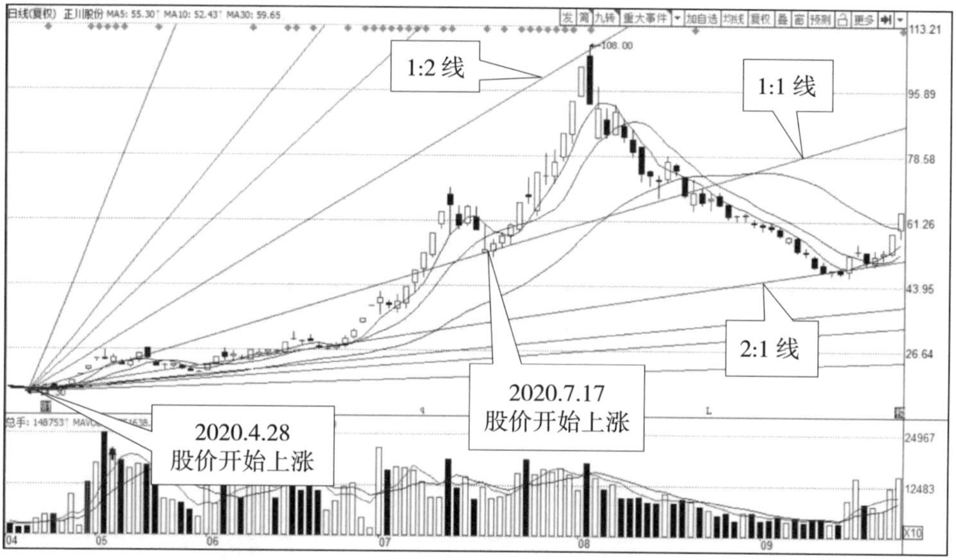

图 9-26 正川股份（603976）日 K 线走势图

正川股份的股价自 2020 年 4 月 28 日启动了一波震荡上涨行情。为了准确判断股价上涨过程中可能遇到的支撑与阻力，投资者可以选择绘制一组江恩角度线。在绘制江恩角度线时需要注意两点。

第一，起始点位的选择。从图 9-26 中股价走势可以看出，该股股价是从 4 月 28 日开始上涨的，因而，可以选择 4 月 28 日的开盘价作为起始点位。

第二，江恩角度线包含了数条比率线，其中又以 1:1 线最为重要。投资者选定起始点后，向右上方拖动时，留在K线图上的就是此线。

2020年7月17日，该股股价在上攻途中回调遇支撑重新上行，这个支撑点就可以作为角度线的另外一个基准点。正因如此，投资者在拖动鼠标绘制此线时，尽量使其经过已经形成的重要支撑位或阻力位，图9–26中的1:1线就经过了一个短期高点和回调低点。

从图9–26所示的股价与江恩角度线之间的关系可见，很多次K线回调至2:1线时遇到了支撑。最后，该股股价在上攻途中遇到1:2线后遇阻回落，该线成了股价的重要阻力位，由此可见，该线对股价有着重要的影响。

投资者在画上升江恩角度线时，下面两种情况需要注意。

第一，画上升江恩角度线时，应该注意波段低点的选择。如果选择的最低点被新的低点所代替，投资者就需要重新画江恩角度线了。

第二，画上升江恩角度线时，如果股价的低点或高点触及江恩角度线的次数越多，那么，未来江恩角度线对股价走势的影响也就越大。

2. 下降江恩角度线的画法

下降江恩角度线给出了处于下跌行情中股票的一些重要的支撑位与阻力位，当股价运行到这些位置时，江恩角度线就会对股价的运行产生一定的影响。

当股价自顶部震荡下跌时，投资者可以选择炒股软件中画线工具中的【江恩角度线】，先用鼠标确定一个高点，然后沿着股价运动方向向右下方拖动鼠标，系统就会自动画出下降江恩角度线，如图9–27所示。

中油工程的股价自2020年1月6日启动了一波震荡下跌行情。为了准确判断股价下跌过程中可能遇到的支撑与阻力，投资者可以选择绘制一组江恩角度线。在绘制江恩角度线时需要注意两点。

第一，起始点位的选择。从图中股价走势可以看出，该股股价是从1月6日开始下跌的，因而，可以选择1月6日的开盘价作为起始点位。

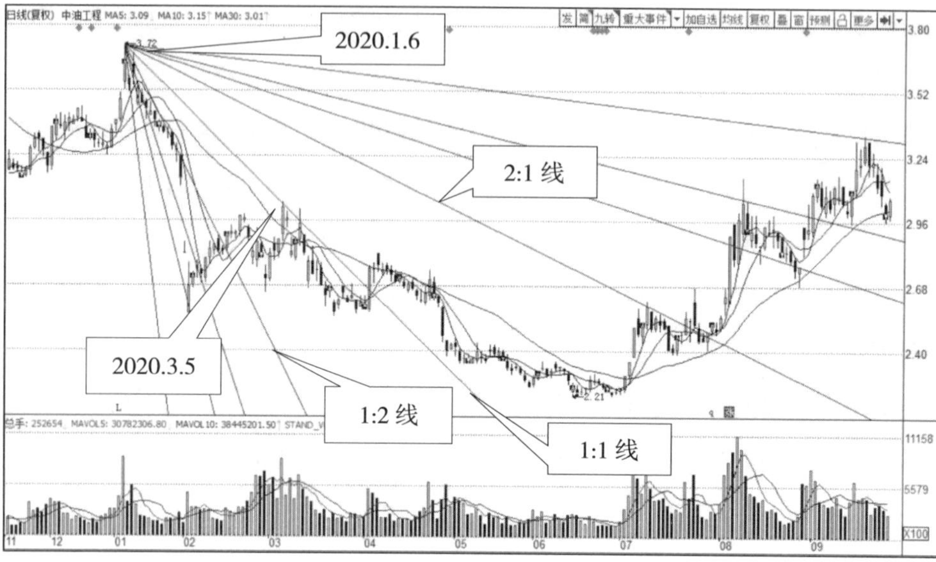

图 9-27　中油工程（600339）日 K 线走势图

第二，江恩角度线包含了数条比率线，其中又以 1:1 线最为重要。投资者选定起始点后，向右下方拖动时，留在 K 线图上的就是此线。

投资者在拖动鼠标绘制此线时，尽量使其经过已经形成的重要支撑位或阻力位，图 9-27 中的 3 月 5 日股价反弹高点就是一个很重要的点位，因此，其成为另外一个重要基准点位。3 月 5 日与 1 月 6 日直接连接的直线就是 1:1 线。

从图 9-27 中股价与江恩角度线之间的关系可见，K 线反弹至 2:1 线、3:1 线和 4:1 线时遇到了阻力，由此可见，这几条线对股价有着重要的影响。

投资者在画下降江恩角度线时，下面两种情况需要注意。

第一，画下降江恩角度线时，应该注意波段高点的选择。如果选择的最高点被新的高点所代替，投资者就需要重新画江恩角度线了。

第二，画下降江恩角度线时，如果股价的低点或高点触及江恩角度线的次数越多，那么，未来江恩角度线对股价走势的影响也就越大。

五、等周期线绘制及实战技巧

等周期线，是指将股价走势划分成若干个相等时长的周期，用以观察周期点上股价变化情况的技术分析方法。

投资者可以利用炒股软件画线工具中的【等周期线】功能画出等周期线。

投资者选择等周期线工具后，首先用鼠标确定一个低点（或高点）A，然后再寻找最近一段涨幅或跌幅的高点（或低点）B，这时，系统就会自动生成等周期线，如图 9-28 所示。

图 9-28 等周期线示意图

投资者在画等周期线时，下面两种情况需要注意。

第一，画等周期线时，应该注意波段低点与波段高点之间的时间跨度，如果时间过短，将无法反映出股价的周期运动规律。

第二，等周期线画完之后，投资者可以根据股价变化的规律适当地进行调整，使其能够更加准确地预测股价未来的变化趋势。

下 篇

股票交易技法：选股、短线与盈利计划

股票交易技法涵盖了最基础的选股技术、短线操盘技术以及股市盈利计划等。

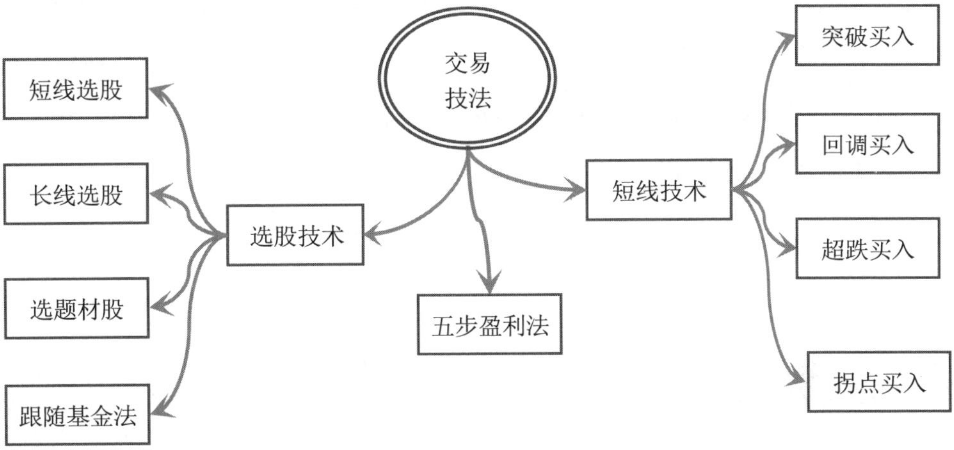

第十章

新手选股实战术

选股，是投资者在进入股市后需要面对的一个最直接，也是最重要的问题。而市场上的选股方法也有很多，每种选股方法所选的股票又多有不同。换句话说，选择何种股票，采用何种选股方法，其关键还是要看投资者想要选择何种交易策略。比如，短线交易、波段交易与长线价值投资，所用的选股方法就完全不同，所选择的股票也大相径庭。

第一节
短线选股的策略与技巧

短线交易，从本质上来说就是一种追涨杀跌或搏取反弹的操作，因而，对股票的技术形态要求较高，而对其基本面则几乎没有要求。也就是说，一只股票具备了短线上攻的动能，就可以作为交易标的，而无须考虑这只股票是否亏损，是否存在退市的可能。当然，交易这类股票，投资者必须建立科学的交易计划，快进快出，避免恋战。

短线投资与长线投资是完全不同的投资模式，因而，其选股策略也完全相异。短线投资选股时，应重点关注以下几点。

一、短线重趋势

重“势”不重“价”，是短线投资与长线投资最显著的区别。对于短线投资者来说，股价有多高、市盈率有多高并不重要，只要股价处于上升趋势中，且还有上涨空间，就值得买入。也正因如此，对股价运行趋势的研判就显得尤为重要。目前，大多数技术指标、技术分析理论都是帮助投资者研判股价运行趋势的。

下面来看一下比亚迪的案例，如图 10-1 所示。

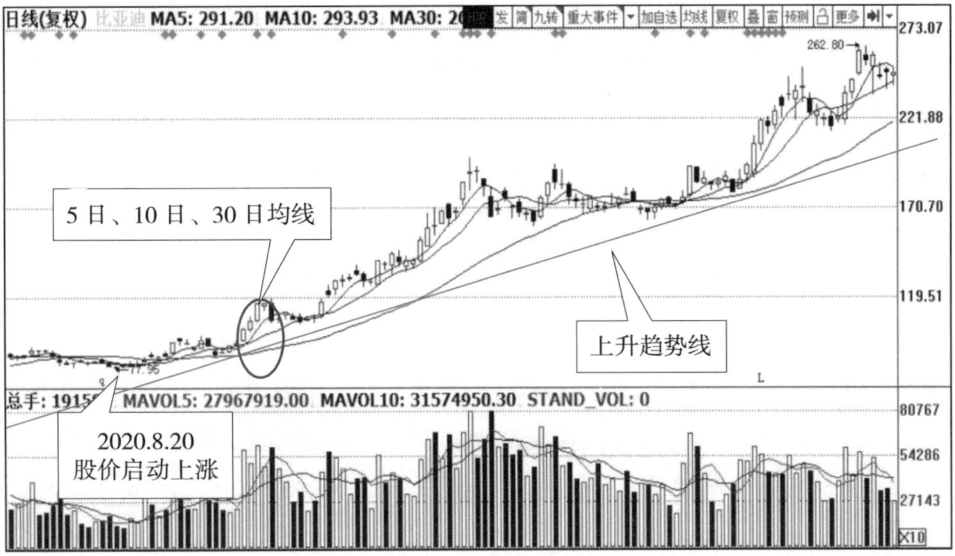

图 10-1　比亚迪（002594）日 K 线走势图

比亚迪的股价自 2020 年 8 月 20 日结束盘整，启动了一波上涨行情。股价在上涨过程中，沿着 5 日均线和 10 日均线震荡上行。同时，股价在回调时，也没有跌破其上升趋势线，这说明股价一直处于上涨趋势中，投资者可在股价回调至上升趋势线附近时买入该股。

从股价上来看，2020 年 8 月 20 日比亚迪的股价已经达到 77.95 元，相对于其目前的盈利数据（2020 年每股盈利 1.47 元），并不是非常便宜。但该股在 2020 年到 2021 年都保持了较为强劲的上升动能。作为短线投资者可以毫不犹豫地追涨买入。

二、短线重题材概念

题材概念是短线投资者的最爱。很多股票能够快速上涨，并不是因为业绩有多出众、产业未来有多美好，而是因为它具有某种题材，而且，越是稀缺的题材，上涨的幅度越大。当然，翻看市场上的股票信息，就会发现：几乎每只股票都有一种或几种题材。但是，能够促使一只或一批股票连续上涨的题材则很少，如 2013 年的上海自贸概念、2015 年的央企改革概念、2021 年的华为鸿蒙概念等。

投资者在参与题材股炒作时，需要注意以下几点。

第一，该题材是否具有可持续性。只有可持续性的题材，才具有炒作价值，否则，昙花一现式的题材，投资者参与其中很容易被套在高位。

第二，该题材是初次炒作，还是被反复炒作。通常情况下，初次炒作的题材，涨幅会很可观，而反复炒作后的题材，则是主力为了出清剩余筹码的出货行为。

第三，题材兑现时，股价是否已经被炒高。利好兑现就是利空。如果题材兑现或正式公开时，股价已经被炒高了，那么，投资者若此时参与，就有被套的风险。

下面来看一下润和软件的案例，如图 10-2 所示。

润和软件是 2021 年 6 月华为鸿蒙概念的龙头股。

华为 HarmonyOS 是华为 2019 年正式发布的面向全场景的分布式操作系统，根据规划，从 2020 年 9 月 10 日起，HarmonyOS 将面向大屏、手表、车机等 128KB ～ 128MB 终端设备开源，2021 年 4 月将面向内存 128MB ～ 4GB 终端设备开源，2021 年 10 月以后将面向 4GB 以上所有设备开源。由于华为鸿蒙操作系统在操作系统领域打破了谷歌、苹果等外资巨头的垄断，对国内科技企业都具有非常重大的战略意义。因此，2021 年 6 月股票市场上刮起了一波鸿蒙概念炒作热潮，而润和软件就是其中的龙头股。

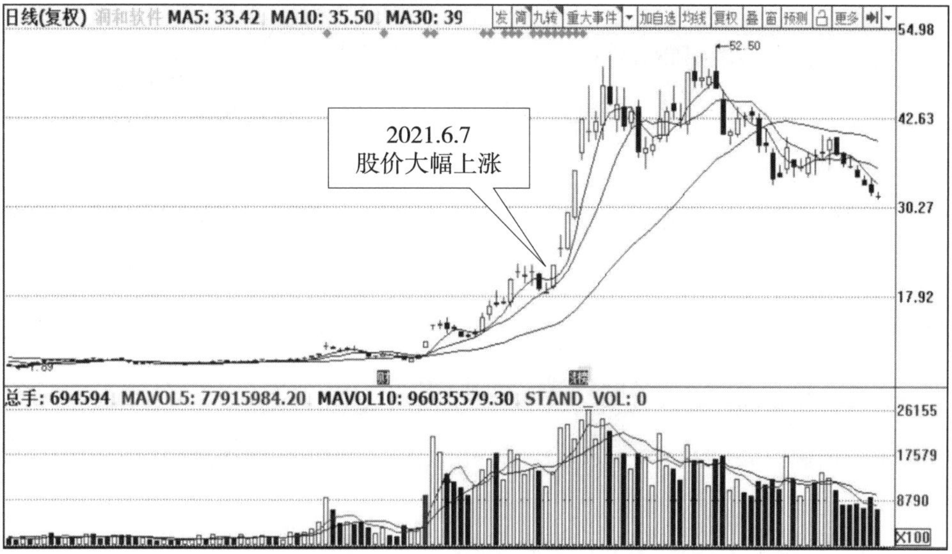

图 10-2 润和软件（300339）日 K 线走势图

润和软件的股价自 2021 年 6 月 7 日开始进入快速拉升阶段，短线投资者可积极入场。不过，观察该股的走势可知，事实上，在 2021 年 6 月之前，该股已经出现了两波小幅上涨，成交量都出现了明显的放大，这说明在股价快速拉升前，已经有大量资金先行入场了。因此，短线投资者在参与这类股票时，一定要坚持快进快出的原则，发现股票涨不动了，要及时撤出。

三、资金流向

股价的上涨或下跌都是由资金推动的。即当买入资金过多时，股价就会供不应求，从而导致股价节节攀升；反之，当卖出资金过多时，股价就会供大于求，导致股价连连下跌。

当一只股票的价格将要启动时，必然会有资金流入，这时，投资者就可以追踪钱的足迹，买入该股；一旦该股上涨到一定幅度之后，资金出现流出时，投资者就可以同样跟随钱的足迹卖出股票，这样就完成了一个简单的短线操作过程。

投资者在参与题材股炒作时，需要注意以下几点。

第一，股价处于低位，即将开始上涨或上涨初期，成交量逐步放大，说明资金在持续流入。

第二，股价上涨至高位，成交量出现大幅放量，说明多空双方正进行激烈博弈，有大量资金流出，当然，也有资金流入。如果这种高位放量不能持续时，说明股价上涨动力不足，投资者可以考虑卖出股票。

下面来看一下东岳硅材的案例，如图 10-3 所示。

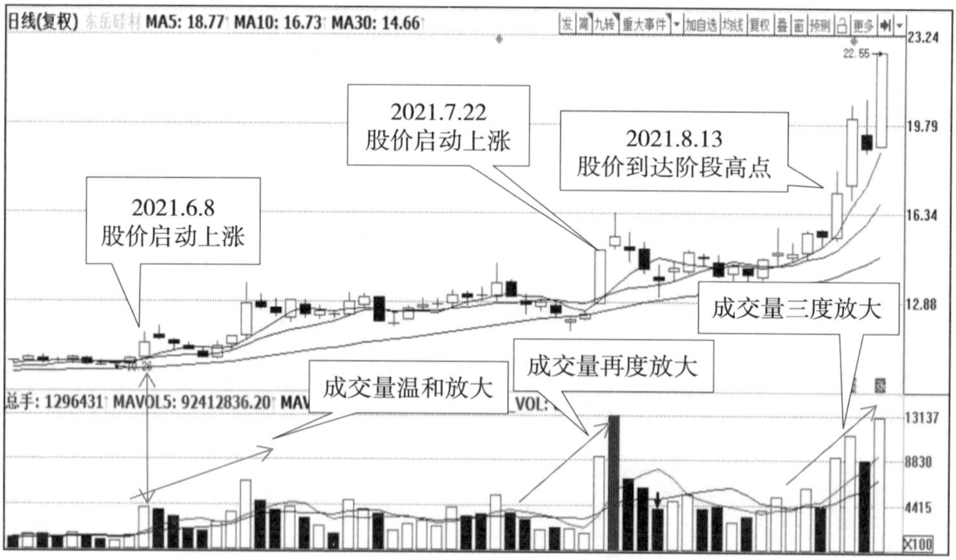

图 10-3　东岳硅材（300821）日 K 线走势图

东岳硅材的股价自 2021 年 6 月 8 日启动上涨走势，其间成交量呈现温和放大态势，说明有资金持续流入该股。其后，股价上涨速度加快，成交量也持续放大。

到了 2021 年 8 月 13 日，该股股价已经开始第三波启动态势，此时成交量与股价同步大幅拉升。不过，上涨势头最猛的阶段到来后，往往意味着股价即将进入上涨的尾声。一旦成交量不再配合放大，则股价就有转向下跌的可能。

四、盘子小，大龙头

行业内的龙头股，无论起涨时间还是涨幅均领先于板块内的其他股票。正因如此，找寻行业内的龙头股，也是一种比较稳妥的选股方法。判断一只股票是否属于行业龙头，可从以下两个方面分析。

1. 实力强弱

行业龙头，往往会受到市场较多的关注，社保基金和其他主力资金进驻也会很多，这样的股票走起来会比较稳。

2. 股价走势

股市中，行业龙头的股价走势要强于板块内部的其他股票。换句话说，如果行业龙头的走势弱于其他股票，那么，该股票就不能真正地成为行业龙头。具体的对比方法有两种。

第一，标的股与板块走势的对比。

与板块整体走势相比，龙头股一定是呈强势的，且龙头股会先于板块启动上涨，也会先于板块下跌；涨幅大于板块，跌幅小于板块。当然，龙头股也有短期疲软的，但长期来看，应该是远远强于板块走势的。

下面看一下小康股份的股价走势与汽车整车概念板块走势的对比，如图 10-4 所示。

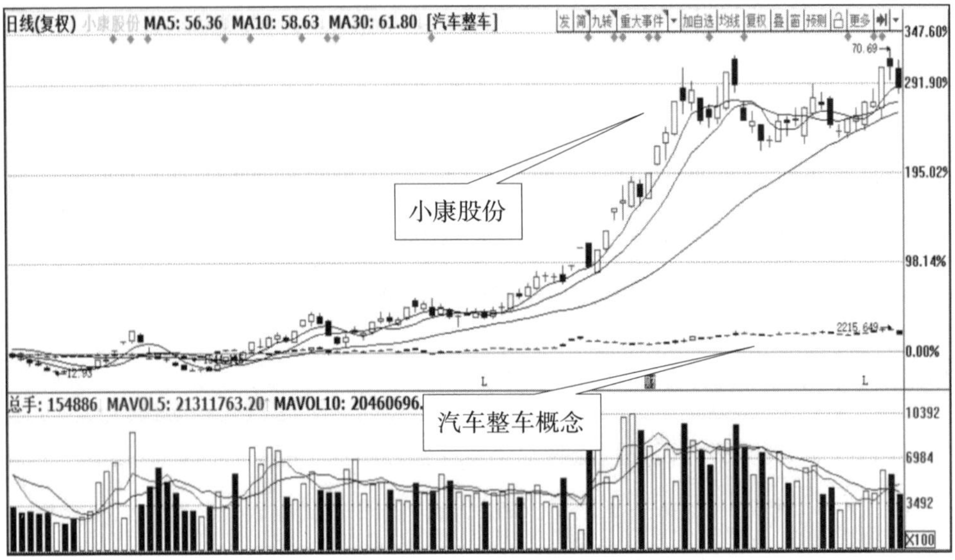

图 10-4　小康股份（601127）与汽车整车概念板块走势对比

2021 年年初，华为汽车概念横空出世，成为市场热门概念，进而带动整个汽车整车板块走强。小康股份作为华为的合作伙伴，成为市场资金竞相追逐的焦点。同时，与市场企业汽车整车生产企业相比，小康股份的盘子相对较小，这也是其成为大龙头的一个必要条件。

从图 10-4 中的对比可以看出，小康股份的股价走势与汽车整车概念板块的走势相比，其股价先于板块启动而启动，且股价整个上涨过程明显强于板块走势。由此可见，在汽车整车这一概念板块中，小康股份无疑属于龙头品种。

第二，标的股与相关股票的对比。

某一板块成为资金热炒的重点后，最早启动、涨势最猛的往往就是该板块内的龙头股。下面来看一下同属汽车整车板块的小康股份和北汽蓝谷两只股票的走势对比，如图 10-5 所示。

2021 年 3 月，华为汽车概念板块成为资金热炒的对象，很多股票的股价都出现了快速上涨。其间，通过对比小康股份和北汽蓝谷两只股票的走势，可以很容易地选出真正的龙头股。2021 年 4 月 22 日，华为汽车整车概念板块经过回调后走势出现分化，小康股份当天以涨停报收，而北汽蓝谷则出现了下跌。此后，两只股票的涨幅出现了大幅分化，小康股份的走势更为强劲，而北汽蓝谷则要弱一些，说明小康股份已经成为引领板块上涨的龙头力量。之后，从两只股票的股价走势对比来看，小康股份一直强于北汽蓝谷。

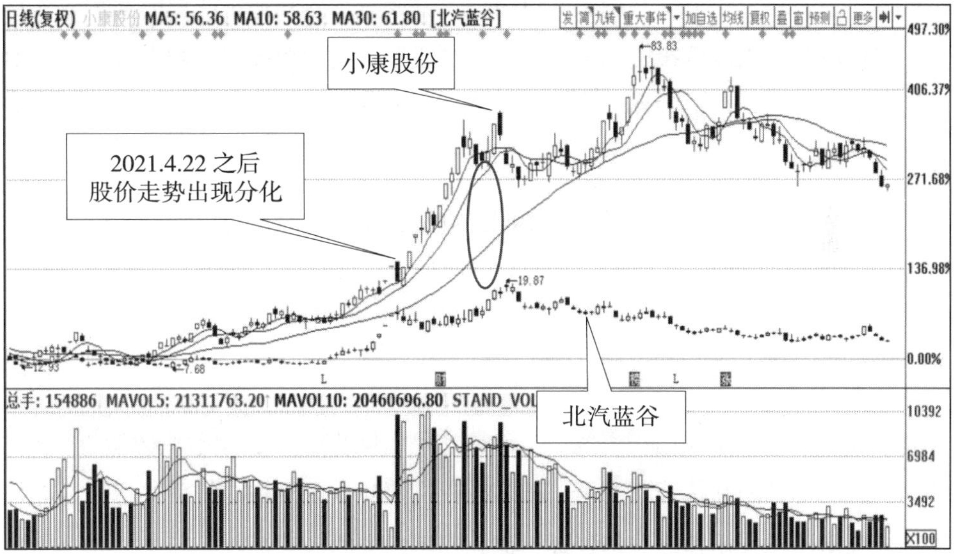

图 10–5　小康股份（601127）与北汽蓝谷的对比图

第二节 长线投资的选股策略

长线投资所使用的选股策略与短线交易完全不同。对于长线投资者来说，股票最近几天的涨跌并不重要，只要未来能有较大涨幅即可。也就是说，长线投资是在用时间来换涨幅空间。

从某种意义上来说，长线投资势必要倾向于价值驱动型选股策略。只有选到优质、低价的股票，长线持有才是有意义的，相反，短线暴涨股肯定不会成为长线投资者的“菜”。

价值驱动型选股以上市公司内在价值与市场价格的关系，作为筛选股票的基本标准。当股票价格低于其内在的价值一定幅度（也就是通常所说的安全边际）后，考虑将其列入候选投资标的；反之，当股票价格大幅高于其内在价值时，则需远离这类股票。价值驱动型选股与股价所处的位置和形态无关，只与其内在价值有关。

在具体操作层面，由于倾向性不同，价值驱动型选股又可以细分为以下几个方向。

一、当前价值与价格对比

通过对当前上市公司相关资产、经营能力、行业地位以及品牌等资产的分析和研究，确定其内在价值。而后，根据内在价值与市场价格的关系决定是否进行投资，像市净率、市盈率等指标都是据此发展出来的。

该方法的优点包括如下几个方面。

第一，所获得的内在价值相对可靠，因此，价值与价格对比就可以确定股票有无投资价值。

第二，能够通过建立安全边际，防御投资风险，最大限度地保障投资安全。

该方法的不足包括如下两点。

第一，没有考虑企业的未来发展情况，夕阳产业和朝阳产业的企业，也许资产价值相同，但未来发展潜力、盈利能力是完全不同的。

第二，由于计量方法和手段的问题，对企业资产内在价值的衡量无法做到准确、无误。

巴菲特的导师、被称为价值投资奠基人的格雷厄姆所推崇的资产评估方式，其实就是基于企业当前价值的评估。他把企业未来发展的潜力看成自己投资的彩头，即发展好了，那是最好不过的事，如果发展不好也没有关系，因为他在评估企业价值时，就是按照企业当前的资产情况评估的（当然，实质上是要大幅低于当前价值来计算的）。

在评估股票的内在价值时，可以使用的工具或者指标包括前面所介绍的几种，如市盈率、净资产收益率、市净率等，有些偏重于量化投资的投资者也可以使用自由现金流法等。

在这里投资者需要明确一个问题，就是无论采用何种估值方法，我们所获得的数据都是带有很大主观性的，我们进行测算的依据都是该企业当前的运营情况以及对未来的预判所获得的。因此，当企业内部运营情况或外部环境发生变化时，投资者都需要及时调整估值参数，重新进行估值。

二、基于成长型的价值评估

如果说之前所介绍的股票价值评估方法是建立在该只股票当前价值的评估基础上的，那么，基于成长型的价值评估则考虑更多的是股票的成长性。

很多投资者发现，单纯地研究企业当前资产价值的方式无法准确评估高速成长企业的价值，特别是最近一些年来，科技股以其强劲的成长潜力，使得价格不断被推高。于是，越来越多的投资者开始倾向于使用能够筛选成长股的股票筛选标准。于是。PEG 法、费雪的成长股筛选法日益受到重视。

该方法的优势包括两个方面。

第一，充分考虑了企业的成长性，能够更加科学地为成长潜力较大的企业赋予估值。

第二，有助于投资者选到长线白马股，如同费雪所说的，如果一只股票仍能保持强劲的成长，你就不应该放弃它。也就是说，对于处于高速成长期的股票来说，投资者可能什么时候买都是对的，因为即使购买时股价偏高，但由于其成长性较佳，从未来来看，当前的价格也就不再高了。比如，贵州茅台的股价，在几年前也许认为其 1 000 元的价格已经存在高估了，可是，当股价上涨至 1 700 元后再回头看 1 000 元的价格，就不觉得高了。

该方法同样也存在一些不足。

第一，成长性的预测准确性不足，我们在对目标企业估值时，总会倾向于比较乐观的估计，这可能会使得测算的股票内在价值过高。

第二，对进入成熟期或者夕阳产业内的企业存在估值不准的问题。

从目前市场上投资研究机构所使用的估值方法来看，基于成长型的估值无疑是最受欢迎的。特别是在科技板块、新能源板块，很多企业的盈利能力尚未兑现，因而，这种成长型估值无疑也是较为科学的，但这种估值方法也存在夸大企业能力的嫌疑，投资者在实战中需要谨慎应用这些投研机构的估值数据。

第三节 题材股追涨技巧

一般来看，容易被资金热炒的题材或热点概念股票大多源于几个方面，包括宏观政策利好、重组因素、业绩预增、突发性利好等。投资者若想追逐题材股或热门概念股，则需要在这几个维度深度挖掘相关题材。

一、宏观政策利好

宏观政策的发布，会对某一行业或某一类企业的经营发展构成实质性的影响。主力则会借此推动这类行业或企业的股票价格向上攀升。在此期间，就会有涨停板的出现。

1. 区域发展规划驱动涨停

区域发展规划是关于一定地区的资源开发利用，环境治理保护与控制，生产建设布局，城乡发展以及区域经济、人口、就业政策的综合性规划。目前我国的区域发展规划既有国家制定的，又有地方省市制定的。一般情况下，国家制定的区域发展规划对该区域上市公司的股票提振作用是比较明显的。

由于国家确定区域发展规划后，就会在相关政策、资源等方面给予该区域一定的扶持，这样就会带动该区域的经济发展，从而使处于该区域的上市公司的业绩取得突飞猛进的发展。投资者应该清楚，并不是处于发展规划区域内的企业都会获得扶持。在确定区域发展规划时，已经设定了该区域发展的重点行业。只有属于重点发展行业内的企业，才会获得较大力度的扶持。

投资者如果以区域发展规划为标尺选择涨停股，应该重点考虑以下几点。

第一，该股票所属的公司是否属于国家区域规划内的企业。同样是区域规划，层次不一样，国家的扶持力度也会有区别，例如有的区域规划上升到国家战略层面，就会比一般的区域规划获得更多的扶持。

第二，该股票所属的行业是否属于区域规划内重点扶持的行业。如果该股票所属的行业是国家准备淘汰落后产能的产业，或者属于夕阳产业，那么，这样的股票也是难以冲击涨停板的。

第三，挑选走势最强的股票。如果投资者难以判断哪只股票是最直接的受益股，可以在同一板块内部选择短期内走势最强的股票。

海南自由贸易港是按照中央部署，在海南全岛建设的自由贸易试验区和中国特色自由贸易港，是党中央着眼于国际国内发展大局，深入研究、统筹考虑、科学谋划做出的重大决策。

2020 年 6 月 1 日，中共中央、国务院印发了《海南自由贸易港建设总体方案》，并发出通知，要求各地区各部门结合实际认真贯彻落实。一时间，海南自贸港概念板块出现了热炒浪潮。

海德股份属于典型的海南本地股，其属于房地产开发、酒店以及制药等行业，同时还有不良资产管理等业务。海南自贸港的建设将会对该股有直接的利好效应，因而海德股份的股价出现了一波暴涨行情，如图 10–6 所示。

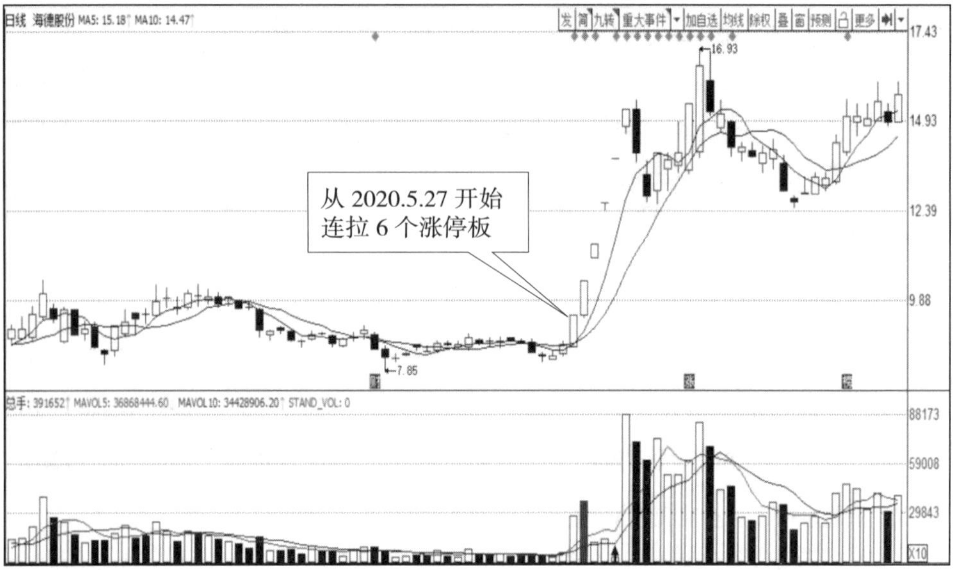

图 10–6　海德股份（000567）日 K 线走势图

海德股份的股价在 2020 年 5 月初开始了横向筑底走势，股价波动较小，这可能是股价正在选择突破方向。其后，到了 5 月下旬，股价突然下挫，给人一种即将向下突破的感觉。之前介绍股价突破形态时曾经说过，当主力将要拉升股价时，往往可能先向下打压。此时，投资者要密切关注股价的变化。

2020 年 5 月 27 日，该股股价突然放量拉升至涨停板，当时市场就有传闻，海南自贸港相关规划文件将要出台。此后几个交易日该股股价连续拉出涨停板。到了 2020 年 6 月 1 日，相关规划文件正式出台。该股股价又连续拉出两个涨停板后，拉升结束，股价开始了高位调整走势。

对于散户来说，很难提前对这类消息有所了解，而消息一旦出现，可能股价已经被拉升至高位，此时若要追涨必须随时做好撤退准备。同时，这类在消息出现前已经大涨的股票，其实不适合普通投资者再入场，毕竟风险过高。

2. 产业发展规划驱动涨停

国家为了推动产业战略转型，引导相关行业发展，会在不同时期发布若干项产业发展规划。

投资者如果以产业发展规划为标尺选择涨停股，则应该重点考虑以下几点。

第一，该股票所属的产业是否属于国家重点扶持产业。同样是产业规划，层次不一样，国家的扶持力度也会有区别，例如有的产业规划涉及国家产业布局以及产业战略转型时，国家的扶持力度就会比较大。其实，炒作国家产业发展规划与区域发展规划类似，炒作的都是对未来的某种预期，至于外界条件的利好能否转化为企业的现实收益，还要看企业自身的经营状况、外界的市场竞争环境等。

第二，该企业的产品是否符合产业政策的相关要求。只有优质的产品，国家才会扶持、才会保护，因此，生产优质产品的企业将会获得更多的扶持政策。相关产业政策要出台时，投资者一定要筛选好板块内各个企业生产产品的类型、属性以及产品质量，为自己的投资“把好关”。

第三，挑选走势最强的股票。在一项产业政策发布前后，市场都会掀起一波炒作的热潮，这股热潮少则持续几个交易日，多则十几个交易日。投资者可以在股价启动后第一时间选择走势最强的股票。强者恒强，是股市中永恒的规律。投资者不能指望弱者变强，因为那会浪费许多时间。

例如，2020 年 7 月中旬，农业农村部出台《全国乡村产业发展规划（2020—2025 年）》，《规划》要求，集聚资源、集中力量，建设富有特色、规模适中、带动力强的特色产业集聚区。用 3 至 5 年的时间，培育一批产值超 1

亿元的特色产业专业村，培育一批产值超 10 亿元的农业产业强镇，培育一批产值超 100 亿元的现代农业产业园，培育一批产值超 1 000 亿元的骨干优势特色产业集群，培育一批产值超 100 亿元的优势特色产业集群。

一拖股份主要从事农业机械、动力机械及其零部件产品的研发、制造和销售。大中型拖拉机及非道路柴油机均处于行业领先地位；主要生产各类轮式拖拉机、履带式拖拉机、柴油机等；适用于农业运输、耕种环节。也就是说，对于一拖股份来说，这份乡村产业发展规划对其业绩具有很大的提振作用，因此，从 2020 年 7 月下旬开始，一拖股份连续拉出了多个涨停板，如图 10-7 所示。

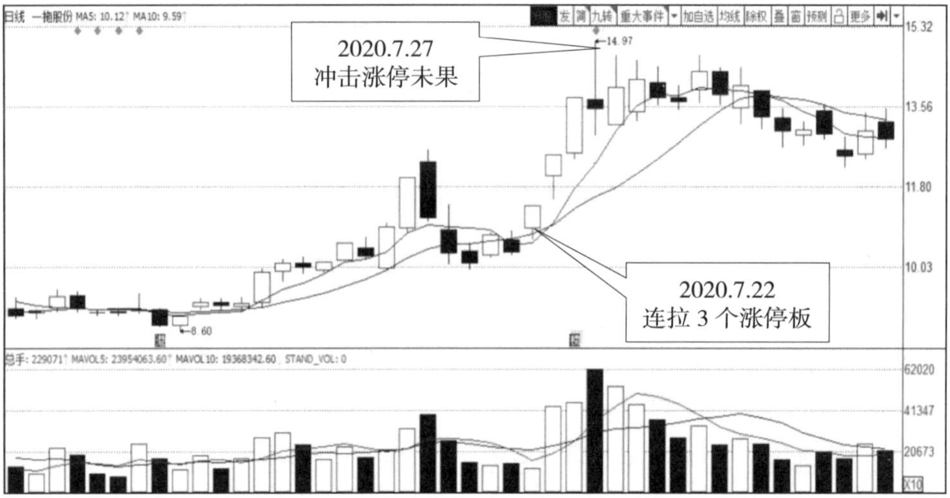

图 10-7　一拖股份（601038）日 K 线走势图

一拖股份的股价在 2020 年 7 月下旬规划刚出台时，并未表现得有多积极，而是反向向下运行。到了 7 月 22 日，市场对乡村产业规划的解读与炒作开始升温，一拖股份在开盘后不久就封上了涨停板。其后，更是连续拉出了 3 个涨停板。

2020 年 7 月 27 日，一拖股份的股价冲击涨停未果，在 K 线图上留下了一根长长的上影线，投资者应该能够预感到可能到来的风险。此后，该股股价出现了一波震荡回调走势。

上面介绍的宏观政策都是政府的一系列举措，无论是区域发展规划还是产业发展规划，都不是一蹴而就的，而是一项长期的政策。事实上，国家的很多宏观政策是独立出现的，或者是有针对性地出台，如针对证券市场投机过头的行为，政府的相关部门就可能出台一项政策，抑制投机行为。

一般情况下，国家出台针对某一问题的宏观政策，会在市场还没有醒觉之时突然出现，其反应也是很大的，尤其是一些有具体针对性的政策，市场都会做出很剧烈的反应。当某些政策对个股构成实质性利好时，一些股票就会率先奔向涨停板，这就是我们要重点研究的问题，究竟是哪类股票容易冲向涨停板？回答是，具有下列特征的股票最容易冲击涨停板。

第一，宏观政策直接对其构成利好的股票。如果宏观政策能够直接对某一只或某一板块的股票构成利好，那么，将直接增大该股票或该板块股票冲击涨停板的可能性，尤其是这种利好被市场广泛认可。

第二，走势最强的股票。如果投资者无法判断宏观政策直接构成利好的股票，可以在同一板块内选择走势最强的股票。投资者可以在开盘时段将几只股票的走势做一下对比，看看哪一只股票最先奔向涨停板，这时投资者就可以追随强者的脚步，坚定地买入涨停股，坐收股价上涨带来的利润。比如，像前面所介绍的海德股份、一拖股份等，它们都属于各自概念板块中的龙头品种，很多具有相似概念的股票也出现了上涨，但涨幅要比这些股票小很多。

第三，盘子小，拉升比较容易的股票。当然，投资者如果选走势最强的股票嫌麻烦，也可以找盘子最小的股票。由于很多宏观政策发布时市场并没有预先得到情报，所以，当政策发布时，很多买入盘不得不紧急买入股票，而在这些目标股票中，盘子小的股票由于筹码有限，蜂拥而入的买盘拼命拉升股价，非常容易被拉升到涨停板位置。不过，由于市场资金量越来越多，每天的成交量常常超过1万亿元，因而，对于小盘股的定义也有所变化。目前，市值在两三百亿元的中小盘股票，很多游资都能轻松地驾驭。

二、重组因素

资产重组是市场中永恒的话题。资产重组是上市公司进行资源有效整合的一种方式，也是市场中资本运作的重要途径。事实上，资产重组已经成为股票市场上的一个重要的炒作概念，但凡有资产重组的可能或者意向，市场均会出现一股炒作的热潮，股价也会发生翻天覆地的变化。

股票市场上演绎的许多“丑小鸭变成白天鹅”的故事，其实都是由资产重组引发的，因此，有资产重组预期的股票也是最容易出现涨停板的股票。只要有重组，就会有资金关注，但是，重组类型不一样，股价的走势也会出现差异。

收购资产重组的情况是比较多的，上市公司之间、非上市公司与上市公司之间经常为了利润而进行收购和重组。重组一般都会造成相关股票的股价剧烈波动，有时甚至会连续数日出现涨停板，但这对于普通股民来说可遇而不可求，因重组而获利者往往都是提前能了解到重组消息的内幕人士。

机会永远属于有准备的人。尽管作为一名普通投资者无法确切知晓重组的具体时间，但俗话说“没有不透风的墙”，将要重组的股票，在走势上、成交量上或多或少也会露出某些“痕迹”，投资者只要踏着这些“痕迹”就能摸准重组的“脉搏”。

收购资产重组的股票，投资者应该注意以下几点。

第一，密切关注目标股票的消息面，包括小道消息。一般一只股票重组之前，市场上往往都会流传一些该股将要重组的消息，这时投资者要为自己的出手做好准备。

第二，关注该股成交量的变化。每当股票重组即将开始之时，市场上总会有一些先知先觉的资金流入这类股票，所以，投资者一旦发现这类有重组传闻的股票出现大量资金流入，就可以适时出击，买入该股了。

第三，控制好风险。投资者应该清楚，作为一个散户狙击重组股风险是非常高的，因此，要用自己的闲置资金买入股票，而且不要全仓买入，控制好风险。投资者买入这类股票时，一定要能承受得住重组失败，股价大幅下跌所带来的冲击。

下面看一下格力地产的重组案例，如图 10-8 所示。

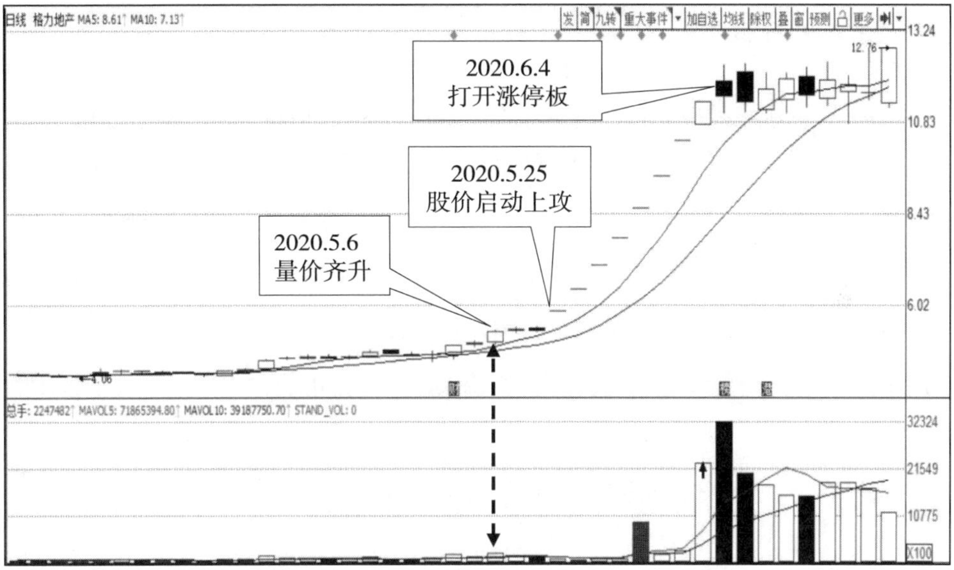

图 10-8 格力地产（600185）日 K 线走势图

2020 年 5 月 23 日，格力地产发布消息称，其准备通过发行股份和现金的方式收购珠海市免税企业集团 100% 的股权。通过该项重组，使得格力地产成为 2020 年度最热门概念——免税概念的概念股。因而，消息发布后，该股股价出现了连续涨停的走势。

格力地产的股价自 2020 年 5 月 6 日量价齐升后，股价出现回调走势。2020 年 5 月 8 日收盘后开始停牌。普通投资者根本不可能提前预知企业将要开展收购行动。不过，联系 5 月 6 日的走势可以发现，仍然有一部分先知先觉的资金入场了。

到了 2020 年 5 月 23 日晚上，格力地产发布公告，确认了收购消息。2020

年5月25日格力地产复牌。不过，该股股价直接一字板封盘，散户根本无法入场。其后，该股股价连续拉出了8个涨停板。只有第八个涨停板，普通投资者才有机会入场，不过，此时入场风险已经很高了。此后，该股股价开始在高位盘整，这也是先前入场的资金开始离场的信号，此时已经不适合投资者入场了。

三、突发性事件

突发性事件，是指那些大家事先都没有任何预期或计划的偶发性事件。这些事件发生后，对一些个股的业绩可能造成实质性的利好影响，进而推动股价的上涨。不过，由于事件带有很强的突发性，很多主力资金也可能没有事先进行布局。这些资金可能会选择将目标股的股价连续拉升几个交易日后再进行震荡建仓，而后再继续拉升。当然，这还要看这种突发性事件的影响力到底有多大。影响较小的可能一波拉升行情就终结了，而影响较大的事件，可能会引发股价几个波段的拉升。

选择有突发性事件的股票时，应注意以下两点。

第一，看突发性事件的持续性。对于普通投资者来说，事件发生后可能自己还没有反应过来，股价已经触及涨停板了，但若这类突发性事件的持续性很强，则该股涨停板打开后出现调整时入场即可；若持续性不佳，则观望为宜。

第二，看近期有无业绩炒作经历。如果有过炒作记录，说明主力资金事先了解一些情况，已经提前布局，那么，当涨停结束，上升就可能终结，反之，若没有炒作痕迹，主力也是临时获得消息并开始拉升的，那么，主力肯定会在拉高一段股价后再进行加仓，因为前期仓位不够，拉升困难，很可能得不偿失。

第三，选择最贴近突发性事件的股票标的。投资者若无法判断和识别，可以通过涨停情况判断。最先涨停和涨停板最多的股票，往往就是题材与热点概念中的龙头。

下面来看一下以岭药业的日K线走势情况，如图10-9所示。

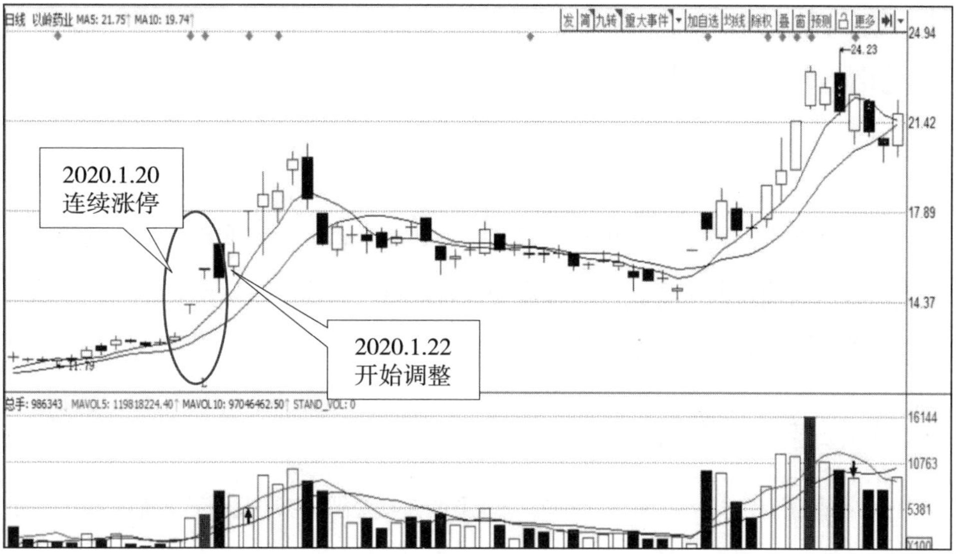

图 10-9 以岭药业（002603）日 K 线走势图

2020 年年初的时段，新冠疫情暴发。以岭药业生产的葵花牌清瘟胶囊被认为对新冠症状的缓解具有一定的功效，因而，市场上的资金开始涌入以岭药业。以岭药业的股价从 2020 年 1 月 20 日开始连续两天拉出涨停板。

由于该股之前并未被大幅拉升，整体成交量也不高，因而，我们可以认定主力资金介入并不多。面对突发的疫情，资金也需要快速完成建仓，因而，这两天的股价涨停板都是 T 字板而非一字板，成交量已经开始放大。鉴于此时仍属疫情初期，投资者入场风险相对较小。

其后，该股股价结束涨停后，1 月 23 日出现了大幅回调整理走势。综合前面的分析可知，此时主力很可能会利用股价震荡大幅加仓。

其后，该股股价连续上攻，就更加可以印证之前的判断。即突发事件来临后，主力会迅速拉升之后再入场加仓，而后再继续拉升股价。

第四节 跟随基金选股法

通常情况下，每季度结束后，各家基金都会公布上一季度最新的持仓情况，其中还会给出持仓前十名证券的名称、持仓数量与金额等。这些数据都可以成为投资者跟随基金选股时，重要的参照标准。

一、选择基金扎堆的股票

通常情况下，持股机构数量多，说明市场上大部分投资机构都认可其投资价值，未来股价继续走高的概率很大。

在查看基金扎堆的股票时，需要注意以下几点。

第一，查看整体的机构持仓情况，包括持仓机构数量以及持仓量等数值。

第二，关注持仓机构数量和总持仓量的变化。若持仓机构数量和总持仓量持续走高，则说明股票被基金持有的比重越来越高，股价继续上行的概率很高；反之，则有回调的风险。

我们来看一下 A 股第一高价股贵州茅台的机构持仓情况，如图 10-10 所示。

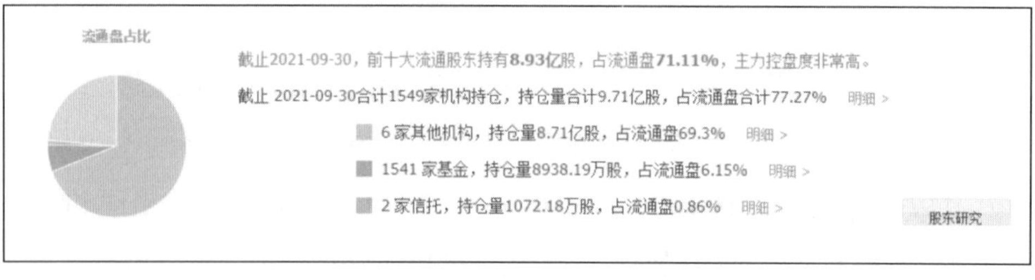

图 10-10　贵州茅台（600519）机构持仓情况

从图 10-10 中可以看出，2021 年第三季度持有贵州茅台的机构达到 1 549 家，其中基金就有 1 541 只。而前十大流通股股东持有的流通盘占比达到了

77.27%。这说明贵州茅台的股票绝大部分掌握在各大机构手中，该股的高成长性已经获得市场的广泛认可。

二、追随明星基金产品的持仓

越是市场上知名的投资机构持仓，越能反映股票被市场认可的程度，特别是一些社保基金的持仓情况，更值得普通投资者研究。毕竟社保基金的钱，是很多退休员工的“买米钱”。

我们再来看一下双汇发展的机构持仓情况，如图 10-11 所示。

社保基金

机构或基金名称	持有数量(股)	持股变化(股)	占流通股比例	变动比例	股份类型	持股详情
罗特克斯有限公司	4.61亿	不变	30.99%	不变	流通A股	点击查看
香港中央结算有限公司	1.08亿	⬆5280.22万	7.28%	⬆95.09%	流通A股	点击查看
中国证券金融股份有限公司	5797.11万	不变	3.89%	不变	流通A股	点击查看
中央汇金资产管理有限责任公司	3158.59万	不变	2.12%	不变	流通A股	点击查看
全国社保基金五零三组合	1800.00万	不变	1.21%	不变	流通A股	点击查看
全国社保基金一零一组合	1215.22万	新进	0.82%	新进	流通A股	点击查看
中国华融资产管理股份有限公司	830.74万	新进	0.56%	新进	流通A股	点击查看
中国工商银行股份有限公司-中证主要消费交易型开放式指数证券投资基金	643.52万	新进	0.43%	新进	流通A股	点击查看
泰康资产丰颐混合型养老金产品-中国工商银行股份有限公司	627.41万	新进	0.42%	新进	流通A股	点击查看
中信证券股份有限公司-天弘中证食品饮料指数型发起式证券投资基金	576.92万	新进	0.39%	新进	流通A股	点击查看

图 10-11 双汇发展（000895）机构持仓情况

从图 10-11 中可以看出，双汇发展 2021 年第三季度的前十大股东中有两家属于社保基金旗下的投资组合。这说明社保基金非常看好该股的投资价值。当然，双汇发展的财务状况、盈利能力以及未来的发展空间相比其他企业具有较为明显的优势，这也是社保基金投资该股的原因。这也与双汇发展属于猪肉概念和农业概念股票有关。

当然，投资者也可以选择一些明星基金，在每个季度结束后，查看其最新的持仓情况，以便于跟随选股。比如，张坤旗下的易方达优质精选混合基金就是一只长线表现比较优异的基金品种。投资者可通过追随该基金的持仓来选择自己心仪的目标股，如图 10-12 所示。

股票名称	持仓占比	涨跌幅	相关资讯
贵州茅台	9.88%	-2.73%	股吧
五粮液	9.82%	-2.99%	股吧
招商银行	9.48%	-0.66%	股吧
腾讯控股	9.38%	-0.65%	股吧
泸州老窖	7.64%	-2.31%	股吧
伊利股份	7.31%	-1.43%	股吧
海康威视	5.97%	2.25%	股吧
平安银行	5.21%	-0.40%	股吧
香港交易所	5.17%	-3.37%	股吧
京东集团-	5.12%	-3.08%	股吧
前十持仓占比合计：	74.98%		
持仓截止日期: 2021-09-30		更多持仓信息>	

图 10-12　易方达优质精选混合基金 2021 年第三季度持仓

从易方达优质精选混合基金的最新持仓来看，消费品行业，特别是白酒行业仍是其最偏爱的投资对象。投资者也可以从中选择自己心仪的股票，作为备选的投资标的。

在查看这些明星基金的持仓时，需要重点关注最新的持仓相比上一期的持仓有无变化，特别是哪只股票新晋成为重仓股，哪只股票从重仓股行列被剔除。投资者也应及时做出相应的仓位调整。

三、跟随基金选股的不利因素

从某种意义上来说，跟随基金选股确实比较容易选到优质股，但在操作方面也存在一些问题。具体来说，包括以下几个方面，如图 10-13 所示。

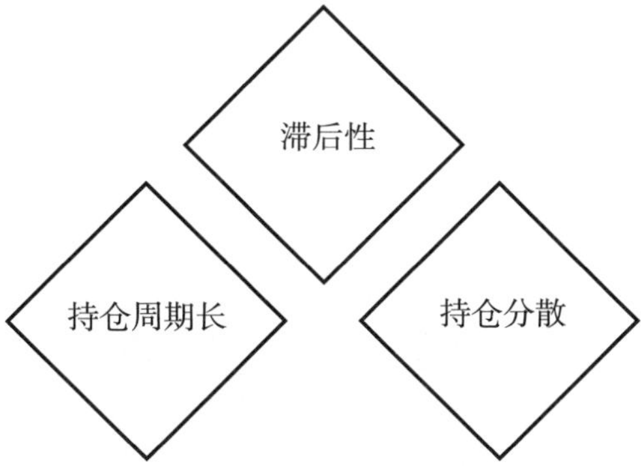

图 10-13　跟随基金选股的不利因素

第一，滞后性。基金持仓都是在季度结束后公开的，也就是说，跟随基金选股的投资者无法在第一时间跟进目标基金的选股。当基金公布季报后再采取相应的行动，可能存在一定的滞后性。

第二，持仓周期长。基金持仓一般都是从长线价值投资角度进行选股操作的。这些股票在短期内可能没有太好的表现，这对于中短线交易者来说，并非是理想的选择。

第三，通常情况下，基金持仓会考虑分散风险。一般情况下，单只股票所占仓位都不会超过 10%，但作为普通投资者不可能持仓那么多股票，若只跟随基金选择某只股票，则也可能让自己的投资面临风险。因此，投资者在跟随基金选股时，也要适当考虑分散风险。

第十一章

新手学短线交易实战技术

对于新股民来说，短线交易的风险是极高的。而所有短线交易的技术无外乎这样几类：突破、回调、超跌、加速拐点等几种。

第一节
突破买入法

K 线对某一重要位置突破的完成，往往意味着股价将会进入新一轮的上升行情，此时，若成交量同步放大，则可增强突破的有效性。而选择这类完成突破的股票，未来获利的概率往往要大于其他股票。

短线突破买入法的操盘要点如下。

第一，通常情况下，股价对重要阻力位完成突破，则意味着股价将进入新一波上升趋势。这个重要阻力位可以包括前期高点、重要整数关口、趋势线位置、成交密集区等。

第二，股价 K 线在对阻力位进行突破时，多需要成交量的放大相配合。当然，这种放大，最好为温和的放大，不应剧烈放量，否则过犹不及。

第三，股价 K 线对阻力位进行突破时，若 MACD 指标、KDJ 指标、均线指标和布林线指标等同步发出买入信号，则可增强买入信号的有效性。

一、突破重要阻力位

通常情况下，主力拉升股价突破重要点 / 价位时，都需要消耗大量的资金，而一旦主力选择了拉升，就意味着其还将继续向上拉升。这也是为何股价突破阻力位后，往往会迎来一波上涨走势的原因。这些重要点 / 价位的形成主要基于两个主要原因：一是现实的筹码堆积；二是投资者的心理因素。

现实中的筹码堆积区，一般都是前期高点所在的位置。很多投资者在此位置买入股票后，股价随即开始下跌，于是被套牢其中。当股价重新自低位上涨至该位置时，很多深套其中的投资者眼看解套时机来临，必然纷纷卖出手中的股票，股价很可能会因抛盘过重而回落。这也是前期高点位置成为重要阻力位的原因所在。

股价突破这类由大量现实筹码堆积所形成的点 / 价位时，需要注意以下几点。

第一，放量。股价向上突破这些点位时，成交量放大是其最主要的特征。只有成交量放大，才能说明主力有足够的实力吸纳先前的套牢盘，未来才可能继续向上拉升股价。通常情况下，成交量可能会比前一交易日放大若干倍。

第二，股价大幅拉升甚至可能出现涨停板。股价向上突破这些点位时，势必会出现激烈的多空交锋，要么多头败退，此点位将强化阻力位的作用；要么空头败退，多头趁势拉出涨停板。

第三，股价向上突破前，各类技术指标早已发出买入信号，KDJ 指标甚至可能会发出超买信号。

下面来看一下杉杉股份的案例，如图 11-1 所示。

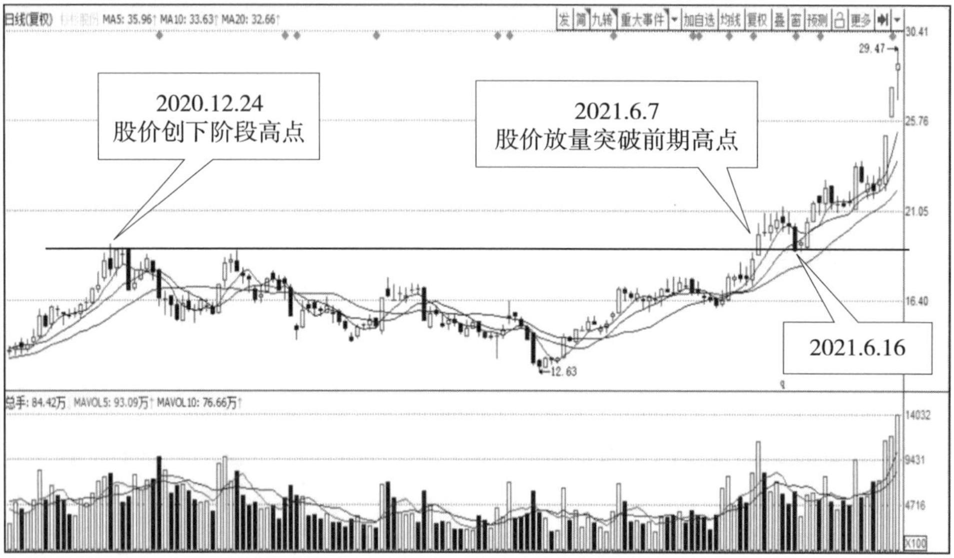

图 11-1　杉杉股份（600884）日 K 线走势图

2020 年 12 月 24 日，杉杉股份的股价在创出阶段高点后出现震荡回调走势。其后，该股股价几次出现反弹走势，均未能有效突破前期高点。

2021 年 6 月，杉杉股份的股价经过一波震荡上扬后，再次来到 2020 年 12 月 24 日高点附近。2021 年 6 月 7 日，该股股价在前日上攻的基础上，再度高开高走，放量完成对前期高点的突破。这说明其后该股走强的可能性很大，投资者宜买入该股。

其后，该股出现了回调走势。2021 年 6 月 16 日，该股股价回调至前期高点附近时，因受前期高点位置的支撑重新上升，这就是该股的第二个入场点。

二、突破盘整区域

股价经过一段时间的上涨后，K 线出现了明显的震荡盘整走势，且震荡区域位于某条压力线下方。将股价向上突破中继盘整区域这一信号与成交量形态相结合，就会比较容易发现股价完成突破的信号。

1. 形态特征

K 线在前一波上升行情结束之后走出了一波横向盘整走势，且多有向右下方倾斜的态势，给人一种股价将会下跌的感觉。其后，股价向上突破中继盘整区域，意味着股价即将启动反弹行情，这属于典型的买入信号，如图 11-2 所示。

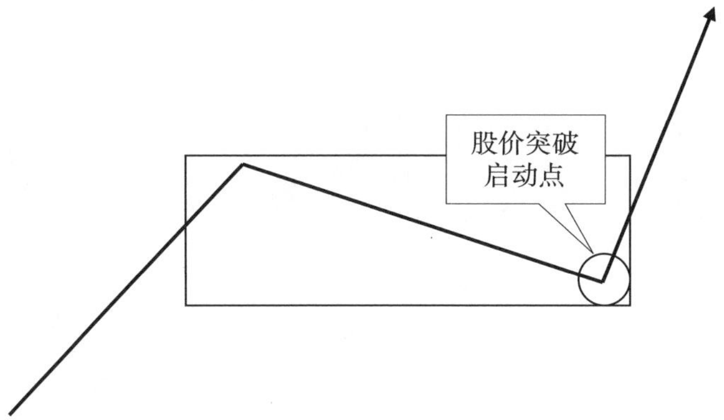

图 11-2 中继横盘调整形态

2. 操作策略

第一，K 线中继横向盘整发出的是行情由坏转好的反转信号，如果股价在横向盘整过程中成交量出现萎缩态势，而当股价突破整理区域时，成交量若能同步放大，则意味着股价继续走高的可能性很大；反之，如果股价在中继盘整过程中，成交量维持在高位，则未来股价涨幅可能非常有限。

第二，股价 K 线在中继横盘调整时，可能会形成一些经典的整理形态，如旗形、楔形、三角形、矩形等。

第三，当股价上涨到压力线位置时，上涨就会遇到一定的阻力。这时候只有成交量放大相配合，才有可能突破压力位。

第四，股价向上突破盘整区域时，K 线也会同步突破多条均线，而各条均线会由黏合状态转为多头发散排列，这也是典型的买入信号。

下面来看一下奥克股份的案例，如图 11-3 所示。

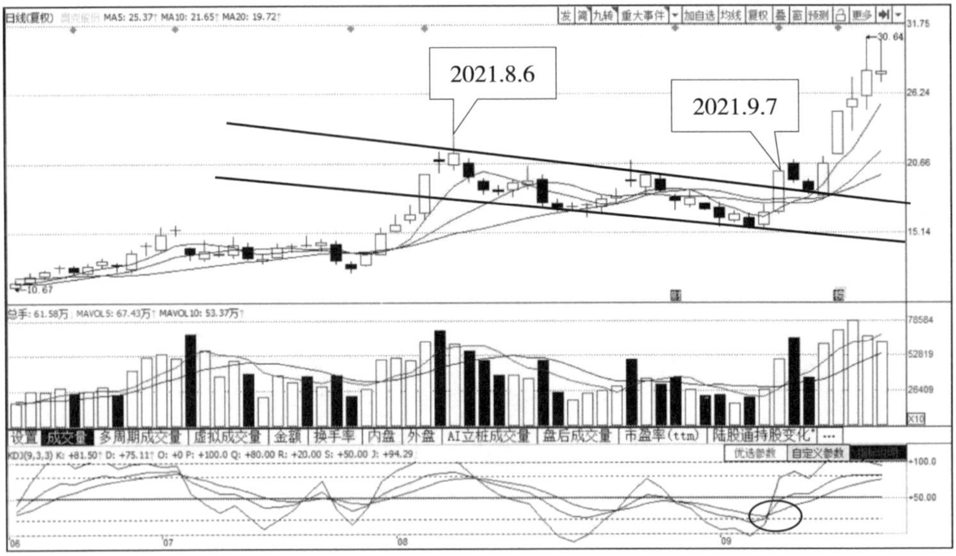

图 11-3　奥克股份（300082）日 K 线走势图

2021 年 8 月—9 月，奥克股份的日 K 线图上出现了上升旗形形态。

2021 年 8 月 6 日，处于上涨行情中的奥克股份在前一交易日上涨的前提下高开高走，在 K 线图上留下了一根带长上影线的小阳线，这说明空方将会增大打压力度，保守型投资者宜减仓。

此后，该股股价进入了整理走势。在波动中，该股反弹的高点和回落的低点都有逐渐下降的趋势，且高点的连线和低点的连线呈收敛状，从而形成了一个上升旗形形态。

上升旗形的下边线比上边线更趋于水平，且在形态形成的过程中成交量逐渐萎缩，因而可以认为下方存在较强的支撑力，股价很可能在调整结束后重回上升轨道。这时，持股的投资者不宜再将股票卖出，而持币的投资者应该对其保持关注。

2021 年 9 月 7 日，股价放量突破上升旗形的上边线，KDJ 指标在此之前出现黄金交叉形态，曲线 J 迅速进入超买区域，买点出现。投资者应该把握机会，积极买入。之后，该股出现了短暂的回调，但股价回调至上升旗形上边线位置，因受支撑而重新上升，这是该股的第二个买点。经过短暂调整后，该股重新进入了上升通道。

三、突破前高，涨停过顶

涨停过顶，是一个重要的买入信号。股价涨停过顶的同时，均线如果能呈多头排列，那么，股价上涨的概率非常大。从某种意义上来说，涨停过顶，其实就是 K 线突破重要点位的一种特殊形态。不过，股价 K 线以涨停形式完成对前期高点的突破，也就意味着，在短期内股价上涨的速度会比较快，比较适合短线或超短线投资者的选股操作。

第一，股价涨停前已经出现了一波上涨行情。

第二，股价到达前期高点位置时，突然以放量涨停的方式突破前期高点。

第三，股价突破前期高点当日，各条均线呈发散排列。

第四，股价突破前期高点前，如果股价已经数次突破前期高点未果则更好。

第五，当股价以涨停方式突破前期高点位置时，就是该股的第一个买点。当股价突破重要阻力位时，就是加仓该股的好时机。

下面来看一下金禾实业的案例，如图 11-4 所示。

2021 年 6 月 7 日金禾实业的股价创出了一个阶段最高价之后，开始了一波下跌行情。经过多次震荡反弹，2021 年 8 月 31 日，该股股价冲击前期高点未果，重新开始了一波震荡整理走势。随后，股价又重新走出一波上涨行情，股价再次逼近前期高点。当股价到达前期高点位置时，随即收出一根中阴线。这根中阴线很有可能就是一个假摔走势。2021 年 9 月 7 日，该股收出一根大阳线，并以涨停报收，同时突破了前期高点。根据我们对该股的判断，这一日就是该股最佳的入场时机。

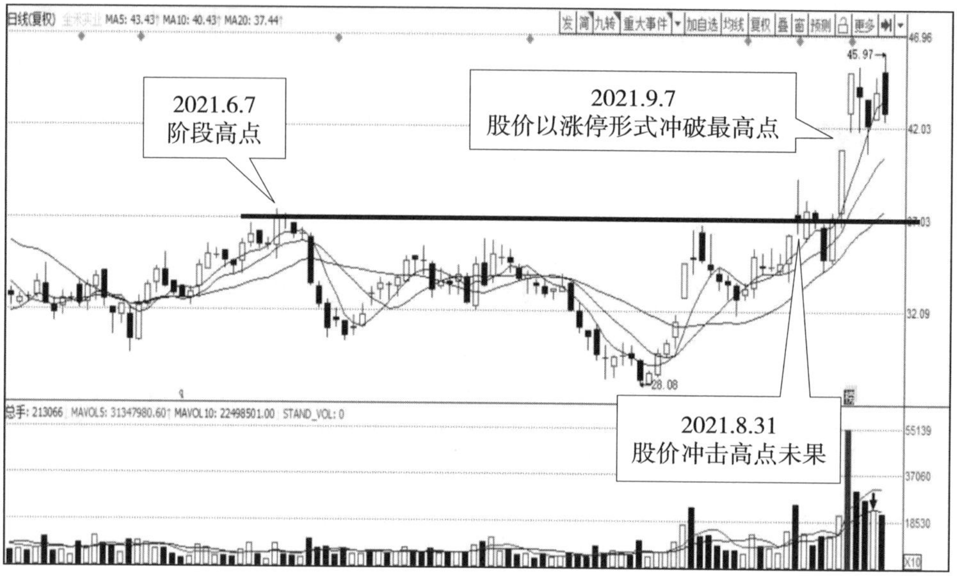

图 11-4 金禾实业（002597）日 K 线走势图

第二节 回调买入法

股价上涨一段时间后，出现调整走势。其后，当股价回调至某一支撑位，并因受到足够支撑而重新上升时，则意味着股价将会重回上升通道，这就是一个较佳的买点。

回调买入法的操盘要点如下。

第一，股价遇到的支撑力越强，则未来股价上升的概率越高。比较典型的强力支撑位包括先前股价波动所形成的高点、低点、整数关口、趋势线位置等。

第二，从量价关系来看，股价回调时，成交量通常会呈现萎缩态势，而当股价重拾升势后，成交量呈现放大态势。

第三，从技术指标方面来看，股价回调遇支撑再度启动时，技术指标也会发出买入信号，比如，股价 K 线遇中期均线支撑而重新上行；MACD 指标在 0 轴上方形成二度金叉等。

一、回挡不破 10 日均线

回挡不破 10 日均线买入技法，是指追击经过一段时间上涨出现回抽后，遇 10 日均线支撑重新上涨的股票，以达成获利的操盘方法。该技巧是短线交易过程中经常使用的一种方法。

回挡不破 10 日均线技巧在操作过程中需要注意以下几点。

第一，股价回挡时，成交量呈萎缩状态；股价重新上涨时，成交量呈放大态势。

第二，股价回挡时，偶尔跌破 10 日均线又很快回到均线之上，说明支撑仍有效。

第三，股价回调至 10 日均线时，股价与 10 日均线均位于 30 日均线之上。

第四，股价回调并跌破 10 日均线后，仍继续下跌时，投资者应及时止损。

下面来看一下盈康生命的案例，如图 11-5 所示。

盈康生命的股价经历了 2020 年 5 月的震荡盘整之后，在 2020 年 6 月初，出现了震荡上升的态势。

自 2020 年 6 月下旬开始，处于震荡上行趋势中的盈康生命多次出现回调走势。不过，当股价 K 线回调至 10 日均线位置时，均因受到 10 日均线的支撑而重新向上。与此同时，30 日均线的方向一直向右上方倾斜，这属于典型的看涨信号。

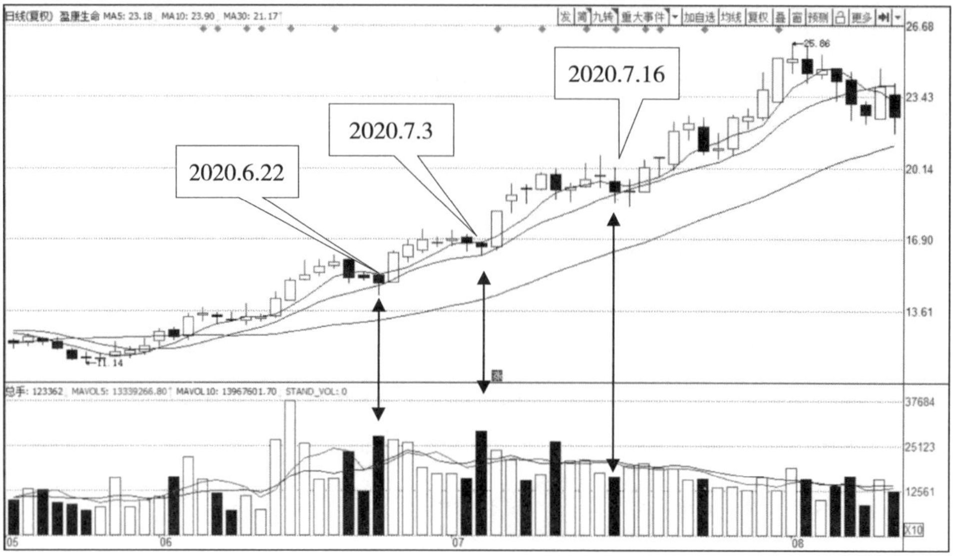

图 11-5 盈康生命（300143）日 K 线走势图

投资者可在股价 K 线回调至 10 日均线，且没有跌破 10 日均线时入场买入或加仓。

二、缺口支撑买入法

股价上攻过程中若产生了缺口，那么，该缺口就会对股价产生一定的支撑作用。若股价回调至缺口位置，则会因缺口的支撑而再度上攻。具体操作要点如下。

第一，股价在上涨过程中出现缺口，说明市场上的投资者普遍看好后市，并愿意以较高的价格买入股票，而缺口的上沿就是投资者比较认可的一个买入价格，于是，在此位置就会有相当多的投资者设下买盘等待股价的回调。当股价经过一段时间的上涨后，重新下跌到缺口上沿位置时，先前预设的买单就会成交，从而促使股价发动新一轮的上涨。

第二，一般情况下，缺口越大，支撑能力就越强，股价下跌到缺口位置时，遇阻上涨的可能性也就越大。

第三，股票在创下阶段高点后出现回调时，成交量应该呈现出萎缩的态势，表明主力并没有出货。这也为该股未来的上涨提供了必要的条件。

第四，当股价遇缺口支撑而上涨时，如果 KDJ 指标能同步发出买入信号，将增大股价上涨的可能性。

下面来看一下天华超净的案例，如图 11-6 所示。

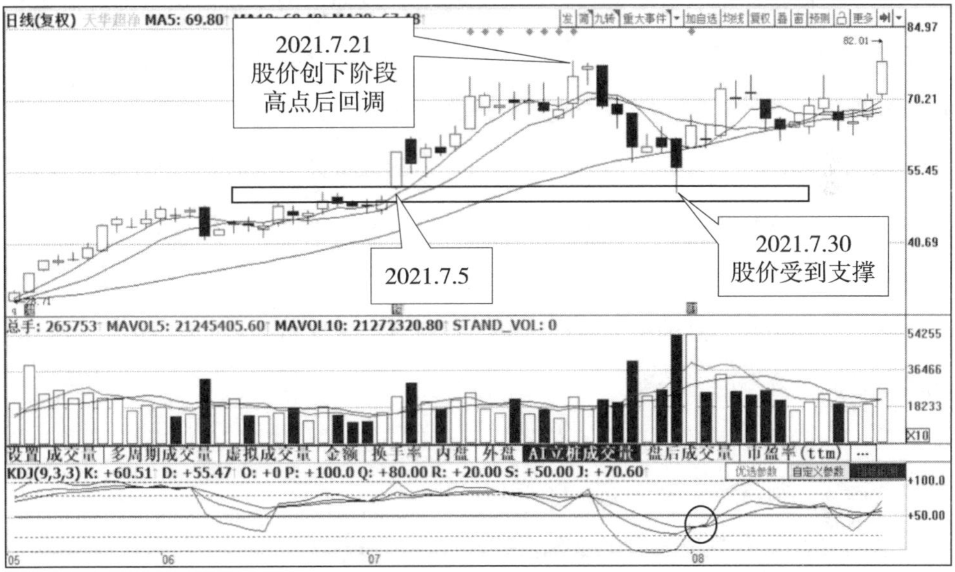

图 11-6 天华超净（300390）日 K 线走势图

2021 年 7 月到 8 月，天华超净的股价出现了回落遇缺口支撑而重新上涨的情况，预示着股价将有一波上涨行情。

天华超净的股价从 2021 年 5 月底开始被大幅度拉升。2021 年 7 月 5 日，该股以涨停报收，使其 K 线图上出现了一个巨大的缺口。2021 年 7 月 21 日，该股股价在创下近期新高之后，出现震荡回调走势。2021 年 7 月 30 日，该股股价在缺口区域获得支撑，此后重新上攻，并于 8 月 2 日重新站稳 5 日均线和 30 日均线。观察此时的 KDJ 指标可知，此时该指标刚刚完成黄金交叉，属于一个典型的买入信号。

三、回落高点再起航

当一只股票的股价突破了前期高点经历了一波上涨之后，出现回调走势，股价回调到前期高点位置，很可能会受支撑而反转向上。该技巧的操作要点如下。

第一，股价先前曾经突破过前期高点位置，这使得该位置积累了大量未成交的买盘，因而，当股价下跌到这一位置时，这些未成交的买盘就会纷纷成交，促使股价反弹向上。而股价反弹向上时，就是一个好买点。

第二，股价突破前期高点时，必须有明显的放量情况，且当股价回调到前期高点附近时，成交量需要呈萎缩状态。如果成交量出现放大，投资者不可轻易买入股票。

第三，股价回落到前期高点附近时，投资者只需保持对该股的关注，待股价出现反转向上迹象时，再买入该股。

第四，股价回落到前期高点位置后又反转向上时，如果 KDJ 指标能同步发出买入信号，则可增大股价上涨的可能性。

下面来看一下 *ST 天龙的案例，如图 11-7 所示。

2021 年 4 月，*ST 天龙的股价创下一个阶段高点后出现回调走势。该股股价回调一段时间后重新开始上涨，并于 2021 年 7 月初突破了前期高点。

其后，该股经过几个交易日的上涨后出现回调。股价在回调过程中成交量出现了萎缩态势。2021 年 8 月 3 日，该股股价回调到前期高点附近，因受到支撑而于 8 月 4 日重新上涨，且股价在上涨时成交量出现了放大态势，这说明该股未来上涨的可能性很大。与此同时，KDJ 指标刚刚形成黄金交叉形态。这都属于典型的看涨信号。

图 11-7　*ST 天龙（300029）日 K 线走势图

第三节 超跌反弹买入法

在股票交易领域，历来有喜欢抢反弹的投资者。这类投资者往往属于短线或超短线交易者。不过，从风险收益角度来看，抢反弹又常常被称为“刀口舔血”。也就是说，投资者为了可能的一点点收益，需要冒非常大的风险。

投资者在按照超跌反弹法操盘时，需要注意以下几点。

第一，股价短期下跌幅度极大，且并非因为基本面改变导致。比如，在大盘下跌时，被资金错杀的股票，更容易出现强力反弹走势。

第二，下跌的速度与反弹的速度往往会呈正比，即股价短线下跌幅度越大、速度越快，未来反弹的幅度和可能性都越大。

第三，股价出现快速下跌后，各技术指标出现强烈的超卖信号，则可增加抢反弹的成功率。

一、急速暴跌，必反弹

股价在外界环境的影响下，出现连续大幅的、非理性的下跌，这意味着股价短线已经严重偏离了其内在价值，短线存在反弹的可能。抢入这类反弹股票的投资者需要注意一点，即抢入超跌反弹股的目的并非是基于股价的长期价值，而仅仅是由于看好其未来几个交易日的反弹行情，因此，快进快出就是其最核心的操作策略。具体操盘要点如下。

第一，股价下跌幅度要大，一般来说在3个交易日内下跌幅度超过10%才行，且下跌幅度越大越好。

第二，股价下跌过程中，成交量若出现异常放大更好。成交量异常放大说明换手充分，很多大资金开始入场，未来反弹的概率更高。

第三，股价下跌过程中，各项技术指标全部进入超卖区域，比如在KDJ指标中，曲线J要进入0线以下区域。

第四，抢入超跌反弹存在较大概率的失败，投资者必须严格设置止损位，一旦股价并未出现反弹，而是反向下跌，则应第一时间卖出止损。

下面来看一下大华股份的案例，如图11-8所示。

大华股份的股价在2020年年底出现了震荡下跌走势。2020年12月22日，该股股价突然出现大幅下跌，其后的三个交易日，该股股价连续大幅下跌，且跌幅超过10%，说明该股股价短线存在反弹的需求。

到了2020年12月25日，该股股价出现触底迹象，而KDJ指标也已经进入超卖区域，且曲线J到达0线位置，这也印证了该股股价存在反弹需求。

此后，该股股价连续出现大幅反弹，短期内上涨幅度超过20%。

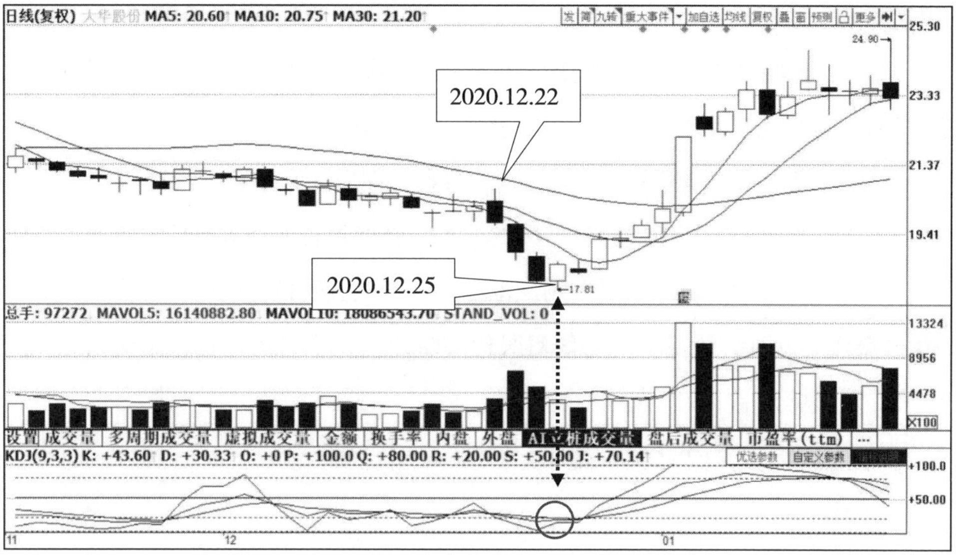

图 11-8 大华股份（002236）日 K 线走势图

二、乖离率大，超跌回归

在短线交易领域，顺势交易永远都是主流，但也存在着一些逆势交易行为，比如，抢反弹就是很多投资者喜欢的一种短线交易方法。

通常情况下，随着股价的下行，各条均线也会随之下行，这就说明股价处于空头行情中，投资者是不应该入场交易的。不过，若股价短期出现了较大幅度的下跌，且短期内势头较猛，股票的乖离率为负值且较高时，则意味着股价短线存在反弹的需求。这也是很多投资者抢反弹的良机。投资者抢反弹时，选择股票的标准如下。

第一，股价的乖离率一般以 30 日均线为主要参照标准，即当股价暴跌，且距离 30 日均线较远时，股价必然会存在反弹需求。

第二，一般情况下，24 日 BAIS 指标的乖离率低于 –9%，就可以认为股价进入超卖区域。不过，我们在抢反弹时，最好 24 日 BAIS 指标低于 –15%，这时入场把握更大。

第三，股价下跌时，成交量一般会出现萎缩，但如股价触底时，成交量出现增大，则说明有大资金入场，投资者可积极入场。

第四，股价出现暴跌并远离均线时，各条长期均线仍处于下行趋势，原则上，这种环境并不利于进行短线操作。因此，抢反弹的投资者在看到股价远离均线，并且乖离率较大时，可以少量入场，但必须合理控制仓位，同时，在股价反弹至30日均线附近时，还要考虑均线对股价的阻力，一旦股价存在遇阻回落迹象，则应立即离场。

下面来看一下德美化工的案例，如图11–9所示。

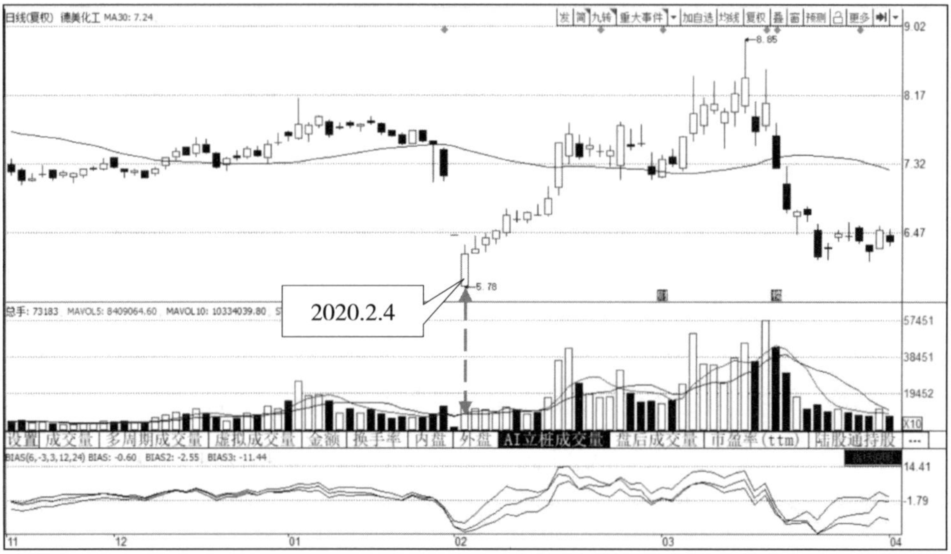

图11–9 德美化工（002054）日K线走势图

德美化工的股价在2020年年初因疫情原因，随着大盘的暴跌而出现了一波暴跌走势。随着股价下跌速度加快，导致负的乖离率突然增大。2020年2月4日，该股股价创下回调新低，6日、12日和24日BIAS指标值均低于–10%，特别是24日RSI指标值达到了–17%，说明该股已经严重超卖。短线投资者可以尝试买入，争抢反弹。

其后，该股企稳回升，出现了一波反弹行情。

第四节 加速拐点买入法

股价经过一段时间的盘整或小幅上升后，突然打破了原有的运行格局，出现大幅上涨走势，这往往意味着股价将会进入新一波上升行情。

加速拐点买入法的操盘要点如下。

第一，股价经过一段时间的盘整或小幅上涨后，股价与成交量同步放大，且突破了原有的运行趋势或阻力位。

第二，股价形成加速态势时，成交量要呈现明显的放大，若能够放大若干倍则更佳。

第三，股价呈现加速上升态势时，技术指标也会发出明确的买入信号，如 MACD 指标在 0 轴上方出现金叉；股价 K 线突破布林线中轨或上轨等。

一、慢牛提速

当一只处于缓慢上涨中的股票突然加速上涨时，投资者要及时追涨买入，以博取股价上涨带来的收益。

第一，当一只处于缓慢上涨中的股票突然加速上涨，投资者可以考虑跟进买入该股。

第二，股价由慢涨到加速上涨的过程中，往往有一个启动点，这一启动点就是买点。而股价启动过程中，如果成交量也同步放大，那么，未来该股上涨的幅度可能会更大。

第三，股价由慢涨转为加速上涨时，往往也是股价上涨即将走到尽头时，因而，投资者买入该股后，一定要密切关注股价走势，股价一旦结束上涨行情，则要第一时间卖出该股，以防被套其中。

第四，当股价由慢涨转为加速上涨时，如果 MACD 指标、KDJ 指标也能同时发出买入信号，则可增大股价未来上涨的可能性。

下面来看一下大豪科技的案例，如图 11–10 所示。

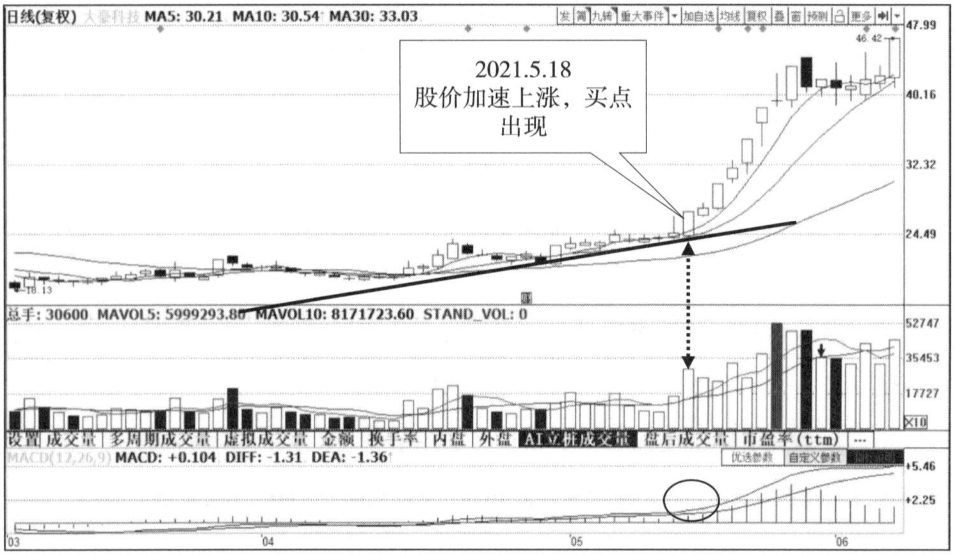

图 11–10 大豪科技（603025）日 K 线走势图

自 2021 年 3 月初开始，大豪科技的股价出现了缓慢上涨的态势。成交量一直维持在低位水平。

从 2021 年 5 月中旬开始，大豪科技的股价出现横向盘整迹象，给人一种股价无力上涨的假象。2021 年 5 月 18 日，该股股价突然大幅上攻，且成交量同步出现放大。

观察此时的 MACD 指标可知，此时 MACD 指标中的 DIFF 线在 0 轴上方出现拐头上扬态势，这也属于典型的看涨信号。

基于以上分析可知，大豪科技存在加速上升的可能，短线投资者可积极入场，买入股票。

二、低位盘整启动时

股价如果在底部区域盘整较长时间，那么，股价一旦启动将有一波可观的涨幅。

第一，一只股票的股价如果长期在底部盘整，那么，一旦股价出现突破性上涨，涨势必然十分可观，而很多黑马股都在其中。投资者发现这类长期在底部盘整的股票后，就要保持关注，一旦股价启动，要及时追涨跟进。

第二，股价突破盘整区域启动上涨时，如果成交量也同步出现异常放大，则可增大该股未来上涨的概率。

第三，一般情况下，股价在底部盘整的时间越长，未来股价突破盘整区域后上涨的幅度也会越大。

第四，当股价启动上涨前，如果 KDJ 指标出现买入信号，则可增大股价未来上涨的可能性。

下面来看一下倍加洁的案例，如图 11-11 所示。

2021 年 3 月到 5 月初，倍加洁的股价出现了底部盘整走势。

该股股价在盘整过程中，没有出现过大的涨跌幅度，同时，成交量也出现了萎缩情况，这说明该股在抉择方向。

2021 年 5 月 28 日，倍加洁的股价放量高开高走，此时，股价已经突破了长期盘整的趋势，且成交量也出现了放大态势。与此同时，MACD 指标在 0 轴附近出现拐头向上态势，这说明该股马上将启动上涨行情，投资者可于此时追涨买入该股。

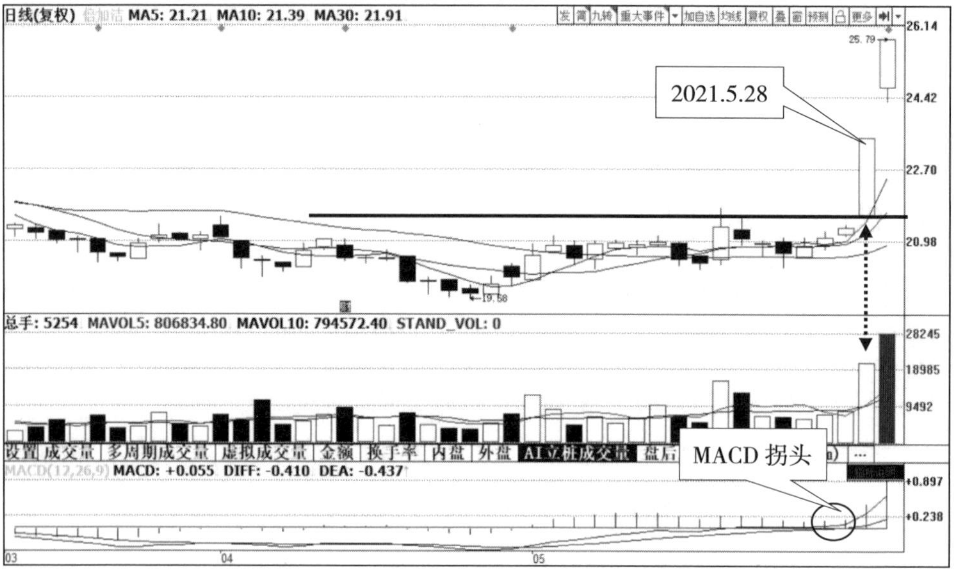

图 11-11　倍加洁（603059）日 K 线走势图

第十二章

股市盈利就这几步

一般来说，投资者若能将以下几个步骤做到位、做精，也就能在股市中游刃有余了，如图 12-1 所示。

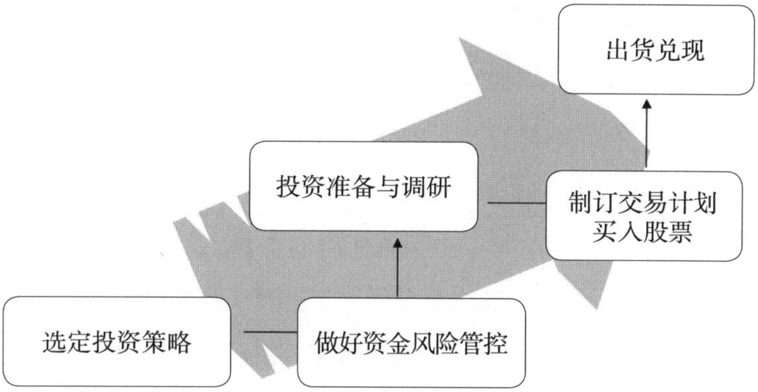

图 12-1　股市盈利的步骤

第一步
该如何做交易：选定投资策略

这是投资者进入股市后需要面对的第一个问题。投资策略决定了交易战术与计划。成功的投资者必然会有属于自己的一套成熟而稳定的投资策略。

1. 可供选择的投资策略

事实上，市场上可供选择的投资策略就那么几种，也并不需要投资者独创。当然，若投资者在股市中摸爬滚打实战经验极为丰富，确实也可以总结自己的投资策略。关于投资策略我们之前也有所介绍，这里再回顾一下。

（1）长线投资策略。这是很多基金经理所使用的策略，也是越来越多的股民开始尝试应用的一个策略。这类策略包括两种经典的投资思路：其一，价值投资；其二，成长股投资。其实，无论是价值投资还是成长股投资，都是建立在股价在未来较长的时间内会出现上涨的判断。也就是说，股价当前未必会上涨，但长期看，股价一定会上涨。

（2）波段交易策略。这也是很多股民所使用的策略。这种投资策略建立在这样一种前提之上，即从 A 股市场的波动情况来看，无论是单边牛市，还是单边熊市的时间都不多，相反，在大部分时间里，其实都是维持了一种震荡格局。因此，寻找一些质地还不错的股票，利用震荡行情高抛低吸来进行波段投资就成了很多投资者的选择。

当然，这种投资策略看起来非常不错，但执行起来相对比较困难，投资者需要在股价波动过程中，相对准确地找到阶段的低点和高点，还不是一次、两次的低点与高点，而是在投资过程中，需要多次找准低点与高点，这个难度可想而知。

（3）短线投机策略。该种策略应用的人最多。大盘有涨有跌，但从个股的角度来看，几乎每段时间内都有领涨股。换句话说，只要找准领涨股，追涨杀跌，就可以在几个交易日内获得较为丰厚的回报。不过，与这种投资策略的高收益相伴而来的就是高风险。投资者在追涨时，很容易被套在高位，很多趋势交易技术、技术指标、K 线分析方法，本质上都是立足于短线交易的，但应用该种方法最终的胜出者并不多。

2. 如何选择投资策略

从理论上来看，上述三种策略各有利弊，投资者在选择投资策略时，需要从以下几个维度入手。

第一，个人性格。性格决定命运，在股市中同样成立。有的投资者性格较急，就不适合采用长线投资的策略，短线则更为合适。

第二，时间与精力。短线交易需要投资者拿出大量的时间盯盘，并及时做出交易决策，因此，这种方法并不适合没有时间盯盘的人。

第三，资金情况。炒股需要投入一定的资金。有的投资者能够将资金放在股市中若干年而不动，但大多数投资者无法做到，其实，这也是股市中少有投资者进行长线投资的原因。

总之，投资策略需要投资者在买入股票前确定，同时，根据投资策略制订相应的投资与交易计划。切忌临场变更投资策略与计划。有的投资者按照短线交易计划买入股票后，因股价下跌被套，又不愿意执行止损操作，因此，常常安慰自己要做长线投资。其实，这是投资活动中最忌讳的事情，毕竟选股时是按照短线交易去选的股票。短线选股与长线选股是完全不同的。

第二步 投入资金：做好资金风险管控

资金管理，也是投资者在操作股票前必须面对的一个问题。事实上，很多投资者投资亏损并非出在了选股和操作方面，而是出在了资金管理方面。比较典型的一个例子是 2015 年 A 股市场的牛熊转换行情。

2015 年上半年，在大盘连续上攻的带动下，很多股票都出现了大幅上攻走势。一时间，很多新投资者纷纷涌入市场，更加推动了大盘的持续走高，如图 12–2 所示。而随着这波行情的展开，很多投资者已经失去了风险控制意识，为了获得更高的利润不惜借助杠杆融资。最疯狂的时候，杠杆融资比例达到了 10 倍。也就是说，当你有 10 万元本金的时候，配资机构就敢借给你 90 万元，让你的资金达到 100 万元。这是一个什么概念，100 万元的本金，当股价上升 10%，你

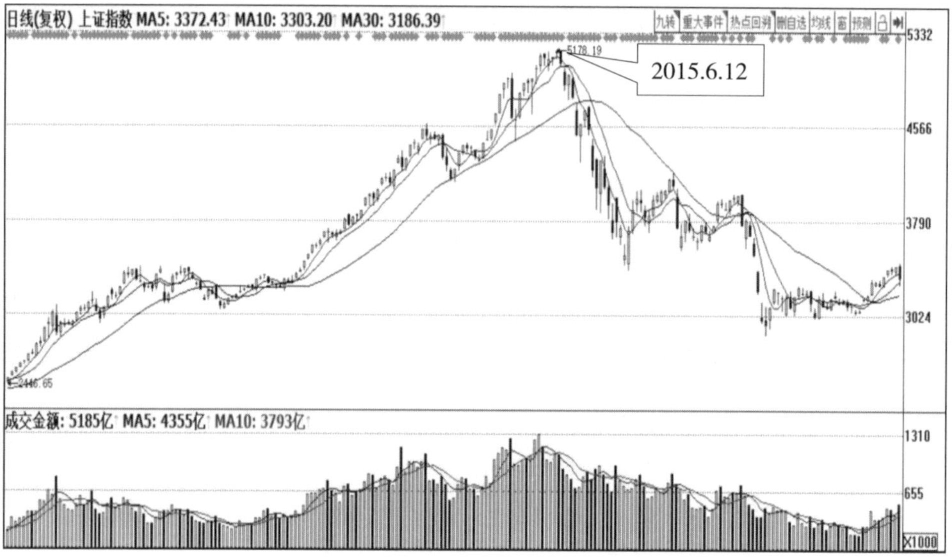

图 12–2　上证指数日 K 线走势图

就可以实现本金翻番的效果，反之，若股价下跌 10%，你也就颗粒不剩了，因为配资机构的钱是不能亏的。

正因如此，在大盘上升时期，这些融资盘推动股市加速上扬，而当大盘下跌时，融资盘为了保命蜂拥而出，形成了踩踏效应，最终促使整个股市雪崩。

由此可见，做好资金控制，是多么重要。

投资者在进入股市前，在资金方面要做到以下几点。

第一，必须使用自己的闲钱炒股。千万不能今天进入股市，明天就想把资金抽走。特别是想要长线投资的投资者，至少要保证自己的资金在三五年内都不会使用。从股市走势来看，三五年的时间里，一般都会有一波小行情或大行情。不能行情没到，就因为资金需求，将钱提取出来。

第二，不能将鸡蛋放在同一个篮子里。作为散户，资金量非常有限，不宜操作过多的股票，但也不能过少。万一某只股票出现“黑天鹅”事件，就可能为投资者带来较大的损失。一般来看，单一股票的资金占用比不能超过 30%。

第三，资金占比与投资风险保持反比关系。即投资标的的风险越大，投入的资金应该越少。在操作方面，单只短线或超短线交易的股票所占的资金应该不超过 15%。

第三步 不打无把握之仗：投资准备与调研

在入场操作股票之前，投资者需要制订严密的操盘计划，而这份计划在制订前需要进行一系列准备工作。

长线投资者与短线交易者所搜集的信息是完全不同的。

1. 长线投资者

对于长线投资者来说，需要根据整个股市环境、经济环境确定目标股票，然后再利用股票估值方法对候选股票进行估值,进而找出明显存在价格低估的股票。当然，这里的每一个环节都需要投资者投入大量的精力。不过，考虑长线投资的稳定性和持久性，这点时间的投入还是值得的。具体内容包括以下几个方面。

（1）当前宏观经济所处的发展阶段（只要不是最热的阶段即可）。

（2）大盘所处的相对位置。在大盘进入短期高位（不断创出几年内的新高）后，尽量不要考虑进行长线投资。

（3）寻找市场上具有发展潜力，却明显存在低估的板块（比如消费板块、医药板块、科技板块、新能源板块等）。

（4）选择低估板块中的低估品种、龙头品种（比如金融领域中的中国平安、家电板块中的美的集团等）。

（5）对候选股票进行全方位的估值分析（估值过程中，需要尽可能详细地搜集股票的相关信息，包括财务信息、产品信息、战略规划信息、管理层相关信息等）。

2. 短线交易者

对于短线交易者来说，需要了解目标市场上的热点板块、热点股票，并借助相应的技术分析方法，确定候选股票短线上涨的概率。具体信息包括以下几个方面。

（1）当前大盘环境是否安全（只要短线没有大幅下跌的风险即可）。

（2）短线热门概念以及热门股票。

（3）分析热门股票是否还有上涨动能（主要通过技术分析进行评估，如 K 线分析、技术指标、成交量分析等）。

（4）锁定近期上攻概率较高的股票。

第四步 制订交易计划，买入股票

制订交易计划，是买入股票前的最后一步，也是最重要的一步。

当然，长线投资与短线交易的操盘计划是完全不同的。

1. 长线交易计划

相对而言，长线投资更加侧重于选股。因此，很多人都忽视了交易计划的制订。其实，即使长线投资也应该有一个大致的交易计划。在这份交易计划中需要明确如下几点。

第一，加仓与减仓问题。

无论长线还是短线，投资者都不应该一次性投入全仓，而是要分批入场，这就涉及金额分批与时机的问题。如果将所有资金分成三个批次，那么，应该在何种价位入场加仓，就需要列明。

当股价达到何种位置时，可以进行减仓操作，也是投资者需要事先确定的。

第二，突发性事件的应对。

长线投资也不是一次性投入后就不管了。当股票本身出现足以改变估值的事件时，投资者必须修正交易计划。比如，当估值走低，则需要考虑减仓或者降低盈利目标；当估值走高时，则可以适当提升盈利目标或减少仓位等。

2. 短线交易计划

通常情况下，短线交易计划包括如下几部分内容。

第一，买入条件及方法。

第二，加仓与减仓条件。

第三，止盈位与止损位设置等。

交易计划对短线交易者尤为重要。特别是止损位的设置必须足够科学，且一旦股价触及止损位，投资者必须立即止损。止损，就是为了保护本金，以利于投资者未来继续战斗。

通常情况下，止损位的设置依据有如下两项。

第一，固定止损位（如买入价格向下 8% 或 10% 等）。

第二，动态止损位，如趋势线止损、移动平均线止损等。

第五步
吉时已到，出货兑现

买入股票后，接下来的选择也非常关键，因为能否将之前的准备换成利润，还要看你最终是如何卖出股票的。

持有以及卖出股票时，需要注意以下几点。

第一，坚决执行交易计划与纪律。

当交易计划制订得足够完善，就必须坚决地执行，而非不停地根据行情的变化而质疑它。如果要质疑它，那也是下一次交易的事了，至少本次交易必须坚定地执行。

第二，当股价到达止盈位和止损位时，必须第一时间执行，不能拖延。当然，这里又涉及交易计划制订时的一个问题，即卖出股票时，也应该与买入相似，不能一次性买入，更不能一次性卖出，要分批次执行。

第三，卖出股票后，投资者还要对本次交易进行总结。若需修改自己的交易计划，就要在此时完成。